古代歷史文化 研究輯刊

五 編

王明蓀 主編

第 2 冊

先秦三晉文化研究（上）

陳溫菊 著

國家圖書館出版品預行編目資料

先秦三晉文化研究(上)／陳溫菊 著 —初版 —新北市：花木
蘭文化出版社，2011〔民 100〕
目 8+280 面；19×26 公分
（古代歷史文化研究輯刊 五編：第 2 冊）
ISBN：978-986-254-416-7(精裝)
1. 先秦史 2. 文化研究
618   100000573

ISBN-978-986-254-416-7

9 789862 544167

古代歷史文化研究輯刊
五 編 第 二 冊   ISBN：978-986-254-416-7

先秦三晉文化研究（上）

作　　者　陳溫菊
主　　編　王明蓀
總 編 輯　杜潔祥
印　　刷　普羅文化出版廣告事業
出　　版　花木蘭文化出版社
發 行 所　花木蘭文化出版社
發 行 人　高小娟
聯絡地址　新北市永和區中正路五九五號七樓之三
　　　　　電話：02-2923-1455／傳真：02-2923-1452
電子信箱　sut81518@gmail.com
初　　版　2011 年 3 月
定　　價　五編 32 冊（精裝）新台幣 56,000 元

先秦三晉文化研究（上）

陳溫菊　著

作者簡介

陳溫菊，一九六八年生，高雄縣岡山人。國立中正大學文學博士，曾任銘傳大學應用中文系系所主任，現任銘傳大學應用中文系副教授。研究領域為經學、先秦文化，並從事華語文教學。著有〈三晉法家思想的源起與傳播〉、〈莊存與《周官記》研究〉、〈先秦儒家思想的傳播——孔子生前之概況〉、〈跨文化交際研究——《論語》的交際風格〉等論文，以及《詩經器物考釋》一書。

提 要

中國是歷史悠久的文明古國，又是地區遼闊的多種族大國，往往在不同的地區、不同的種族身上，會有明顯差異的地區文化特色。這些各具特色的地區文化，經過不斷地交流滲透、競爭與融合，才凝聚成絢麗多彩的中華文化。先秦時期，中國境內文明高度發展的地區文化早已遍佈各地，例如：三晉文化、鄒魯文化、燕齊文化、荊楚文化、巴蜀文化、吳越文化等等，其中的三晉文化包含晉國文化以及趙、魏、韓三國的文化歷史，是先秦文化重要的組成文化，也是中原文化的主體之一；它一方面繼承堯舜以來中原文化的特色，另一方面又因開拓疆土而融入不少北方異族文化的成份，故其整體文化的內涵表現是：在古老的氣息中又兼具有新穎的力量，是先秦地區文化研究不可忽略的一環。本論文除了介紹三晉國家的地理背景與國家歷史之外，還結合文獻記載及出土考古資料，廣泛而深入地介紹三晉文化在各類文化領域中的發展及成就，包括都城建築、經濟文化、政治文化、社會文化、天文曆法、文字、學術思想和文學等重要領域，以期提供三晉文化更詳盡完備的歷史面貌，樹立三晉文化在先秦文化研究中應有的地位。

目次

上　冊

附　表

第一章　緒　論

第一節　研究動機

　　「文化」是人類在長期歷史演進與社會實踐中的產物。它包含了人類活動廣闊的層面，有物質的，也有精神的，諸如：觀念、制度、行為方式、思想意識、科學技術、生態環境等等。文化的探索是一項龐大而艱巨的工程，但它的研究卻是了解人類自身存在價值的最佳途徑，同時也是人類必須與絕對的責任。透過歷史文化的接觸、探究，不僅可以拓展個體生命宏觀的視野，並可藉此賦與全體人類生活不朽與永恆的意義。因此，文化研究的課題，是筆者個人視為己身學術研究領域開展的最大目標。

　　由於中國不但是歷史悠久的文明古國，又是地域遼闊的多種族大國，往往在不同的地區、不同的種族身上，我們會發現具有明顯差異的地區文化特色。這些各具特色的地區文化，經過不斷地交流、滲透、競爭與融合，終於凝聚成絢麗多彩的中華文化。欲客觀而全面地了解中華文化，筆者理性地選擇經由考察地區文化著手，唯有深入掌握不同區域的文化特色與文化異同，才可避免因刻板印象而淺薄論斷的弊端，也才能確切解讀中華文化的真實面貌。至於筆者個人所以選擇先秦時期「三晉文化」作為優先研究的對象，主要導源於下列兩個因素：

一、先秦文化的開創性地位

　　先秦時期是中國文明萌芽、建立制度，進而發展成熟、開創璀璨成果的

一段光輝時代。不管是在建築工藝、經濟發展、政治制度、社會組織、天文科技、文字演進、學術思想、文學成就各方面，它都有足以代表中華文化內涵與精神的特質。明確地說，先秦居民高度智慧的開創，正是後世中華文化的奠基。換言之，先秦文化在中華文化的歷史演進上，具有開創性地位。雖然先秦時代去今已遠，許多先人事蹟湮滅不存，文獻記載亦多不詳，不過近年來在考古工作者的努力下，大量考古文物陸續出土，不但可以佐證文獻資料的爭議模糊處，甚至補充不少典籍的闕如。因此對於這個塑造中華文化雛型的先秦時代，值得以新的出土資料重新審視，投入更多心力研究，還原其應有的面貌。

二、三晉文化地處中原文化的中心

先秦時期，中國境內文明高度發展的地區文化早已遍佈各地。就黃河流域與長江流域而論，此時大致可分爲下列數個文化類型區：包括黃河中游的三晉文化，黃河下游的鄒魯文化，以山東半島爲中心、往北延伸的燕齊文化；長江流域的荊楚文化，往上游延伸的巴蜀文化，及往下游延伸的吳越文化等等。其中的三晉文化包含晉國文化以及趙、魏、韓三國的文化歷史，是中原文化的主體之一。晉國本是周初受封的主要諸侯國之一，自成王弟叔虞受封於唐地開始，就因地緣關係，負有輔佐王室的重任。春秋時代〔註1〕，晉爲五霸之一，南扼強楚，西克強秦，北拒戎狄。文公的尊王攘夷政策，確實達到護衛王朝的目的。戰國時代，趙、魏、韓三卿瓜分了晉國領土，各居一隅，在積極拓展下，其國勢仍並稱七雄之一。初期的魏國與末期的趙國，尚曾主導過中原地區的政治形勢，與秦、楚強國抗衡。綜觀而言，在先秦兩周王朝的政治舞臺上，地處中原文化中心地帶的晉國與三晉，一方面既能顯現堯舜以來中原文化的特色，同時又因開拓疆土而融入了不少北方異族文化的成份，故其整體文化的內涵，在古老的氣息中又兼具有新穎的力量，是先秦文

〔註 1〕 周平王元年，即西元前 770 年，史家公認爲春秋之始。但春秋之下限，戰國之始，各家說法不一。楊寬先生《戰國史》（新版）中的「戰國大事年表」，以田氏弑齊君的西元前 481 年爲戰國之始；司馬遷《史記·六國年表》以周元王元年，即西元前 475 年爲戰國之始；《戰國策》起於西元前 453 年的晉陽之圍；司馬光《資治通鑑》則起於西元前 403 年的三晉封侯。本論文陳述之春秋、戰國時期，採取《史記》之說，即以周元王元年、西元前 475 年爲春秋、戰國分界。自此至秦王政二十六年（西元前 221 年），始皇統一中國，則稱爲「戰國時期」。

化最重要的組成之一，也是先秦地區文化研究不可忽視的一環，這是筆者欲對此文化重新開發、全面深究的引動點。

第二節　研究範圍

一、「先秦三晉文化」的界定

　　「三晉」一詞最早見於《史記》，係指趙、魏、韓三家分晉，故合稱「三晉」〔註2〕，即史學家所謂的春秋結束、戰國開始的分界點。通常三家分晉以前的晉國文化與之後的趙、韓、魏三個國家文化，可分別簡稱爲「晉文化」與「三晉文化」。不過，目前這兩種稱謂尚存在種種不確定性的涵義。有的學者會單獨用「晉文化」或「三晉文化」來統稱整個先秦時期的晉國與趙、魏、韓三國之歷史文化；或者以「三晉文化」籠統地指稱「山西地區」古今幾千年的歷史文化〔註3〕。因爲用語或稱謂沒有明確界定，閱讀時常損及讀者理解其概念的完整性與準確性，是故筆者在此提出使用「先秦三晉文化」的稱謂，作爲涵攝西周初年至春秋時代的晉國文化與戰國時代的三晉國家文化的統稱。

　　筆者所以選擇「三晉文化」而非「晉文化」做統稱之詞，原因在於：講述晉國文化的歷史課題時，其內容斷限可在三家分晉、晉國滅亡之際戛然而止，告一段落，不再延續於三晉時期。然而研究三晉國家文化者，除了剖析趙、魏、韓三國國家文化之外，不得不上溯之前的晉文化，才是完整的表述。

〔註2〕漢・司馬遷：《史記》卷三十九〈晉世家〉：「（晉）幽公之時，晉畏，反朝韓、趙、魏之君，獨有絳、曲沃，餘皆入三晉。」見楊家駱主編：《史記》新校本（台北：鼎文書局，1987年），頁1686。本文所引，皆據此本。

〔註3〕如吉琨璋、吳振祿先生以「晉文化」一詞界定晉國和三晉國家存在的年代（見吉琨璋：〈晉文化考古研究中的幾個問題〉；吳振祿：〈晉文化幾個問題研究〉，收錄在《汾河灣——丁村文化與晉文化考古學術研討會文集》，太原：山西高校聯合出版社，1996年出版）。蘇秉琦先生則將「晉文化」的範圍界定於上起四、五千年間，下至秦統一前（見《華人・龍的傳人・中國人——考古尋根記》，瀋陽：遼寧大學出版社，1994年出版，頁18）；李元慶先生以「三晉古文化」統稱晉國文化和趙、魏、韓三國文化（見《三晉古文化源流》序，太原：山西古籍出版社，1997年出版，頁3）；張寶志先生的《三晉文化》（瀋陽：遼寧出版社，1991年出版之中國地域文化叢書）和劉緯毅先生的〈三晉文化的特質〉（載於1998年《山西師大學報》社會科學版二十五卷第一期），則皆以「三晉文化」指稱山西地域之古今歷史文化。

因爲獨立後的趙、魏、韓，不論其地理界域、社會經濟、政治思想、民俗風情等文化內涵，始終與晉國保持一脈相承的歷史淵源關係，實際上是晉國文化的歷史延續，絕不能憑空造起，割捨前源。因此筆者選擇「三晉文化」一詞，作爲晉國文化與三晉國家文化的總體稱謂。至於在「三晉文化」的稱謂之前冠上「先秦」的時代標限，則是爲了與流行語中含括「山西古今歷史」的意義有明顯區隔。

二、研究範圍

釐清了「三晉文化」一詞的涵攝意義是指：西周初年立國之晉國文化，以及春秋末至戰國結束的趙、魏、韓三晉之國家文化後，本論文研究之範圍必須包含此二階段之四國文化。就時間而言，起迄年代是：自周初叔虞封於唐地開始（西元前十一世紀），至趙、魏、韓三家封侯、與晉國同列諸侯之林以前爲第一階段；由趙、魏、韓三家正式封侯，至戰國末秦滅亡三晉的年代下限（西元前 221 年）爲第二階段。前後時期縱越八百多年，幾乎相當於整個周朝歷史。

就地域而言，凡晉立國以來，至趙、魏、韓三晉國家所併吞與統轄之地域，皆可視爲其文化活動之範疇。大概而論，三晉文化的活動領域是以今山西省境爲主要中心，呈輻射狀方式往四周擴張，包括今之河北、河南、陝西、山東、內蒙古等相鄰省份之部份領域，皆曾在三晉國家的文化影響圈內〔註4〕。故以上各地出土之先秦文物，須審慎查核與三晉文化之可能關係，並留意其他地區文化與三晉文化彼此交流融通的情形，才能更完備地呈現三晉文化可能的原始面貌。

就研究的主題而言，筆者希望能廣泛而深入的介紹三晉文化在各類文化領域中的發展與成就。若細分之，可以包括建築、經濟、政治、社會、科技、文字、思想、文學等重要領域。而各領域還含括一些子題，例如「政治」範疇統攝官制、軍制、法制，而「社會」範疇一併探討婚姻、禮俗、風俗等相關問題。由於目前所見出土的考古材料多寡不等，又或是因爲文獻資料不足，因此每個領域的研究成果也比重不一。許多文化範疇的完整面貌，尚有待各界學者陸續發掘與補充，本論文只可視爲階段性的初稿，並非成熟完備之作。

〔註 4〕晉國與三晉國家之疆域沿革與範圍，詳見第二章第一節的說明。

第三節 研究方法

本論文的研究重點是透過文獻典籍的記載與出土文物的佐證，上溯先秦時期三晉文化在建築、經濟、政治、軍事、社會、天文曆法、文字、思想、文學等各類文化領域的歷史沿革與地域特性，並藉由與周遭不同地區文化的概略比較，樹立三晉文化在歷史洪流中本有的地位。

由於本論文跨越的歷史年度較大，涉及的學科領域又多，筆者自己也深感難度頗巨。但是不論就歷史脈絡或文化本質而言，晉國與三晉國家客觀存在的共性，實在不容分割。也因此，每當筆者在進行文物材料的比對，或者處理許多思想源流的問題時，常因三晉國家彼此的文化同質性顯得更加複雜。以筆者個人淺薄的學術素養，實在不能勝任將此論題完成至盡善盡美之境。筆者對自身所能期望的，只是盡力去理清每個個別的文化專題裏，「三晉文化」整體所共同呈現的特質，以及它與同時期的其他地區文化，如鄒魯文化、燕齊文化、荊楚文化、三秦文化、吳越文化等最顯著的差異，藉此提供研究先秦文化者一個大要的方向。

在研究的基本方法上，筆者重視的是以宏觀的立場俯瞰整個三晉地區的文化風情，並以微觀的筆調探討每一項文化成果。撰寫的思路主要是站在地域文化的角度，將三晉文化的建築史、經濟史、交通史、政治史、軍事史、法律史、社會史、天文科技史、文字發展史、思想史、文學史……等發展經過予以歸納、整理，並吸取考古學、歷史學、民族學、文化地理學、宗教學……等多種學科的思想成果，進行三晉文化特徵的概括與總結。至於趙、魏、韓三晉國家，彼此因國情不同所產生的獨特文化面貌，筆者自當在行文之間予以闡述。

總而言之，本論文研究的重點與撰寫之架構，基本上是以晉與趙、韓、魏三晉國家在各類文化發展的歷程為訴求主幹，著重三晉國家相對獨立的個性特點。同時以三晉文化和其它地區文化的比較為輔幹，形成以三晉文化為研究中心，而實際呈現整個先秦兩周時期，中國境內重要地區文明蓬勃發展、彼此交融傳播的總體面貌。

第四節 晉立國前的山西文化

西周初年，成王封其弟（姬）虞於唐，大約在今山西省南部的翼城、曲

沃、絳縣之間，此爲晉立國之始，也是三晉文化的開端，距今約三千一百多年。然而由典籍文獻及出土器銘在在顯示，武王克商與晉國立國之前，此地原已有一個古唐國存在的歷史，是毫無疑問的〔註5〕。更令人驚訝的是，當現代考古學家陸陸續續在山西地區探勘挖掘時，大批出土文物證實，這個孕育三晉文化的本源地，曾經是中國原始人類繁衍生息的集中地帶，是先民最早開發的地區之一。從舊石器時代、新石器時代，到早期青銅器時代、古史傳說時代，其文化年代銜接的脈絡異常清晰，形成連綿不絕的文化發展序列，顯然早在晉國立國以前，此地已是文明勃興的熱鬧景象。這些漸次發展的遠古文化，在山西地區創造了燦爛奪目的文化背景，奠定三晉文化在物質文化與精神文化雙方面的基礎，也成爲三晉文化崛起的歷史根據與淵源。〔註6〕

一、舊石器時代的文化

人類以石器爲生產工具的原始社會階段，統稱爲石器時代。石器時代又因打造技術的精粗而分爲舊石器時代、新石器時代兩個階段。舊石器時代使用的是粗糙打製的石器，其時大約是從距今約三百萬年前，至距今約一萬年前的漫長歲月。據目前所知，在曠古久遠的舊石器時代裏，山西地區至少已發現近三百處的文化遺址〔註7〕，足以證明它在中國早期的人類發展史上，佔有舉足輕重的地位。迄今爲止，在大陸山西省開挖的舊石器時代遺址中，較具代表性的主要有下列六個文化遺址（圖1-1），它們也分別代表了中國舊石器時代，石器製作粗精有別的早、中、晚三期文化。爲了便於瀏覽，以下條列分述之。

（一）西侯度文化

西侯度遺址距今約一百八十萬年前，屬舊石器時代早期文化，位於芮城縣風陵渡鎮以北約十公里處的西侯度村一帶。

〔註5〕 《左傳》襄公二十四年晉范宣子之言：「昔匄之祖，自虞以上爲陶唐氏，在夏爲御龍氏，在商爲豕韋氏，在周爲唐杜氏。晉主夏盟，爲范氏，其是之謂乎？」（清‧阮元校勘：《十三經注疏（六）》，台北：藝文印書館，頁608～609。本文所引，皆據此本。）武王時青銅器《大豐簋》銘：「不（丕）顯王乍（則）省，不緐王乍庸。」其中「省」就是商，「庸」就是唐，「乍」是征伐的意思（見郭沫若：《兩周金文辭大系圖錄考釋‧大豐簋》釋文，《郭沫若全集‧考古編》，北京：科學出版社，2002年，頁1）。可證唐國存在的歷史。

〔註6〕 本節有關遠古山西文化的資料，主要是參考李元慶：《三晉古文化源流》上編（太原：山西古籍出版社，1997年）及地下考古資料。

〔註7〕 見陳英哲：〈山西舊石器時代考古綜述〉附表，《山西舊石器時代考古文集》，太原：山西經濟出版社，1993年出版，頁8。

圖 1-1：山西古文化重要遺址分佈圖

1.西侯度文化遺址　2.匼河文化遺址　3.丁村文化遺址　4.許家窰文化遺址
5.峙峪文化遺址　6.下川文化遺址　7.陶寺文化遺址　8.夏縣東下馮遺址

　　西侯度出土的石器工具都是屬於粗大的石器工具，考古學家稱之為「大石器傳統」。它們的特點是以石片加工而成，典型器是用作採集植物的砍砸器、刮削器和三棱大尖狀器等（圖 1-2）。考古學家以為：就目前所查閱到的資料來說，西侯度的石片文化是中國境內舊石器時代最早的石片文化，同時它也證明了中國是世界上最早應用石片技術的國家〔註8〕。另外，遺址中又發現一些被火燒過的獸骨、鹿角和馬牙化石，證明西侯度人當時已經開始用火了。這項發現將中國古人類用火的時間比北京人時代前推了一百多萬年，這也是迄今所知中國人類用火的最早記錄。

〔註 8〕見賈蘭坡、王建：〈西侯度文化遺存〉，載於《山西舊石器時代考古文集》，頁
　　　　15～36。

圖 1-2：西侯度文化遺址石器圖

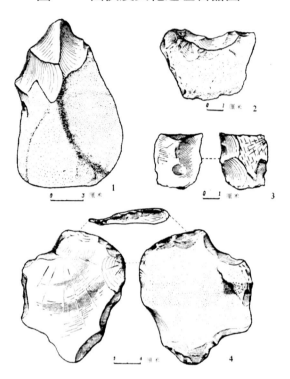

1.三棱大尖狀器　2.凹刃刮削器　3.直刃刮削器　4.多邊單面砍砸器

（採自《中國舊石器時代文化遺址》，頁 10）

（二）匼河文化

匼河遺址距今約六、七十萬年前，屬舊石器時代早期文化，位於芮城縣風陵渡鎮以北偏西約七公里的匼河村一帶。

從石器工具的使用與打製技術顯示，匼河人是在西侯度人的基礎上，發揚了西侯度人的石片文化與粗大石器傳統，匼河文化實際上可說是西侯度文化的繼承與發展。就繼承上而言，匼河文化的代表性石器工具，也是用為挖取植物塊根的三棱大尖狀器；就發展上來看，匼河遺址還出土了可挖取樹蟲或剔挖獸骨肌筋的小尖狀器，與狩獵時投擲用的石球武器（圖 1-3），二者都是有意識製作的工具，反映出此時石器製作技術比西侯度文化的進步〔註9〕。不過可惜的是，截至目前為止，西侯度與匼河兩處遺址，皆尚未發現古人類化石。因此，對此二文化的挖掘與研究，仍須努力進行。

〔註 9〕賈蘭坡等：〈匼河石器〉，載於《山西舊石器時代考古文集》，頁 37～52。

圖 1-3：匼河文化遺址石器圖

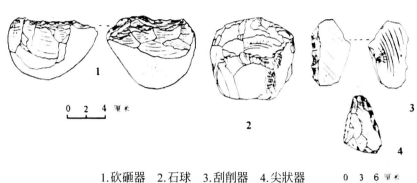

1.砍砸器 2.石球 3.刮削器 4.尖狀器

（採自《中國舊石器時代文化遺址》，頁 11）

（三）丁村文化

丁村遺址群，距今約十四、五萬年前，以舊石器時代中期的文化為主體〔註 10〕，位於臨汾盆地南端襄汾縣丁村附近的汾河兩岸，其南北範圍長達十一公里。

從文化性質來看，丁村文化是西侯度文化與匼河文化的繼承與發展，但在石器打造技術上又有較大幅度的提高。由遺址的出土石器觀察，此時期仍以石片石器為主，包括刮削器、尖狀器、三棱大尖狀器、鶴嘴形尖狀器、石球、單邊形器與多邊形器等（圖 1-4），其中以三棱尖狀器為典型的代表石器，被考古學家稱之為「丁村尖器」〔註 11〕。另外也有少數的石核石器，例如：砍砸器和球狀器（即石球）。這些石器工具的打製方法與器形，大多近似於西侯度文化和匼河文化，但是技術更見嫻熟，加工更加細密、精緻了。值得注意的是，丁村文化遺址也是迄今在山西地區首次發現人類骨骸化石的古文化遺址，因此被稱作「丁村人文化」。根據考古學家的研究，丁村人與北京猿人有親緣關係，但比北京猿人更進化，是介於中國猿人與現代人之間的人類。〔註 12〕

〔註 10〕據出土石器顯示：丁村文化「不再是單一的舊石器時代中期文化遺址，而是一個包括舊石器時代早期和晚期文化在內的丁村遺址群。」見裴文中、賈蘭坡：〈丁村舊石器〉，《山西舊石器時代考古文集》，頁 167。

〔註 11〕裴文中、賈蘭坡：〈丁村舊石器〉，《山西舊石器時代考古文集》，頁 149～167。

〔註 12〕吳汝康：〈丁村人牙齒化石的研究〉，《山西舊石器時代考古文集》，頁 145～148。

圖1-4：丁村文化遺址石器圖

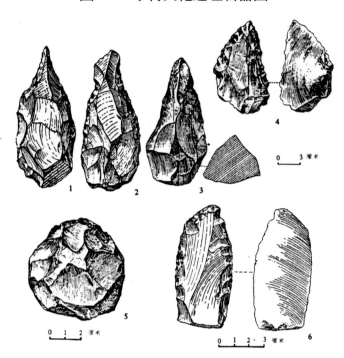

1、3.三棱大尖狀器　2、4.鶴嘴形厚尖狀器　5.石球　6.舌形尖狀器

（採自《中國舊石器時代文化遺址》，頁52）

（四）許家窰文化

　　許家窰遺址，距今約十萬年前，屬舊石器時代中期文化，位於大同盆地東北方陽高縣古城鄉許家窰村東南一公里處的梨益溝右岸斷崖上。

　　相對於前三個都在晉南地區孕育發展的舊石器時代文化而言，形成於晉北大地上的許家窰文化，展現了新的歷史風貌與獨具特色的個性。許家窰遺址除了挖掘出形體較小的石片、石核之外，最引人注目的是各種不同類型的細小石器工具，包括括削器、尖狀器、圓頭括削尖狀器、雕刻器、石鑽、小型砍斫器等（圖1-5），不僅石製品相當豐富，加工精緻，而且數量龐大〔註13〕。這些細小石器和西侯度、匼河、丁村文化一脈相承的粗大石器傳統形成鮮明對比，考古學家稱之為「小石器傳統」。它是由早期北京周口店的北京人文化所開創，至舊石器時代晚期的峙峪文化而定型，因此考古學家將許家窰文化

〔註13〕賈蘭坡、衛奇：〈陽高許家窰舊石器時代文化遺址〉，《山西舊石器時代考古文集》，頁100～114。

的細石器技術視爲：「北京人文化和峙峪文化之間的重要環節，也可以說是過渡的橋樑。」〔註 14〕在中國華北舊石器文化的小石器傳統系列中，居於承先啓後的重要地位。

圖 1-5：許家窰文化遺址石器圖

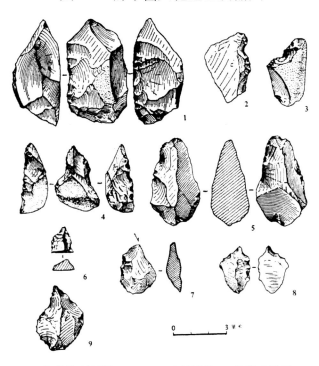

1.龜背狀刮削器　　2.、3.凹刃刮削器　　4.齒狀尖狀器
5.兩面錯向加工尖狀器　7.斜邊雕刻器　8.小石鑽　6.、9.喙形尖狀器
（採自《中國舊石器時代文化遺址》，頁 47）

（五）峙峪文化

　　峙峪遺址，距今約三萬年前，屬舊石器時代晚期文化，位於朔州市峙峪村附近的小泉溝與峙峪河交匯處的小丘上。

　　峙峪文化顯著的特點是繼承了北京人文化、許家窰文化的「小石器傳統」，並且有長足進步。例如：開始利用間接打擊法製作工具〔註15〕，以及出

〔註14〕同前註，頁 112。
〔註15〕間接打擊法是指：不直接以石錘敲打石材，而是利用石錘敲打棒子的後端，
　　　　從石材上剝取石片的方法，這是峙峪人發明的先進技術。見《三晉古文化源
　　　　流》，頁 67。

現了石鏃、斧形小石刀、扁圓形鑽孔裝飾品等具有高度工藝水平的精美器物（圖1-6）〔註16〕。這些器物的發現，代表此時狩獵技術已進步至掌握製作弓箭的方法，同時也反映出，峙峪人已發明磨製石器和鑽孔的技術。它們意味著，中國古人類已由打製技術躍進到磨製技術，意即將由漫長的舊石器時代進到新石器時代。在峙峪文化中，最主要的特徵是：隨著時間的推移，細石器所佔的比例越來越大，種類愈來愈多。也因此，峙峪文化被視為華北典型細石器文化的直接先導。

圖1-6：峙峪文化遺址石器圖

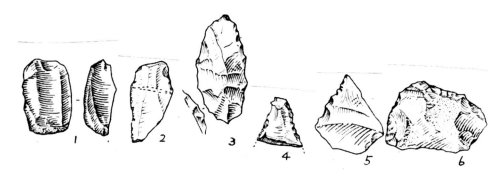

1.兩極石核　2.小石片　3.菱形尖狀器　4.叢形尖狀器　5.斜邊雕刻器　6.圓盤狀刮削器
（採自《山西舊石器時代考古文集》，頁287）

（六）下川文化

下川遺址群，距今約兩萬年前，屬舊石器時代晚期文化，位於中條山主峰——歷山東麓。其分佈廣闊，地跨垣曲、沁水、陽城三縣二、三十公里的範圍，以沁水縣下川地區的石器遺存最豐富，故稱下川文化遺址。

下川文化與峙峪文化一樣，除了少數的粗大石器外〔註17〕，其文化特徵是以細小石器為主體，而且在石器製作工藝上，它創造出舊石器時代以來，華北地區最高的水平。其中既新穎又具特色的典型器物如：琢背小刀、圓頭

〔註16〕石鏃可以綁在木棍上組合成箭。斧形小石刀可以安裝鑲嵌在木質或骨質柄上使用，以往的舊石器時代文化遺址尚未發現過相似的複合型工具。鑽孔裝飾品是以石墨為原料，經過磨製，從一面鑽出圓孔的石器，可見此時已具備磨製的技術。詳見賈蘭坡等：〈山西朔縣峙峪舊石器時代遺址發掘報告〉，《山西舊石器時代考古文集》，頁286～290。

〔註17〕粗大石器僅佔4.7%。據王建：〈下川文化——山西下川遺址調查報告研究〉統計，見《山西舊石器時代考古文集》，頁342。

括削器、三棱小尖狀器與斜邊雕刻器等（圖 1-7），都是中國石器文化中罕見的器具。不僅如此，下川人所製作的石鏃數量也比峙峪人多，其殺傷力更大，這表明了此時期生產力的提高。更引人注意的是，下川遺址中還出現了石磨盤。由它中間下凹的痕跡判斷，最有可能的用途是拿來研磨採集的穀物，這是原始採集經濟向原始農業經濟過渡的先兆。因此，有學者推論：「研磨盤在下川文化的出現，代表了我國黃河流域粟作文化的先聲。」〔註 18〕從這方面來看，下川文化的出現，預示了新石器時代的即將到來。

圖 1-7：下川文化遺址石器圖

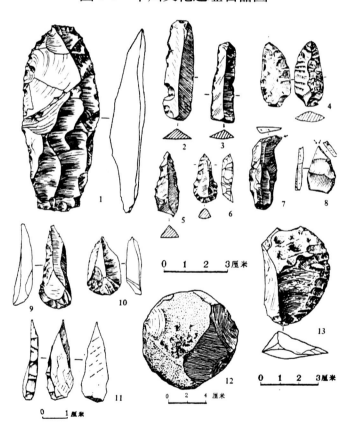

1.尖狀器　2.、3.直刃刮削器　4.圓底石鏃　5.三棱小尖狀器　6.錐鑽　7.鳥喙狀雕刻器
8.屋脊形雕刻器　9.、10.尖狀器——圓頭刮削器　11.琢背小刀　12.石槌　13.圓刃刮削器
（採自《中國舊石器時代文化遺址》，頁 74）

〔註18〕衛斯：〈試論下川遺址出土的研磨盤在我國北方粟作文化起源中的歷史地位〉，見《山西文物》1986 年第一期。

二、古史傳說時代與三晉文化

（一）三皇與五帝的傳說

所謂「古史傳說時代」，指的是在文字未出現以前，人類的歷史和文化只能靠口耳相傳的方法流傳下來，並保存在後代古史文獻中的時期。由於文字的出現與文明的到來並非絕對同步，而且文字發展的速度也不是瞬間成熟，因此各個民族在進入文明時代前後，都會有極豐富的古代傳說。雖然它們經過長期口耳相傳，難免會摻進某些訛誤成份，或者只是沒有系統、過於簡略的記要，但傳說大多本著史實淵源，有其歷史的核心，因此，仍是研究古代歷史，特別是尚無文字記載時期的寶貴資料與重要依據。

中國古代傳說的範圍廣闊，其內容反映一個相當漫長的歷史時代。一般而言，古史傳說的時代上限可以追溯至遠古，或是傳說中的「三皇五帝」；其下限以往多主張斷在殷墟甲骨文之前，現在則多贊成斷在夏王朝建立之前。傳說中的「三皇」，多指燧人氏、伏羲氏、神農氏，他們不一定是真實存在的人物，可能是所屬部落或部落集團生活的縮影。這些傳說人物歌頌了中國古人類摩擦生火、織網漁獵、農業種植等重大發明的事蹟，也反映了中國古代從用火、採集、漁獵到農業生產的不同社會歷史階段。傳說中的「五帝」，一般認為是黃帝、顓頊、帝嚳、唐堯、虞舜等五人，同時期的傳說人物還有炎帝、蚩尤、太暤、少暤、共工、祝融、鯀等，他們可能都是部落集團的首領，以及對當時社會有重大貢獻者。由戰爭的傳說顯示，這個時代已經出現部落聯合或融合的關係，開始形成某些政治中心，但這些政治中心是不固定的、不斷轉移的，所以會有五帝更替的傳說。

我們查閱大量的歷史文獻記載可以發現，在中國古史傳說時代，華夏先民領袖人物的主要活動基地或文化政治中心，可能正好位於山西晉南地區這片大地上。例如《史記》卷一《五帝本紀》中記載，黃帝與炎帝「戰於阪泉之野。三戰，然後得其志。」（頁 3）接著，黃帝又與蚩尤「戰於涿鹿之野」，結果是「禽殺蚩尤」。這兩個炎黃時代最重要的歷史事件發生地：阪泉和涿鹿，到底在那裏呢？根據錢穆先生的考證：「阪泉在山西解縣鹽池上源，相近有蚩尤城、蚩尤村及濁澤，一名涿澤，即涿鹿矣。」﹝註19﹞張其昀認為：「蚩尤是九黎之君，乃炎帝後裔。」「黃帝克炎帝於阪泉，擒蚩尤於涿鹿，兩者實為一事。」而「炎、

﹝註19﹞ 錢穆：《國史大綱》第一編第一章。台北：臺灣商務印書館，1992 年修訂版，頁 7。

黃血戰，實爲食鹽而起。」〔註20〕可知，「阪泉之野」與「涿鹿之野」應是一個
較大的地理範圍內毗鄰相接的兩個地方，就在晉南河東鹽池附近的解州鎮一
帶。其後，古籍記載有：「堯治平陽，舜治蒲阪，禹治安邑，三都相去各二百餘
里，俱在冀州。」〔註21〕冀州是以晉南爲中心地帶，略帶豫西、河北西部，東
北延伸至渤海岸。《呂氏春秋‧有始覽》更明確地說：「天有九野，地有九州。……
兩河之間爲冀州，晉也。」〔註22〕充份說明，山西晉南之地，正是古冀州的中
心地帶；而代表堯、舜、禹時代的文化政治中心：平陽、蒲阪、安邑三地，都
在鹽池附近，顯然它們的設置與保衛鹽池重地有密切關係〔註23〕。傳說又有：
商之始祖爲契，其父「帝嚳都亳」〔註24〕。有學者考證後以爲：「亳」是指山西
南部的薄山〔註25〕。薄山即是今山西之中條山。而周的始祖爲棄，其父系與契
同爲帝嚳族，其母系乃有邰氏，有邰氏即臺駘氏。據錢穆先生考證，有邰氏應
在今晉南聞喜、稷山縣一帶，是后稷的出生與成長之地〔註26〕。顯然，晉南之
地也可能是商、周二族發跡的根源地。

　　如果我們進一步再將「三皇五帝」的事蹟與山西當地的考古發現相互比對
印證，可以得知歷史傳說中的「三皇五帝」與考古學上的新石器時代有所重疊，
其中屬於新石器時代晚期遺址的陶寺類型文化，很可能就是堯帝時期的文化遺
存之一。

　　中國的新石器時代，約從距今八千年前開始，延續至距今四千年前左右，
經歷了早期、中期、晚期三個發展階段。這個時代最根本的標誌是出現了原始
農業和畜牧業。並且，隨著磨製石器的普遍使用與原始農業的不斷發展，爲滿
足日益增加的生產需求，各種原始手工業也先後勃興起來。換言之，中國新石
器時代，其實是中國古代文明社會的前導，它正不斷爲文明社會的到來創造條
件。而新石器時代晚期與青銅器時代的緊密銜接，更成爲中國古代文明起源的

〔註20〕張其昀：《中華五千年史》第一冊，《遠古史》，台北：中國文化大學出版部，
　　　　1981年七版，頁22～23。
〔註21〕《左傳‧哀公六年》（孔疏），頁1007。
〔註22〕見陳奇猷：《呂氏春秋校釋》，台北：華正書局，1985年，頁657。以下見引，
　　　　皆據此本。
〔註23〕郭正忠：《中國鹽業史（古代編）》，北京：人民出版社，1997年，頁14。
〔註24〕《史記‧殷本紀》，《集解》引孔安國語，頁93。
〔註25〕李民：《夏商史探索》，鄭州：河南出版社，1985年，頁82。
〔註26〕錢穆：〈周初地理考〉姜氏篇（八）、后稷篇（九），見《古史地理論叢》，台
　　　　北：東大圖書公司，1982年。

直接歷史起點。

　　根據考古工作者的普查結果，山西地區的新石器時代文化非常豐富，分佈也愈來愈廣泛而密集。不過目前的考古調查工作尚未結束，而且晉南、晉北兩地挖掘的比例也不平衡（晉北地區較少），因此還不能將此結果視爲結論。據《山西考古四十年》所載，山西境內新石器時代早期的文化遺址寥寥無幾，目前僅發現武鄉縣西門鄉牛鼻子灣、翼城縣棗園村和聞喜縣坡頭等三處〔註27〕。進入新石器時代中期以後，山西地區北至長城，南至黃河之濱，都有仰韶文化類型遺址的分佈〔註28〕，和前期的數量形成極大的反差；到了晚期，山西境內各大小河川的河谷盆地和山前丘陵地帶，更廣泛而密集地分佈著屬於龍山文化類型的遺址。整體而論，以臨汾、運城兩大盆地爲中心的南部地區，即古代所稱「河東地區」，是山西境內新石器時代文化最爲發達的地區。尤其在新石器時代晚期，這個區域因爲氣候宜人，以及鬆疏肥厚的黃土、河湖縱橫的水資源等優越條件，適合於農作物生長，因此農業文化得以高度發展。隨著農業生產的繁榮與推動，社會生活、經濟文化也逐步邁進文明社會的階段。就目前山西所發現的龍山文化類型遺址來看，最顯著的一個代表性遺址是陶寺文化遺址。根據出土的大量文物顯示，它已初具國家規模和等級制度，這對於揭示中原華夏族文明起源的歷史軌跡，具有極重大的意義。

　　陶寺文化，距今約四千五百年至三千九百年之間，屬於新石器時代晚期，年代大體相當於古史傳說中的堯、舜、禹時期。遺址位於襄汾縣東北約 7.5 公里的崇山（今俗稱爲塔兒山）西麓陶寺村南邊，面積三百多萬平方公尺，包括居住址和墓地兩大部份，是中原龍山文化類型中規模最宏大、內涵最豐富的文化遺址，考古學家稱之爲「龍山文化陶寺類型」或「陶寺類型文化」。從地理位置及出土物來看，有考古學家以爲：陶寺類型龍山文化，是夏代以前帝堯陶唐氏時代的文化，陶寺遺存可能就是陶唐氏的文化遺存之一。或者它曾是帝堯陶唐氏的首都和所居之地。〔註29〕

〔註27〕見山西考古研究所：《山西考古四十年》，山西人民出版社，1994 年，頁 53～54。

〔註28〕中國新石器時代的早、中、晚期三階段，最有代表性的古文化遺址分別是：早期的河南新鄭裴崗文化，中期的河南澠池仰韶文化，和晚期的山東章丘龍山文化（即中原龍山文化）。見《三晉古文化源流》，頁 82。凡與前三者同類型的古文化，考古學家通常皆以其名歸納之。

〔註29〕田昌五主編：《華夏文明》第一集，北京大學出版社，1997 年出版，頁 106～107。

　　由陶寺遺址出土的文物表明，當時在農業生產、畜牧業、手工業各方面，皆有進步的發展。例如重要農具耒和耙、水井、儲存穀物的糧倉、可供長期定居的房屋建築等遺存的出現，說明陶寺先民已經過著長期穩定的農業定居生活。而墓葬中所出土的大量家畜遺骨，如豬、狗、雞、牛、羊等，尤其豬的數量最多，顯示原始畜牧業在此時的普遍與重要。在手工業方面，製陶工藝已由手製發展到輪製和模製，多座陶窯的出現，說明當時製陶業的專業化；木器工藝已開始使用卯結構和木板拼接技術，而且彩繪漆器的發現，更是中國化學工藝上的一項重大記事；精緻的玉、石、骨製禮樂器或裝飾品，顯見當時已熟練地掌握了管鑽技術、鑲嵌技術和切割技術等手工藝；至於殘存的平紋織物痕跡，則透露當時已有紡織印染技術的訊息；更重要者，紅銅鑄造器的出土，爲青銅器時代來臨以前的「早期銅器時代」找到證據，也證實了黃帝時代鑄銅傳說的可能性。〔註30〕

　　值得一提的是，陶寺遺址中規模龐大的墓地群，僅就目前挖掘整理的一千餘座來看，其墓地形制的規格至少可以分爲「三型八種」〔註31〕，同時，各類型墓葬所出土的隨葬品也有懸殊的差異，顯然這些差異是根據墓主生前的社會地位及財富的多寡而決定的。考古學家斷定：墓地嚴格的等級制度說明此時的社會已經出現階級分層。而且隨葬品中所發現的玉瑗、玉琮、玉鉞、鼉鼓、特磬等禮樂器，當屬王室重器，說明當時已有王權的出現和國家的形成。

（二）夏王朝的傳說

　　稍晚於五帝時代的重要人物是夏禹，他也曾是部落連盟的首領，史家常將他與五帝中的堯、舜並稱爲「堯、舜、禹」或「唐堯、虞舜、夏禹」。如果說五帝時代是中國原始社會過渡至文明社會的時期，可以視爲華夏文明的早期發展階段，那麼，夏禹所創建的夏王朝，其最偉大的功績可以說是結束萬

〔註30〕《拾遺記》卷十〈昆吾山〉：「其下多赤金，色如火。昔黃帝伐蚩尤，陳兵於此地，掘深百丈，猶未及泉。惟見火光如星，地中多丹。煉石爲銅，銅色青而利。泉色赤，山草木皆劍利，土亦銅而精。」（見漢・韓嬰等撰：《筆記小說大觀三編》，台北：新興書局，1974年，頁745）《洞冥記》卷三第七則：「帝解鳴鴻之刀以賜朔。刀長三尺。朔曰：『此刀黃帝採首山之銅以鑄之。』」（見漢・班固等撰：《筆記小說大觀十三編》，台北：新興書局，1976年，頁58）古代銅又稱「金」，「首山」當爲「首陽山」，即中條山，自古以產銅聞名。

〔註31〕包括大型墓甲、乙兩種，中型墓甲、乙、丙、丁四種，小型墓甲、乙兩種，共「三型八種」。詳見《華夏文明》第一集，頁67～68。

國林立的分散狀態，建立中國第一個世襲制的王朝，由此奠定中華民族歷史發展的格局，繼而經過殷商、西周的發展，使得中國古代文明進入成熟發展階段的重要標誌。

目前關於夏王朝所在地的研究，以山西夏縣東下馮文化遺址為夏王朝遺址的推斷獲得較普遍性的認可。東下馮文化，距今約三千九百年至三千五百年前，已是夏代紀年範圍內，屬於二里頭文化類型〔註 32〕，考古學家稱之為「二里頭文化東下馮類型」，或「東下馮類型文化」。遺址位於晉南夏縣東下馮村北、涑水河支流——青龍河上游南、北兩岸的台地上（參見圖 1-1），總面積約二十五萬平方尺，正好位在傳說中的「夏墟」所在地。〔註 33〕

東下馮遺址出土的文物中，最重要的是發現了銅鑿、銅鏃與殘銅器等三件物品。經過專家分析結果得知，其中的銅鑿雖然仍是純銅所熔鑄，但銅鏃與殘銅器則已經是含錫量超過6%的青銅〔註 34〕，因此東下馮遺址最大的意義是：標誌著中國歷史由石器時代跨進到早期青銅器時代。經過考古挖掘與文化類型的比對發現，在經歷長達四百年左右的歲月裏，東下馮先民的活動領域遍佈山西晉南與晉西南地區，並且擴展傳播到河南豫西的土地上。這樣的傳播路線，正好印證了古文獻中「禹治安邑」和「夏都陽城」記載的可能性〔註 35〕。許多證據顯示，東下馮文化的發展軌跡，極有可能就是夏文化發展的歷史行程，是夏族與夏王朝活動的興衰變遷史。所以東下馮遺址的挖掘，對華夏文明的起源，具有直接的考古學意義與價值。

由許許多多傳說記載皆可推證，晉南之地，在中華文明發展的初期，曾是華夏先民興起的搖籃，是華夏文化向外傳播的一個基點。在如此深厚的歷史淵源與文化背景之下，周王朝在此設置諸侯重國——晉，自有其必要性；同時，晉國奠基於遠古歷史文化的深層基礎，加上不斷衝突與融合的北方文化，也使它在春秋與戰國時期，成為固守與革新中原文化的一個重要堡壘。

〔註32〕二里頭文化位於河南偃師縣二里頭村，距今約四千至三千六百年前。它是中國歷史由石器時代進入青銅器時代的標誌，屬於中國青銅器時代早期的文化。見《三晉古文化源流》，頁114。

〔註33〕〈山西夏縣東下馮遺址和傳說中的夏墟與夏年〉一文，參見中國社科院考古所編輯：《夏縣東下馮》，文物出版社出版，1988年，頁247～252。

〔註34〕〈關於夏縣東下馮遺址三件銅器的金相鑒定〉，見《夏縣東下馮》，頁245～246。

〔註35〕分見於《左傳·哀公六年》（孔疏），頁1007。《史記·貨殖列傳》《正義》，頁3267。安邑縣位於山西晉西南地區，陽城在今河南封登縣境。

第二章　地理背景與國家歷史

　　「文化」是人類歷史演進中的產物，自人類存在的那一刻起，人類文化也同時產生。每個國家、地區或民族的文化特質，就在歷史的發展過程中，逐漸醞釀、成熟。因此在剖析三晉文化各文化領域的詳細風貌之前，本章首應略述晉國與三晉國家的歷史。又因為文化的形成與歷史的演變，和孕育這個文化起源的地理環境存在息息相關之因素，故本章第一節先就三晉文化的地理環境及其文化淵源簡略概述，俾便了解形成三晉文化區域的環境基礎及重要人事活動，從而提供可能造就此地域文化特徵的影響因素。

第一節　三晉文化的地理環境與文化淵源

　　文化是人類在適應、征服、改造和利用自然環境的過程中形成發展來的，因此環境與文化、人三者之間，存在非常密切的關係。研究三晉文化，不能不探究三晉文化賴以生存的地理環境。而要考究它的地理環境，又不能不先確定三晉文化的疆域。然而因為年代久遠，史載不詳，加上當時的政治風雲和軍事形勢不斷變遷，想要找出先秦時期晉國與三晉國家的確切疆界，是十分困難的事。在此，筆者僅從某些文獻資料的記載中，考其大略如下。至於各國都城遷移及現今位置的爭議，留待第六章都城建築的內文再行詳述。同時，三晉文化究竟受到那些文化影響而形成的淵源問題，也與其地理環境有密切關係，故在此一併討論。

一、晉國與趙、魏、韓之疆域

（一）晉國疆域沿革

西周初年，晉國第一位國君叔虞被封在古唐國。據司馬遷所言：「唐在河、汾之東，方百里，故曰唐叔虞。」〔註1〕古唐國應該是在晉南地區汾河與澮河之交的今翼城、曲沃、襄汾、絳縣、聞喜、侯馬、新絳之間，方圓百數十里的範圍。就史料來看，整個西周時期，晉國疆域大約不出晉南這塊領域。〔註2〕

春秋時代，晉國隨著國力的增加、對外頻繁的兼併戰爭，它的疆域版圖逐漸跨越山西省境。春秋前期、晉武公之前，晉國吞滅了冀國、韓國、楊國〔註3〕，以及地域無可考的沈、姒、蓐、黃等小國〔註4〕；晉武公時，又先後

〔註1〕《史記》卷三〈晉世家〉（九），頁1635。

〔註2〕本節疆域沿革資料，主要參考李元慶：《三晉古文化源流》緒論第二節，山西古籍出版社，1997年。

〔註3〕《左傳》卷十二〈僖公二年〉：冀國侵虞國，「入自顛軨，伐鄍三門。」（頁199）後來晉助虞打敗冀國，旋即滅之，以為晉大夫郤芮食邑。冀國乃陶唐氏之裔，其地位於今山西河津縣東北冀亭。詳參何光岳：《周源流史（上）》，江西教育出版社，1997年，頁250～257。《左傳》卷十五〈僖公二十四年〉：「邘、晉、應、韓，武之穆也。」（頁255）韓為周武王滅商後，封其第五子韓叔所立之姬姓國。周厲王時（一說周幽王），為晉所滅。詳參《周源流史（上）》，頁368～369。其地所在，舊說以為「同州韓城」（《括地志》卷一〈韓城縣〉，《括地志輯校》，北京：中華書局，1980年，頁30），即今陝西韓城市，然此說尚存爭議。《左傳》卷十九〈襄公二十九年〉：「虞、虢、焦、滑、霍、揚（楊）、韓、魏，皆姬姓也，晉是以大。若非侵小，將何所取？」（頁667）楊為唐叔虞之後，春秋時期為晉所滅，封為羊舌氏之邑。其地在今山西洪洞縣南三十里的楊曲，一說在縣東南的范村古城址。詳參《周源流史（上）》，頁288～229。

〔註4〕《左傳》卷四十一〈昭公元年〉：鄭國子產答晉平公之言：「昔高辛氏有二子，伯曰閼伯，季曰實沈。居于曠林，不相能也。日尋干戈，以相征討。后帝不臧，遷閼伯于商丘，主辰，商人是因，故辰為商星。遷實沈于大夏，主參，唐人是因，以服事夏商，其季世曰唐叔虞。……及成王滅唐，而封大叔焉，故參為晉星。由是觀之，則實沈，參神也。昔金天氏有裔子曰昧，為玄冥師，生允格、臺駘。臺駘能業其官，宣汾、洮，障大澤，以處大原。帝用嘉之，封諸汾川。沈、姒、蓐、黃，實守其祀。今晉主汾而滅之矣。由是觀之，則臺駘，汾神也。」（頁705～706）據此而知，沈、姒、蓐、黃四小國，皆臺駘之後。處於汾河岸的大原，杜預注曰：「大原，晉陽也。」叔虞封唐地後，臨近唐地的四國即被吞滅。另外，除了原居於大夏故地的實沈外，還有其後裔遷於河南固始縣的姒姓之沈、西逃於陝的嬴姓之沈，以及《左傳》卷十八〈文公三年〉所記：「莊叔會諸侯之師伐沈，以其服於楚也，沈潰。」（頁

併吞郇、董、賈等國〔註5〕。晉獻公時代，再兼併耿國、霍國、魏國、虢國及虞國〔註6〕。晉文公又因勤王有功，得到周襄王賜「畿內八邑」〔註7〕，因此晉國的地理界域，已由晉南擴展到今河南豫北地區。

春秋中期，晉景公消滅了分佈在山西東南部及其與河南、河北交界地區的赤狄民族，晉國疆域由晉南地區拓展到晉東南，及臨近的河南、河北部份區域。晉悼公時，大夫魏絳主持著名的「和戎」政策，晉國開始在霍太山以北設置縣邑，其疆域也跨出晉南向北推移。

春秋晚期，晉平公之後，政權落入六卿之手。六卿一方面展開激烈的對內爭權，一方面也發動大規模的對外兼併戰爭。到三家分晉之際，環繞在晉

304）莊叔（晉卿）所滅之沈爲姬姓之沈。四沈之別，詳參《周源流史（上）》，頁585～587。

〔註5〕《左傳》卷十五〈僖公二十四年〉：「管、蔡、郕、霍、魯、衛、毛、聃、郜、雍、曹、滕、畢、原、酆、郇，文之昭也。」（頁255），又《左傳》卷七〈桓公九年〉：「虢仲、芮伯、梁伯、荀侯、賈伯，伐曲沃。」（頁120）學者或以爲郇國即荀國（何光岳：《周源流史（下）》，頁877～878；李孟存、常金倉：《晉國史綱要》，山西人民出版社，1988年，頁25）。傳說荀侯爲周文王少子，《漢書》卷二十八〈地理志〉引汲郡古文云：「晉武公滅荀，以賜大夫原氏黯，是爲荀叔。」（二十五史刊行委員會輯：《二十五史》第一冊，台北：開明書局，1962年初版，頁425。以下見引，皆據此本。）《晉國史綱要》以爲其地當今山西臨猗縣南鐵匠營村附近。董國大概亦滅於武公之時，其地傳說在今山西聞喜縣。縣東北四十里有「董澤」，據傳爲豢龍氏蓄龍之地。詳參《晉國史綱要》，頁25。賈與芮、荀、虢皆爲周親族姬姓國，相傳周康王封唐叔虞少子公明爲賈伯，其地當今山西襄汾縣東。由《左傳》卷七〈桓公九年〉文記載可知，此時賈國尚存，故共同聲討曲沃武公。賈國最有可能在武公之時被滅，並賜予狐射姑爲邑，其後仍爲賈氏。否則，以諸侯不內娶之例，《左傳》卷十〈莊公二十八年〉：「晉獻公娶于賈」（頁177）之事應不會發生。詳參《周源流史（上）》，頁274～275。

〔註6〕《左傳》卷十一〈閔公元年〉：「晉侯作二軍，公將上軍，大子申生將下軍，趙夙御戎，畢萬爲右，以滅耿、滅霍、滅魏。還，爲大子城曲沃，賜趙夙耿，賜畢玩魏，以爲大夫。」（頁188）又卷十二〈僖公五年〉：「冬十二月丙子，朔，晉滅虢，虢公醜奔京師。師還，館于虞，遂襲虞，滅之。」（頁209）。耿國於今山西河津縣東南二十里，姬姓諸侯國；霍地在今山西霍縣西南十六里地，武王克商後封其弟爲霍叔處於霍；古魏國在今山西芮城縣北五里處，姬姓諸侯國；虢國在今山西平陸縣跨河南陝縣的三門峽市，周文王弟虢仲、虢叔所封之國；虞國當今山西平陸縣北張店附近，周初所封吳太伯子孫吳君周章之弟虞仲封國。詳參《晉國史綱要》，頁23～26。

〔註7〕《國語》卷十〈晉語四‧文公出陽人〉：「（周襄王）賜（晉文）公南陽陽樊、溫、原、州、陘、絺、組、攢茅之田。」，台北：臺灣商務印書館，1965年初版，頁375。以下見引，皆據此本。

國周圍的眾多華夏小國與戎狄部族，基本上都被晉國吞噬，晉國疆域版圖也達到極盛，據有今山西南部、東南部和中部、北部的部份地區，今河北西南部、西部部份地區，今河南北部和西部、中部部份地區，以及今陝西東部部份地區，由此形成了以山西省境為中心（圖 2-1），而向相鄰省境輻射的晉國地理疆域格局。

圖 2-1：春秋晉國疆域圖

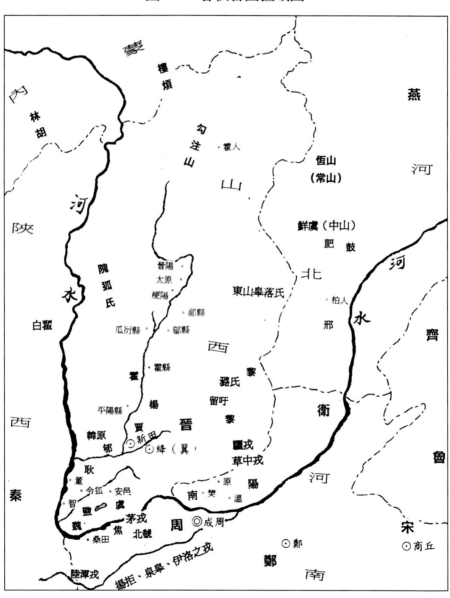

（二）趙國疆域沿革

西周末年，周幽王無道，叔帶去周如晉，事晉文侯。此爲晉國趙氏宗族的創始人〔註8〕，趙城（今山西洪洞縣境）爲趙氏宗族的發祥地和第一個治邑。

春秋時代，趙氏宗族日益興旺，形成「邯鄲趙氏」與「晉陽趙氏」兩大族系。邯鄲趙氏的創始人是趙夙，爲晉獻公時重臣，因「御戎」有功，被封於耿國，授大夫之爵，此爲邯鄲趙氏的第一個治邑。趙夙的庶孫趙穿在趙盾執政時成爲散卿，至趙穿之孫趙勝時，又佔據原屬衛國的邯鄲（今河北邯鄲市），並以此爲領地，形成邯鄲趙氏。晉陽趙氏的創始人則爲趙夙之弟趙衰，他是晉文公重耳的重要謀臣之一。晉文公因勤王有功，受賜「畿內八邑」，而文公又將其中的一邑——原（今屬河南濟源縣境）賜給趙衰，命爲原大夫，此爲晉陽趙氏的第一個治邑。晉陽趙氏至趙武（號爲趙文子）時，居六卿之首，和魏、韓聯手逐漸瓜分了晉國國土。春秋末年，趙武之子趙鞅（號趙簡子）與其孫趙毋恤（號趙襄子）執政期間，趙氏卿族的勢力達於極盛，一方面建立了以晉陽（今山西太原市西南）爲中心的鞏固根據地，還向東拓展，併吞了邯鄲趙氏。從此，晉陽趙氏的領地就橫跨晉、冀兩省，爲戰國時代趙國的形成奠定基礎。

春秋末年，趙浣（號趙獻子）曾將趙氏治邑遷於位在今河南鶴壁市西的中牟。趙浣卒後，其子趙籍襲爵爲卿，並於在位期間由周王室冊封爲趙烈侯〔註9〕，成爲趙國第一代國君。

戰國時期，趙國到了第三代國君趙敬侯時，始建都於邯鄲。此後，邯鄲一直是戰國時代趙國的統治中心。戰國中期，趙國第六代國君趙武靈王成功地推行「胡服騎射」改革運動，也因此大幅地向北開展趙國領土。趙國疆域最大時，除了佔有今山西中部、北部、東南部和今河北西南部外，還伸向今陝西東北部與內蒙古部份地區，並涉及今山東西邊一角和河南北端（圖 2-2）。在邊地地區，趙國先後曾設置了上黨、雁門、雲中、代等四郡。趙國的四鄰分別是：東方的齊國、中山國，南方的韓、魏，西邊的秦、林胡，北方的樓

〔註8〕 西周中葉，趙氏先祖造父因助周穆王平亂有功，周穆王封之於趙城。然至西周末年，造父後裔叔帶去周事晉，其後趙氏逐漸成爲晉國大卿，故以叔帶爲「晉國」趙氏宗族的創始人。

〔註9〕 《史記》卷三十九〈晉世家〉曰：「烈公十九年，周威烈王賜趙、韓、魏皆命爲諸侯。」（頁 1687）但據卷十五〈六國年表〉（頁 1687）所載，三家封侯應在晉烈公十七年，即西元前 403 年。

煩、東胡，以及東北方隔易水爲鄰的燕國。可見趙國四周不僅爲秦、齊、韓、魏等列國環抱，且與林胡、樓煩、東胡、中山等戎狄部族相接壤，因而在群雄割據的戰國時代裏，趙國可說是長期處在諸侯壓境、胡馬侵擾、四面受敵的險惡形勢，故史家稱趙國爲「四戰之國」（《史記・樂毅列傳》，頁 2435）、「四達之國」（《戰國策・燕策三》）或「中央之國」（《戰國策・秦策一》）。〔註 10〕

圖 2-2：戰國三晉疆域圖

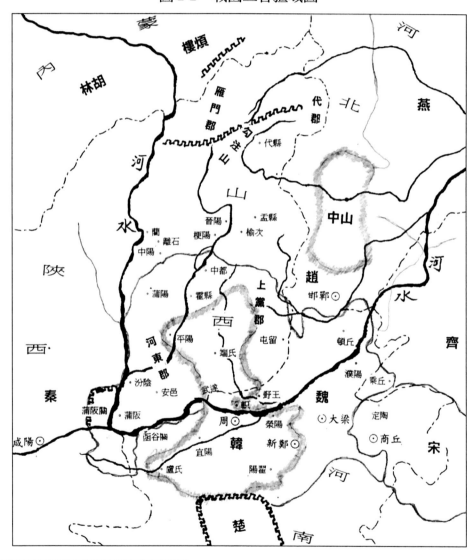

〔註 10〕西漢・劉向集錄：《戰國策》，台北：里仁書局，1990 年，頁 1121、頁 105。以下見引，皆據此本。

（三）魏國疆域沿革

春秋初期，晉獻公十六年（西元前 661 年），晉攻霍、耿、魏等國，滅之，以魏地封畢萬，並授以大夫之爵。此古魏國也是周室的同姓諸侯國，位在今山西省芮城縣境。這就是晉國魏氏的來源，也是魏氏卿族勢力的發祥地和第一個治邑。

十一年後，晉獻公卒，晉國發生爭奪君位的內戰，「而畢萬之世彌大，從其國名為魏氏。」〔註11〕畢萬之孫魏悼子，曾將治邑由魏遷至霍（今山西霍州市境），其子魏絳（號魏昭子），又將治邑從霍遷至安邑（今山西夏縣境）。大體而論，自畢萬封魏到魏絳遷安邑這段時間，魏氏已佔據今山西晉南運城地區的大部份土地。而遷安邑後，它就成為春秋時代魏氏卿族勢力的大本營，以及戰國時代魏國發源的根據地。

春秋晚期，晉頃公時代，魏舒（號魏獻子）登上卿位，位居六卿之首，魏氏勢力有了重大發展。其後，魏侈（號魏襄子）與魏駒（號魏桓子）執政期間，陸續瓜分晉國領土，形成魏、韓、趙三卿鼎足而立的局面。至魏文侯（魏斯）時三家分晉，正式受封為諸侯，魏氏才成為獨立國家，魏文侯是魏國第一位國君。

戰國時代，魏國在魏文侯、魏武侯與魏惠王時代，國力達到鼎盛，疆域版圖也大幅拓展。最大時，西部曾到達今陝西境內原屬於秦國的黃河以西、洛河以東、以北地區；北部邊沿到達今山西中部地區；東北部曾伸向今河北大名、廣平和山東冠縣一帶；東部總稱「東地」，主要包括：河南北部原屬衛國的「河內」地區，以及河南西部原屬鄭國的大梁一帶地區；東南部延伸至今山東、江蘇、安徽、河北交界地區。顯然，魏國疆域並非緊湊形狀〔註12〕，領土主要集中在今山西晉南河東地區，和今河南豫北、豫東的河內、大梁一帶，明顯地區分為東、西兩部份。兩地之間，以今山西東南上黨地區為交通孔道相連，地形呈現為向北凸起、向南凹陷的葫蘆形，大體類似於人體的胸腔部位。四鄰國家分別是：東方齊、南方楚、西方秦、北方趙。而且，與魏接壤的韓國疆域，大部分被囊括進魏國的「胸腔」地形之內，好比人體的咽

〔註11〕《史記》卷四十四〈魏世家〉，頁 1836。

〔註12〕政治地理學家認為：一個國家的領土越緊湊，其成員之間的內聚力可能就越大。從理論上來講，一個國家最理想的空間格局是正圓形或矩形，即是所謂緊湊形狀。參見《三晉文化研究論叢》第一輯，太原：山西人民出版社，1994 年，頁 26。

喉一樣，所以《戰國策》形容兩國疆域形勢的特點爲：「韓，天下之咽喉；魏，天下之胸腹。」〔註13〕可說非常形象化。

（四）韓國疆域沿革

春秋初年，晉武公時，封韓萬於韓原。韓原即古韓國所在地，可能位於今山西河津縣、萬榮縣之間〔註14〕。這是晉國韓氏卿族的發祥地和第一個治邑。

春秋晚期，晉平公二十一年（西元前537年），韓起（號韓宣子）使楚，楚人說：「韓賦七邑，皆成縣也。」〔註15〕可見當時韓氏的采邑已有七縣。不久，韓起又佔據河內地區的州縣（今河南沁陽縣），並將治邑由韓原遷此；至韓起之子韓須（號韓貞子）時，又將治邑遷往平陽（今山西臨汾市）〔註16〕。從此，平陽成爲韓氏卿族的活動中心，並發展成爲戰國時代韓國的發源地和第一個都城。

戰國初期，韓景侯、烈侯、文侯時代，三晉聯合作戰，侵奪相鄰鄭國的土地，其疆域版圖也不斷擴展。至韓哀侯即位第二年（西元前375年），韓國終於滅了鄭國，並將都城遷至鄭（今河南新鄭縣）。從此，鄭成爲戰國中後期韓國的活動中心，韓王也因此往往被稱作「鄭王」。在戰國時代，韓國主要據有今山西晉東南的上黨地區，和今河南豫中的伊洛地區，曾設置上黨、三川、上蔡三郡。韓國的四鄰分別是：東方魏國，南方楚國，西方魏國、秦國，北方趙國。在魏國疆域最大時，韓國除了南部和西南部一角分別與楚、秦接壤外，其餘領土被囊括進魏國東、西兩地形成的「胸腔」地勢內，故韓國地理被稱爲「天下之咽喉」，魏國則相應地被稱作「天下之胸腹」。韓遷都鄭地後，

〔註13〕 〈秦策四‧秦王欲見頓弱〉卷六，頁239。

〔註14〕 清‧江永：《春秋地理考實》卷一〈僖公十年〉：「韓：《括地志》：同州韓城縣南十八里爲古韓國，今屬陝西西安府地名。韓原，今按：韓城縣今屬陝西同州府，地在河西，本秦漢之夏陽縣地，隋始析置韓城縣，以古韓國爲名。然十五年，秦晉戰韓原，獲晉侯，非此地也。秦敗晉于韓原，其地當在河東。故傳云：涉河侯車敗。注謂：秦伯之軍涉河，則晉侯車敗。又晉侯曰：寇深矣。則韓原不在河西。……韓原者，韓萬之采邑，蓋在山西平陽府河津、萬泉之間。韓氏後滅鄭，徙都河南，而故采邑亦失其處。」《景印文淵閣四庫全書》一八一冊，台北：臺灣商務印書館，頁269。

〔註15〕 《左傳》卷四十三〈昭公五年〉，頁747。

〔註16〕 《史記》卷四十五〈韓世家〉：「宣子徙居州」（頁1866），又云：「貞子徙居平陽」（頁1866）。

地理位置正處中原要衝、天下咽喉的通道，交通位置特別重要。

二、三晉文化區的地理環境

　　地理環境亦稱地理背景，包含自然的、人文的各方面因素，它們共同構成人類生活的客觀基礎，也是人類創造歷史和文化的外在條件。一定的地理環境是形成一定的民族個性與地域文化類型的重要因素。同此，晉國與三晉的文化發展和演變，實深深受到古代山西地理〔註17〕，尤其是晉南地區環境的影響與制約，這主要可通過自然地理環境與政治地理環境兩方面予以說明。由上文晉與三晉國家疆域沿革的概況，可以大致掌握到晉、趙、魏、韓各國政治地理環境的險要特性；下文再根據文獻相關記載，配合出土物種的證明，回溯遠古時期，這個孕育三晉文化成長的山西地區，可能具備的自然地理條件的原貌。

（一）濕暖的氣候條件

　　人類與自然環境是相互依存、不可分離的，有優越的地理條件，自然能吸引聚居的人口；而通過集體生活的人們相互激盪的創造力，就能產生先進的文明。換言之，自然地理環境其實是一個文化興昌的前提。

　　先秦三晉文化活動的範疇以山西省為主體，含括與其相鄰、黃河流經的陝西、河南、河北、山東等省份之緯度相當、氣候相近的部份領域。觀察三晉文化發源的主要根據地——山西省，其地理方位約在北緯 34.5～40.5 度之間，在黃土高原東部，地表多覆蓋深厚黃土，海拔約一千公尺。輪廓似平行四邊形，三面有天然屏障：東面以太行山脈與河北、河南為界，南面以黃河、中條山與河南為界，西面以黃河、呂梁山脈與陝西為界。地勢以東、西兩面多山，中部有一列珠狀河谷盆地。山地、高原、丘陵約佔全省面積 72%，盆地約佔 28%〔註18〕。這樣的天然地理條件雖不是百分之百的優越，但整體而論，在氣候、水源、土壤、天然屏障各方面，此地尚稱適宜人類居住。何況在先秦時期，這裡的環境比今日的情況更好。現在的山西，是屬於溫帶——

〔註17〕本論文行文中所用「山西」一詞，皆用以指稱位於太行山以西的今山西省行政區。此義大約起於東漢，並沿用至今。但在西漢以前，「山西」一詞則泛指函谷關以西，即秦都咸陽、漢都長安所在之陝西省及西安市區。參見馮寶志：《三晉文化》導言，瀋陽：遼寧出版社，1991 年，頁 3。

〔註18〕參見《中華人民共和國分省地圖集》，上海：中國地圖出版社，1995 年，頁 19～20。

暖溫帶、半濕潤——半乾旱的大陸性季風氣候，年平均氣溫為 3～14℃，年平均降雨量為 350～700 釐米之間。不但黃塵滾滾，飛沙旋日，而且荒山禿嶺，十年九旱。不過，根據先秦典籍物候記錄的整理來看，由周初至春秋戰國的這段時間裡，除西周中葉以後的後半期（約在西元前 1000～770 年左右）曾有短暫的冷期侵入中國外〔註 19〕，其它大部份時間，當時的黃河流域中游一帶，應該都是屬於暖濕型的亞熱帶氣候，年平均氣溫約比現在高 1.5～2℃左右〔註 20〕，冬季氣溫甚至更高，這對農作物的種植或物種的繁衍具有絕對性的影響。

1. 動 物

以動物為例，由舊石器時代出土的動物化石已經可以證明，山西境內原來確實有數量龐大的象類、犀牛、老虎等，喜熱帶暖濕氣候動物出現的證據〔註 21〕。隨著時代演進，氣候變遷，曾幾何時，這些動物已在黃河流域的地域內消失，加上古代文獻對氣候記錄的不完備，因此後人常以今度古，認為先秦時期的中原地區不可能有象、犀、虎等熱帶動物種屬的存在。如果重新整理古籍資料，會發現許多關於象、犀牛、老虎等動物記載的內容。其中，以象牙（象齒）製成器物的情形極為普遍。例如，製成首飾器「象揥、象笄、象櫛」等，或佩飾器「象環」；也有用以裝飾或製造酒器器皿如「象尊、象觶、象觚、犧象」等；還有代表身份爵位的象徵物「象笏」，以及弓梢的裝飾物「象弭」〔註 22〕。甚至在《戰國策·齊策三》中記載，孟嘗君出國，還

〔註19〕 自五千年前的仰韶文化至殷商時代，中國的氣候溫和，當時的黃河流域有十分豐富的亞熱帶動植物種類。到了周初，還是沿續了原來溫暖的氣候，但是在西周中葉至春秋以前的這段時間裡，可能有小幅度的轉變，出現一些異乎尋常寒冷的記錄。詳參竺可楨：《中國近五千年來氣候變遷的初步研究》，載於《考古學報》1972 年第一期。

〔註20〕 本節氣候資料主要參見劉昭民：《中國歷史上氣候之變遷》第五章，台北：臺灣商務印書館，1992 年。

〔註21〕 可參考謝燕萍、游學華編著的《中國舊石器時代文化遺址》一書。香港：中文大學出版社，1984 年。

〔註22〕 象揥，見於《詩經》的〈鄘風·君子偕老〉及〈魏風·葛屨〉（順見頁 112、207）。象笄，見於《儀禮·喪服》（頁 400）。象櫛，見於《禮記·玉藻》（頁 548）。象環見於《禮記·玉藻》（頁 564～565）。象尊見於《周禮·春官司·尊彝》（頁 305）。象觶與象觚見於《儀禮·燕禮》（見頁 164、165、170、176；159、163、176）與〈大射禮〉（頁 197、198、214、222；196、219）。犧象見於《禮記·禮器》與〈明堂位〉（順見頁 471、577）。象笏見於《禮記·玉藻》（頁 548）。象弭見於《詩經·小雅·采薇》（頁 334）。以上群經，見清·阮

以象牙製成龐大尊貴的象牙床獻給楚國（頁 385）。而《國語・晉語四・楚成王以周禮享重耳》記載重耳對楚成王說的話：「子女玉帛，則君有之；羽、旄、齒、革，則君地生焉。」（頁 126）以及《晉語八・叔向諫殺豎襄》所載叔向之語：「昔吾先君唐叔射兕于徒林，殪，以爲大甲，以封于晉。」（頁 166）這兩段文字，更能直接證明：西周之初，唐地尚見兕（犀牛）在林野活動；春秋之際，楚國境內尚產象牙。其他還有許多文獻記錄顯示〔註23〕，在兩周之時，中國南、北，不論長江流域或黃河流域，應尚可見象、犀（兕）、虎等動物活動，可證當時的氣候必定比今日溫暖。

2. 植　物

植被方面的記錄同樣證明，先秦時期，山西地區的平原、盆地、丘陵、山阜等地形應該尚有茂密的森林覆蓋〔註24〕，與今日荒蕪的景觀迥然不同。當時位在黃河流域的許多北方國家，其實盛產竹、稻、桑、苧麻等宜溫暖潮濕的熱帶及亞熱帶作物〔註25〕。竹子是熱帶生長的植物，今多分佈在長江流域及以南區域；稻子是熱帶與亞熱帶作物，今日則分佈在秦嶺、淮河以南，以長江、珠江爲主要種植區域；桑樹須在土壤肥沃、灌溉便利、氣候較暖之地才能栽培，現在中國主要產於長江流域；苧麻是亞熱帶植物，現今盛產於長江流域以南的江西、湖南等氣候濕暖之處〔註26〕。古今對照，在兩周時期，

元校勘：《十三經注疏》，台北：藝文印書館，1997 年初版。本文見引文之十三經，皆據此本。

〔註23〕例如《詩經》的〈周南・卷耳〉、〈豳風・七月〉、〈小雅・桑扈〉、〈周頌・絲衣〉等詩篇，皆見「兕觥」一物。〈小雅・吉日〉有：「殪此大兕」（頁 370），及〈小雅・何草不黃〉有：「匪兕匪虎，率彼曠野。」之句（頁 528）。《左傳》卷二十一〈宣公二年〉記載：「牛則有皮，犀兕尚多。」（頁 363）以及〈昭公元年〉有「兕爵」一物（頁 701）。

〔註24〕景廣學：〈歷史時期山西地區森林植被之景觀〉，載於《山西大學學報》（哲學版）1983 年第三期。

〔註25〕以《詩經》爲例，其詩句：「瞻彼淇奧，綠竹猗猗。」（〈衛風・淇奧〉，頁 126～127）「王事靡盬，不能藝稻梁。」（〈唐風・鴇羽〉，頁 225）「阪有桑，隰有楊。」（〈秦風・車鄰〉，頁 234）「丘中有麻」（〈王風・丘中有麻〉，頁 155）等句的熱帶及亞熱帶植物，皆出現於位在黃河流域的國風之中。又《左傳》卷二十〈文公十八年〉云：「（齊懿公）游于申池。……（邴歜、閻職）乃謀弒懿公，納諸竹中。」（頁 351）及《左傳》卷三十三〈襄公十八年〉載：「劉難、士弱（晉之二大夫）率諸侯之師，焚申池之竹木。」（頁 578）可見當時位在山東的齊國，尚能栽種竹子。

〔註26〕同註18。

黃河流域的作物與今日長江流域的重疊性很高，可見當時黃河流域的氣候應與今日的長江流域相若。

（二）豐沛的水文條件

水利方面，山西主要有黃河環繞西、南，及其支流汾、澮、涑、沁、漳各水流貫其中。就今日的水文條件而言，鮮有舟楫之利。然而在文獻記載裡，西周到春秋戰國之時，三晉地區的河流，尚有大規模水運活動的記錄。西元前 647 年冬，晉國發生大饑荒，秦國答應救援，因此以船運糧，從雍都送到絳都，路線應是由渭水經黃河再溯汾、澮，總共六、七百里的航程，規模非常浩大。這時既是冬季的枯水期，汾水、澮水卻能航行，可見當時的水量應該十分充沛〔註27〕。《古本竹書紀年》記載，魏襄公七年，即西元前312年：「秦王來見于蒲坂關（今永濟縣西，隔河與蒲津相對）。四月，越王使公師隅來獻乘舟始罔，及舟三百，箭五百萬，犀角象齒。」〔註28〕「乘舟始罔」似為一艘獻給秦王的御船，其餘三百艘則為戰船。這次航行路線必是從越國溯河而上，到達黃河蒲津一帶，三百多艘的獻船，加上越國船隊，形成舟楫蔽河、桅杆林立的壯闊景象。可以推想，當日黃河的河道要比今日寬闊許多，水量亦多。《尚書·禹貢》可能是戰國人託古之作，作者就是設想以晉南為中心，形成貫達九州水道的交通網，如此的設想，該是肇因於此地豐富的水利資源。此外，由西周、春秋至清末以來的歷史文獻記載來看，山西地區原來有數量眾多、面積龐大的湖泊，但隨著水文的變遷，確實有湖泊縮小湮滅、泉水萎縮枯竭、地下水位降低、濕地與土壤水份減少、河流含沙量增多等現象〔註29〕。因此追溯先秦三晉文化時，不得不留意水文的變化，對當地農牧業及居民生活可能帶來的影響。

（三）適宜農耕的土壤

三晉文化是在黃土高原的黃土上滋長起來的，高原的黃土廣闊豐厚，土壤疏鬆肥沃，組織結構細緻均勻，土中含有一定比例的石灰質，黏接性佳，

〔註27〕《左傳》卷十三〈僖公十三年〉載：「冬，晉薦饑，使乞糴于秦。秦伯……於是乎輸粟于晉，自雍及絳相繼，命之曰：『汎舟之役』。」頁 223～224。

〔註28〕中國學術名著，楊家駱主編：《竹書紀年八種》，台北：世界書局，1989 年四版，頁 267。以下見引，皆據此本。

〔註29〕參見田世英：〈歷史時期山西水文的變遷及其與耕牧業更替的關係〉，載於《山西大學學報》（哲學版）1981 年第一期。

不易風化，並且有良好的保水、存水性能，容易耕墾，有利於作物栽培，適宜早期人類開發居住與農牧業的生產，因此文明起源很早。〔註30〕

由歷史記載中的物產、水文、地質面貌等資料可以推測，正位於黃河流域中游地段的三晉地區，當時的整體氣候，可能相當於長江流域的現況，年平均氣溫比現在高，氣候較溫和，兼之河川水量、水利也很充沛，不但適宜先民居住，也有足夠條件從事農牧業的開發。因此夏文化才能在這塊大地上孕育，而三晉文化更在這個自然地理背景優越的環境裡成長茁壯。

三、三晉文化的淵源

一種文化的形成，往往是多種文化融合後的複合體，三晉文化也不例外。先秦三晉文化的聚成，與夏文化、戎狄文化、周文化，都有著直接而密切的淵源關係。

（一）三晉文化與夏文化

1.「夏墟」在晉南

由傳世的文獻來看，夏代是中原地區第一個建立王朝的政權，華夏文化也是中華文化的文明起源。雖然，迄今仍未出現有關夏王朝歷史的直接文獻史料，但從考古發掘成果可以確信：夏文化的範圍，就是龍山文化至二里頭文化早期的文化遺存，其文化內涵至少包括城郭、宮殿、銅器、玉禮器、農業、曆法、初期國家的意識形態等等。〔註31〕

在現今出土的先晉文化遺址中，晉南的陶寺文化及東下馮文化遺址，都相當具有夏文化的內涵特色〔註32〕。尤其是夏縣東下馮文化遺址，更被考古學家直斷為「夏墟」的所在地〔註33〕；東下馮文化的發展軌跡極可能就是夏族與夏文化活動的歷史軌跡。

回顧晉初受封，周王室「命以唐誥而封於夏墟，啟以夏政。」〔註34〕顯示晉所以立國，除了屏藩周王朝的責任外，還背負著延續與繼承夏文化的深

〔註30〕參見楊純淵：〈地理環境與先秦三晉文化的興昌〉，載於《三晉文化研究論叢》第一輯，太原：山西人民出版社，1994年。

〔註31〕詳參林天人：《先秦三晉區域文化研究》，台灣師範大學歷史研究所博士論文，1998年，頁190～193。

〔註32〕陶寺文化遺址與東下馮文化遺址的內容特色，詳見第一章第四節文字。

〔註33〕參見〈山西夏縣東下馮遺址和傳說中的夏墟與夏年〉一文，錄於中國社科院考古所：《夏縣東下馮》，北京：文物出版社，1988年，頁247～252。

〔註34〕《左傳》卷五十四〈定公四年〉，頁949。

刻意義。即使今日已無法對三晉文化所直接繼承夏文化的面貌進行詳細論述，但晉國在滿載夏文化遺風的「古河東」大地上生活，不可能不受夏文化的影響與薰陶。甚至到今天，晉南各地的民眾，許多人還能朗朗上口的述說夏禹在此活動的各項傳說事蹟。因此，夏文化與三晉文化二者之間的淵源關係，難以否認。

2. 晉行「夏政」

《左傳》記載太祝子魚分論衛、魯、晉三國最初就封時，爲因應各方國不同的區域文化特色，故採行不同的政策方向。唐叔被「命以唐誥而封於夏虛，啓以夏政，疆以戎索。」這不僅是晉國立國的行政方針，也是三晉文化的淵源依據。

所謂「啓以夏政」，杜預注：「因夏風俗，開用其政」。就是說，晉初立國，其治國政策是因循夏人風俗與夏代政策而制定的。「夏政」的具體內容如今難以得知，唯一可確信的是：晉人所行的曆法，是周王朝姬姓諸侯國中，唯一使用夏代曆法而非周代曆法者〔註35〕。夏代曆法，即文獻中所謂的「夏小正」、「夏正」、「小正」或「夏時」。是建寅之月爲歲首編年，即以「寅月」爲歲首、正月。如果把冬至所在的月份稱爲「子月」，那麼，「子月」的下個月就稱作「丑月」，再下個月則稱爲「寅月」。周曆是以「子月」爲正月，殷曆是以「丑月」爲正月，夏曆則以「寅月」爲正月〔註36〕。晉國雖是周王朝親族所建之國，由於建於「夏虛」的特殊背景，致使晉國的通行曆法不像其他姬姓諸侯國魯、鄒等使用「周正」，而是考量夏地夏俗行「夏正」。清儒顧炎武曾根據《春秋》、《左傳》中，大量記載同一事件卻不同繫月的矛盾，舉例詳盡說明晉用「夏正」的事實〔註37〕，足供參考。

唐叔封於夏墟，立國後的文化發展自然會受當地既有文化的影響。不過，從夏到晉的建國，中間歷經數百年的變化，其間又遭遇殷商文化的衝擊，因此夏文化的面貌必有所變遷。對於後來所謂「三晉文化」的內涵，究竟還保留多少夏文化的成份，我們很難具體而明確的指出。但由晉行「夏政」的記錄，以及晉用「夏正」的事實看來，夏文化與三晉文化的構成、發展面貌，

〔註35〕晉國行夏曆的詳細資料，見第七章天文曆法的說明。
〔註36〕晉國天文曆法的內容，詳見第七章。
〔註37〕顧炎武著、黃汝成集釋：《日知錄集釋》卷四〈三正〉，上海：上海古籍出版社，2006年初版，頁134。

絕對有緊密確切的關聯。

（二）三晉文化與戎狄文化

1. 晉國周圍的戎狄民族

「戎狄」一詞是「西戎」和「北狄」的簡稱，泛指中國古代北方和西方各民族。他們原先居住在中國東北、內蒙古以及西北青、甘、寧等地區，過著狩獵游牧的生活方式。可能自夏代開始，爲了尋求新的牧場和狩獵處所，便逐漸由北向南遷徙。由於南遷，必然和原居該地的華夏民族產生矛盾，因而不斷引發衝突。在商代，雙方就曾發生多次大規模的戰爭；周初，戎狄的侵擾也逐漸成爲周王室最嚴重的邊患問題。

西周初年封叔虞於唐時，特別指示，唐國「封於夏墟」的治國方針中，除了「啓以夏政」外，還要「疆以戎索」。這很明顯地表示，當時的「夏墟」地區，一定存在大量的戎狄之民，故而在統治政策上，必須考量到宗周文化進入另一個不同文化區可能引發的衝擊而有所調整，以避免內政危機。《左傳‧昭公十五年》（西元前 527 年）記載：

> 晉荀躒如周，……（周王）以文伯（即荀躒）宴，樽以魯壺。王曰：「伯氏，諸侯皆有以鎮撫王室，晉獨無有，何也？」文伯揖籍談。對曰：「諸侯之封也，皆受明器於王室，以鎮撫社稷，故能薦彝器於王。晉居深山，戎狄之與鄰，而遠於王室，王靈不及，拜戎不暇，其何以獻器？」王曰：「叔氏，而忘諸乎？叔父唐叔，成王之母弟也，其無分乎？密須之鼓與其大路，文所以大蒐也；闕鞏之甲，武所以克商也，唐叔受之，以處參虛，匡有戎狄……。」（頁 823～824）

這段對話指出晉境內戎狄大量分布的情形，《國語》、《史記》也有不少戎狄在晉境的記錄可以爲證。清儒高士奇《左傳紀事本末‧晉併戎狄》概述晉國戎狄分布的情況說：

> 晉四面皆狄，唯姜戎役屬於晉，爲不侵不犯之臣。赤狄在其北，即潞氏也；陸渾在其南，秦、晉之所遷於伊川者也；鮮虞在其東，所謂中山不服者也；白狄在其西，嘗與秦伐晉者也。故曰「狄之廣莫，晉之啓土，不亦宜乎？」蓋以其兼群狄而爲疆也。〔註38〕

〔註38〕北京：中華書局點校本，1979 年，頁 501。

高士奇之言只是大概，其實戎狄民族的族系非常複雜，並不是單一民族，而且隨著時代的變遷，其族稱也不斷發生變化，越來越多。屬於北方游牧民族的狄族，在晉國史上出現的重要族系就有分布偏於西北的嚴允（玁狁）、犬戎、白狄等，以及分布偏於東部的赤狄、山戎（即北戎）等兩大民族系統；屬於西方游牧民族的戎族，除了統稱「西戎」之外，也有驪戎、陸渾之戎、姜戎、條戎、伊雒之戎等族系的分別。甚至還有唐叔苗裔逃奔戎狄之地而成為狐氏之戎的戎族，與晉國關係益常密切。

（1）北狄族系

與晉國接壤，或曾經交戰、往來的北狄部族，至少有玁狁、犬戎、白狄、赤狄、山戎等主要族系。

嚴允　是北方非常強悍的一族，商周間或稱鬼方、混夷、獫鬻，周初稱玁狁。春秋時，開始將北方民族統稱為「戎」（北戎或山戎等）、繼之則稱為「狄」（如赤狄、白狄、長狄等），此後，西方民族才固定叫「戎」或「西戎」了。戰國以後，名曰胡或匈奴者，都是屬於北狄民族，族稱很多。玁狁原居於今山西、陝西北境至內蒙古河套地區，自商代中期逐步南進。商末周初，周文王、武王、周公與成王，都曾武力征討玁狁，將其驅回晉北一帶。同時，封叔虞於唐，以為屏障。春秋時代，玁狁則被稱作戎、狄。周襄王十六年（西元前636年），太叔帶連同狄人作亂，晉文公以「尊王攘夷」政策出兵討平狄人，才解除了周室政權危機。

犬戎　也是北方狄族的一支，原分布在今山西北部與內蒙古呼和浩特地區，在西周時曾相當活躍。西周末年，其勢力向西南發展。當周幽王無道、廢掉申后與太子宜臼之時，申侯即聯絡犬戎、西戎勢力，攻破京城。後來周平王依靠晉、鄭、秦等諸侯國的援助，才擊退犬戎、西戎部隊，恢復京師。

白狄　主要分布在今寧夏、陝西、山西北部和內蒙古地區，春秋時不斷南下，與秦、晉經常發生戰爭。其中，陝西境內黃河沿岸的白狄是晉國的勁敵，在晉獻公與晉襄公時代屢次入侵晉國〔註39〕。後來受到秦、晉夾攻，故時而親秦伐晉，時而聯晉伐秦。晉文公重耳亦曾因驪姬之亂出亡時，首先西

〔註39〕例如《左傳·僖公八年》（即晉獻公二十五年，西元前652年）：「晉里克帥師⋯⋯以敗狄于采桑。」（頁216）「夏，狄伐晉，報采桑之役也。」（頁217）又魯僖公十六年（晉惠公七年，西元前644年）載：「狄侵晉，取狐廚、受鐸、涉汾及昆都。」（頁236）僖公三十三年（晉襄公元年，西元前627年）：「狄伐晉及箕。八月戊子，晉侯敗狄于箕，郤缺獲白狄子。」（頁290～291）

渡黃河到白狄部落居留十二年，並和趙衰同娶狄人擄獲的赤狄廧咎如部族女子叔隗、季隗姊妹爲妻。春秋末，白狄勢力分裂爲三個部族，包括鮮虞、肥、鼓，以鮮虞勢力最強，後來建立了中山國。在晉國六卿第一次大規模兼并戰爭中，中山國曾與齊、魯、衛合兵伐晉，以救援范、中行氏；戰國時期，中山國是戰國七雄以外的北方強國，一度爲魏所滅，旋又復國，與齊結爲軍事同盟，頻繁侵擾趙國，經趙武靈王「胡服騎射」的強國政策後，才一舉殲滅。至於肥、鼓二族，春秋時原誠服於鮮虞，後爲中行氏卿族所滅。

　　赤狄　是活動於晉國東邊的一個狄族，主要分布於今山西東南部和河南交界地區。支系很多，而有不同族稱。如分布在山西昔陽、和順一帶的稱「東山皋落氏」，分布於潞城一帶的稱「潞氏」，分布於屯留一帶的稱「留吁」，分布於長治一帶的稱作「鐸辰」，分布在平順與河南交界處的叫「廧咎如」，還有分布於今河北曲周一帶的「甲氏」等等。赤狄勢力在春秋時期相當強大，屢屢成爲晉國的嚴重邊患。如晉獻公時代，赤狄東山皋落氏確實是晉國的大患，所以驪姬才能力促獻公伐狄，也藉機除掉太子申生〔註 40〕。晉成公時，無力反抗赤狄的入侵，只好採和親政策，將女兒嫁給潞氏君長子嬰爲夫人。晉景公即位後，對赤狄的政策轉變爲大舉征討。當時赤狄不僅對周王室、華夏諸侯國構成威脅，也壓迫到其他狄部。所以當晉景公二年（西元前 598 年），晉國遣使往狄族議和，「眾狄疾赤狄之役，遂服于晉。」〔註 41〕將赤狄孤立後，景公發動討伐戰爭，先後滅掉潞氏、甲氏、留吁、鐸辰、廧咎如等部〔註 42〕，赤狄遂全部被晉國消滅。

　　北戎　又稱山戎，也是北方游牧民族，屬於北狄民族系統。散居在今山西、河北北部的山區，西周時代稱作肅愼或息愼，戰國時代稱爲東胡，秦漢以後形成「五胡」之一的鮮卑族。晉穆侯二十二年（西元前 790 年），北戎曾一度侵襲晉國，結果，「晉人敗北戎于汾隰」（《後漢書‧西羌傳》）〔註 43〕。春秋中後期，晉國滅赤狄，北狄和其他狄族紛紛歸服晉國。晉悼公時曾派魏

〔註 40〕　《國語‧晉語一‧優施教驪姬譖申生》：「驪姬曰：『以皋落狄之朝夕苛我邊鄙，
　　　　　使無日以牧田野，君之倉廩固不實，又恐削封疆。君盍使之伐狄，以觀其果
　　　　　於眾也，與眾之信輯睦焉。……」（頁 98）
〔註 41〕　《左傳‧宣公十一年》，頁 383。
〔註 42〕　事見《左傳》宣公十五年（頁 408～409）、宣公十六年（頁 410）、成公三年
　　　　　（頁 437）。
〔註 43〕　二十五史刊行委員會，《二十五史》第一冊，台北：開明書局，1962 年初版，
　　　　　頁 900。以下見引，皆據此本。

絳北上，與居於河北薊縣一帶的北戎族無終國結盟，雙方維持三十餘年的和睦。到晉平公十七年（西元前 549 年），無終國片面毀約，聯合狄族與晉國大戰，「晉中行穆子敗無終及群狄于太原」〔註44〕。從此，隨著晉國六卿積極向北拓展領地，北戎及白狄各部族大多被晉國吞滅。

（2）西戎族系

西戎　是古代對西北各游牧民族的統稱，也有很多不同的族系及族稱。商代時有氐、羌、昆夷等稱謂，其中羌族是主要的組成部份。西戎原來活動於甘肅、青海地區，隨著畜牧不斷東移，漸入華夏族的居住區。西周時屢次侵周，周幽王時與犬戎、申侯伐周，殺幽王，滅西周；春秋時代更深入內地，因其居地又有不同的族稱。與晉國相鄰而長期頻繁往來的族系有驪戎、陸渾之戎、姜戎、條戎，及揚拒、泉皋、伊雒之戎等。

驪戎　居於今陝西臨潼驪山，晉獻公伐之，滅驪戎，得驪姬，立爲夫人，生奚齊，其娣生卓子。〔註45〕

陸渾之戎　原居瓜州陸渾之地（今甘肅敦煌），晉惠公十三年（西元前 368 年），將此戎遷於伊川，又稱「允姓之戎」，長期依附晉國，是晉國抗秦的重要力量；至晉平公時，晉國勢力衰落，叛而附楚；晉頃公元年（西元前 525 年），晉卿荀吳（中行穆子）帥師滅之。〔註46〕

姜戎　亦稱姜姓之戎，原來居瓜州，晉惠公時將其與陸渾之戎一併遷來伊洛地區，居住在晉國疆域的南邊，一直忠實地依附晉國。在秦、晉崤之戰中，還是晉國抗秦的主力之一。〔註47〕

條戎　據說活動於今山西絳縣、夏縣、平陸、永濟間的中條山一帶，晉穆侯時曾出兵討伐。〔註48〕

揚拒、泉皋、伊雒之戎　因其居河南伊水、雒水地區而得名。晉惠公二年，曾積極參與周王室第一次太叔帶之亂，爲秦、晉所平〔註49〕；晉文公稱

〔註44〕魏絳和戎，見《左傳・襄公四年》，頁 506；中行穆子敗無終，見《左傳・昭公元年》，頁 704。

〔註45〕《國語・晉語一・史蘇論驪姬必亂晉》，頁 92。

〔註46〕「允姓之戎」見《左傳・僖公二十二年》杜注，頁 247；被滅事見《左傳・昭公十七年》，頁 838。

〔註47〕秦、晉崤之戰，晉人發姜戎之兵，事見《左傳・僖公三十三年》，頁 290。

〔註48〕見《史記・晉世家》穆侯七年事，頁 1637。

〔註49〕《左傳・僖公十一年》，頁 222。

霸後，加入以晉爲盟主的華夏諸侯會盟。

（3）狐戎

環繞晉國周圍的戎狄，除上述各部族外，還有生活在今太原市西南方呂梁山中的狐氏之戎。據《國語》說：「狐氏出自唐叔。狐姬，伯行之子也，實生重耳。」〔註 50〕因此狐氏算是文公重耳的外家。而且追溯狐氏之祖，應該也是唐叔。叔虞封唐後，可能有子孫奔於戎狄間，才有狐氏之戎。狐氏之戎和晉國關係十分密切。首先，晉獻公的兩位夫人皆是狐氏之戎狐突（伯行）之女，一位是大戎狐姬，生晉文公重耳；一位是小戎子，生晉惠公夷吾。因爲姻親關係，狐突得以成爲晉獻公大夫，爲獻公時的重臣。狐突之二子狐毛與狐偃，曾隨重耳出亡在外十九年；重耳回國後，也成爲執掌軍政大權的晉卿，是晉國強族之一。直至晉襄公末年，趙盾專政，打擊狐氏卿族，狐氏遂逃奔赤狄潞氏，從此退出晉國政治舞臺。〔註 51〕

2. 晉國戎狄政策

由於晉國國境地處戎狄民族與中原民族雜居交錯的地帶，故特重戎狄政策。在晉國初封之際所採的「疆以戎索」政策，杜預注曰：「索，法也。」「大原近戎而寒，不與中國同，故自以戎法。」〔註 52〕晉初是否眞行「戎法」，又何謂「戎法」？文獻中已不可考。我們推測，它是西周時期晉國處理與戎狄關係的基本政策和基本態度，不外是尊重戎狄文化、因俗而治的方式。在周朝國勢鼎盛之時，戎狄民族基本歸服於周朝，故而晉國與戎狄各族間應相對和平。西周末年，周室衰微，戎狄部族紛紛起而抗周，晉國首當其衝，成爲周王室抵禦戎狄侵擾的重要力量。進入春秋以後，因爲《左傳》的記載，晉的戎狄政策方有明確線索。綜合《左傳》所載三十多起晉國與戎狄民族彼此征討的戰爭事例來看，春秋時期晉國的戎狄政策和與之相應的民族文化交流，大體經歷了五個不同階段：

（1）晉文公以前的「禦戎」政策

從晉武公、獻公時代起，晉國開始進行「兼國」政策。不過此時的兼併對象大抵爲分布在晉國周圍的華夏民族，對於周邊的戎狄，基本上採防禦與

〔註 50〕見《國語・晉語四・鄭文公不禮重耳》，頁 125。

〔註 51〕晉國周圍的戎狄民族資料，主要參見田繼周：《先秦民族史》，四川民族出版社，1996 年，頁 382～406，及李元慶：《三晉古文化源流》，頁 197～212。

〔註 52〕《左傳・定公四年》注，頁 948～949。

實邊政策。即使對戎狄用兵，多限於擊敗爲止〔註 53〕，被消滅的戎狄部族只有驪戎一族而已（獻公之時）。晉文公稱霸中原之後，雖曾擴軍建制，對戎狄發動攻勢，但目的也都是消極的「禦狄」政策〔註 54〕，而非積極的攻滅。

（2）晉成公的和親政策

晉文公之後的襄公、靈公期間，晉國國勢極度強盛，諸侯與戎狄遂紛紛屈服。到了晉成公在位期間，晉國卻連連遭受赤狄侵擾而無力還擊，迫使成公以和親政策換取安定，將女兒嫁與赤狄潞氏君長潞子嬰兒爲夫人。當時潞氏執政者酆舒對其無禮，成公竟無可奈何。

（3）晉景公滅赤狄政策

景公即位之後，酆舒殺掉成公之女，即景公之姊，並擊傷潞子嬰兒之目〔註 55〕。景公在其姊被殺、晉國受辱的情況下，不得不改變對戎狄的妥協政策，決意大舉攻滅赤狄。於是一方面遣使與河北的白狄議和，使其擺脫赤狄控制，孤立赤狄；一方面從景公六年（西元前 594 年）開始，接連發動討伐赤狄的戰爭，至景公十二年，完全剷除對晉國威脅最大的赤狄勢力。

（4）晉悼公的和戎政策

景公在位期間，接二連三的發動對外兼併戰爭。同時，國內卿族與卿族、卿族與公室之間，也展開激烈的奪權鬥爭。因此在景公、屬公時代的晉國，正處於內外交困的局勢中。悼公即位之後，爲了擺脫困境，重振晉國霸業，因而大力調整內外政策，以舒解壓力。其中最引人注目的政策，就是採取魏絳的「和戎」政策。當時赤狄勢力已被消滅，白狄各部也紛紛投降，於是北戎族的無終國也在悼公四年（西元前 569 年）遣使來晉議和。原先悼公主張「戎狄無親而貪，不如伐之。」〔註 56〕的觀點，經大夫魏絳分析國際情勢的說服，終於實現和戎之舉，促使晉國與戎狄的關係維持了三十年的友好邦交。

〔註53〕如《國語・晉語一・申生伐東山》載獻公時，命太子申生伐東山皋落氏，「敗狄於稷桑而反」（頁 100）。《左傳・僖公八年》又命大夫里克討伐白狄，「敗狄于采桑」，狄人敗逃，里克不再追擊，還說：「懼之而已，無速眾狄。」（頁 216）

〔註54〕如《左傳・僖公二十八年》（西元前 632 年，即晉文公五年）記載：「晉侯作三行，以禦狄。」（頁 277）僖公三十一年（晉文公八年）又曰：「作五軍，以禦狄。」（頁 287）

〔註55〕《左傳・宣公十五年》，頁 408。

〔註56〕《左傳・襄公四年》，頁 506。

（5）攻滅眾狄政策

這是晉平公十七年（西元前 541 年）及其以後晉國六卿聯合專政的一貫政策。魏絳和戎後三十年，北戎族無終國毀約，聯合其他狄族進犯晉國。晉卿荀吳與之大戰於太原市附近，大敗戎狄聯軍，從此展開晉國攻滅眾狄的戰爭。從晉昭公二年（西元前 530 年）開始，晉卿荀吳先後兩次襲擊鮮虞，攻滅肥、鼓二部；頃公元年（西元前 525 年），又攻滅陸渾之戎。此後除了鮮虞建立的中山國外，環繞在晉國周圍的戎狄部族，大抵都被消滅了。

晉國與戎狄接觸非常密切，所以晉初制定「疆以戎索」的治國方針來指導晉國與戎狄的交流。但是隨著晉國對戎狄政策的發展演變，雙方時而激烈的征戰討伐，時而和睦往來，使得晉國文化與戎狄文化展開雙向的交流。一方面，戎狄文化不斷吸取華夏民族的文化傳統，如伊雒之戎、陸渾之戎、姜姓之戎等部族，在進入伊洛地區的中原文化圈內後，生活方式逐漸受中原文化熏陶而改變〔註 57〕；另一方面，晉國同時也吸收許多戎狄文化的成份，造就新的文化面貌。其中影響最大的是軍制變革和通婚政策〔註 58〕，直接促使三晉文化融入濃厚的戎狄文化色彩。因此華夏與戎狄兩大族群在三晉地區的文化交流，也可視為先秦時期不同文化與民族融合過程的最佳明證。

（三）三晉文化與周文化

晉國為西周初年周王室的分封之國。唐叔虞受封後率領「懷姓九宗，職官五正」至唐地統治，自然將宗周文化帶入唐地。甚至可直言，三晉文化就是植根於周文化。從歷史文獻記載中析論晉人思想，可以找到周人思想的反映，如《左傳‧僖公十五年》記載晉大夫對秦伯言：「君履后土而戴皇天，皇

〔註57〕例如《左傳‧僖公二十二年》載：「初，平王之東遷也，辛有適伊川，見被髮而祭於野者，曰：『不及百年，此其戎乎？其禮先亡矣。』」（頁 247）又襄公十四年，姜戎君長戎子駒支對范宣子之言及賦《詩經‧青蠅》詩可證（頁 557～558）。

〔註58〕晉國與戎狄民族頻頻交手，遂吸取戎狄軍事文化的優勢，在獻公時就設置「行」的部隊，成為春秋最早出現建制步兵的國家；晉平公更進一步將軍隊主力由車兵改為步兵，因而改變了中原地區傳統的作戰方式。有關晉國軍制的變革詳見第三章的軍制部份。至於晉國婚姻制度上最重要的變化，就是打破了「夷夏之別」的傳統婚姻。由晉獻公娶狐氏之女生晉文公重耳開始，便有為數眾多的晉君或晉卿納戎狄女為室，或以女嫁戎狄首領。華戎通婚後，其後裔對晉國政壇的影響也很深遠。有關三晉文化的婚姻制度，詳見第四章社會文化內文。

天后土實聞君之言，群臣敢在下風。」（頁213）這反映西周以來周人「敬天」、「畏天」，視天爲至高無上地位的觀念。從現代器物考古發現的形制和種類比較，晉國早期文物與宗周文物，不論銅器或陶器製品，如鬲、豆、盆、尊之類，差別並不明顯，證明晉文化承傳周文化的因素〔註59〕，所以周文化爲三晉文化的淵源之一是無庸置疑的。不過就晉國歷史演進的整體歷程中又可察覺，做爲晉國文化根基的周文化，同時也深受晉境當地原有文化的影響，故而融入夏文化、戎狄文化的成份，造就出古代中國華夏文明區中獨幟一格的三晉文化形態。

第二節　晉國史略

一、晉的始祖與初封

　　晉國第一代國君爲姬虞，於西周初年被封於唐（約西元前十一世紀），史稱唐叔虞、唐侯。唐叔虞是周武王之子、成王之弟。據說他出生之前，武王曾經夢到啓示說：「余命女生子，名虞，余與之唐。」〔註60〕果然他出生時手上就有「虞」字之文，因此被命名爲「虞」。

　　叔虞受封於唐，又有一段「桐葉封弟」的傳奇事蹟。《史記・晉世家》載：有一天，成王與叔虞嬉戲，就削桐葉成「珪」的形狀〔註61〕給叔虞說：「以此封若」（頁1635）。當時一旁的史官記下此事，並且請求擇日立叔虞。又說：「天子無戲言，言則史書之，禮成之，樂歌之。」（頁1635）因此遂封叔虞於唐，號唐侯。唐侯傳子燮父，改國號爲晉，是爲晉侯，故唐侯叔虞實際上是晉國始祖，唐地就是晉國初封之地。

　　叔虞封於唐，此唐國所在，太史公明言：「唐在河、汾之東，方百里。」（頁1635）大約晉國發源初封之地，在今山西晉南地區汾河與澮河交界，方圓百里的範圍，不出今之翼城、曲沃、襄汾、絳縣、聞喜、侯馬、新絳諸縣的地域。

〔註59〕參見《先秦三晉區域文化研究》，頁226～235。

〔註60〕《史記・晉世家》，頁1635。

〔註61〕珪，原爲玉製禮器。形狀似刀刃，中央有孔，漸上漸薄。用途很廣，可作爲禮東方之器、祭器、君賜物、爵位證明物、朝享交聘物，以及祀凶荒、聘女、殮尸等等。參見拙著《詩經器物考釋》，中正大學中文所碩士論文，1994年，頁7～9。

二、晉國的世系

　　晉國的世系，從唐侯（叔虞）為始祖開始計算。唐只一世，唐侯之子燮父即改國名為晉，號晉侯。由唐侯起，六傳至靖侯，《晉世家》云：「靖侯以來，年紀可推。自唐叔至靖侯五世，無其年數。」（頁 1636）因此，晉初六侯的紀年已不可推。〔註62〕

　　晉侯十七世：

唐　　侯	周武王之子，成王弟。姓姬，名叔虞，字子于。
晉　　侯	唐侯叔虞之子，名燮父。
晉武侯	晉侯燮父之子，名寧族。
晉成侯	晉武侯之子，名服人。
晉厲侯	晉成侯之子，名福。
晉靖侯	晉厲侯之子，名宜臼。即位於西元前 858 年，在位十八年。
晉釐侯	晉靖侯之子，名司徒。即位於西元前 840 年，在位十八年。
晉獻侯	晉釐侯之子，名籍〔註63〕。即位於西元前 822 年，在位十一年。
晉穆侯	晉獻侯之子，名費王〔註64〕。即位於西元前 811 年，在位二十七年。
晉殤侯	晉穆侯之弟。即位於西元前 784 年，在位四年。
晉文侯	晉穆侯之子，名仇。即位於西元前 780 年，在位三十五年。
晉昭侯	晉文侯之子，名伯。即位於西元前 745 年，在位七年。
晉孝侯	晉昭侯之子，名平。即位於西元前 739 年，在位十六年。
晉鄂侯	晉孝侯之子，名郤。即位於西元前 723 年，在位六年。

〔註62〕本章世系及史事記要，主要根據鼎文書局印行、楊家駱主編的新校本《史記》卷三十九《晉世家》、卷四十三《趙世家》、卷四十四《魏世家》、卷四十五《韓世家》，及卷十四《十二諸侯年表》、卷十五《六國年表》，西元紀年也據此換算而來。

〔註63〕《史記》卷三十九《索隱》：「系本及譙周皆作『蘇』。」（頁 1637）

〔註64〕《史記》卷三十九《索隱》：「鄒誕本作『弗生』，或作『潰王』，並音祕。」（頁 1637）

晉哀侯　　晉鄂侯之子，名光。即位於西元前 717 年，在位八年。

晉小子侯　晉哀侯之子，名小子。即位於西元前 709 年，在位四年。

晉侯湣　　晉哀侯之弟，名湣。即位於西元前 706 年，在位二十八年。

晉公二十世：

晉武公　　爲晉昭侯弟成師（曲沃桓叔）之孫，名稱。據曲沃自稱武公，西元前 679 年滅晉侯湣；西元前 678 年，在位第三十八年，周釐王命爲晉君，更號晉武公。隔年（西元前 677 年）卒。

晉獻公　　晉武公之子，名詭諸。即位於西元前 676 年，在位二十六年。

　　　　（奚齊、悼子　晉獻公之子，大夫荀息立之，均被殺。無紀年，無諡號）

晉惠公　　晉獻公之子，名夷吾。即位於西元前 650 年，在位十四年。

　　　　（晉懷公　晉惠公之子，名圉。即位於西元前 637 年，在位四個月）

晉文公　　晉獻公之子，名重耳。即位於西元前 636 年，在位九年。

晉襄公　　晉文公之子，名歡。即位於西元前 627 年，在位七年。

晉靈公　　晉襄公之子，名夷皋。即位於西元前 620 年，在位十四年。

晉成公　　晉襄公之弟，名黑臀。即位於西元前 606 年，在位七年。

晉景公　　晉成公之子，名據。即位於西元前 599 年，在位十九年。

晉厲公　　晉景公之子，名壽曼。即位於西元前 580 年，在位八年。

晉悼公　　晉襄公曾孫，名周〔註65〕。即位於西元前 572 年，在位十五年。

晉平公　　晉悼公之子，名彪。即位於西元前 557 年，在位二十六年。

晉昭公　　晉平公之子，名夷。即位於西元前 531 年，在位六年。

晉頃公　　晉昭公之子，名去疾。即位於西元前 525 年，在位十四

〔註65〕　《史記》卷三十九《集解》：「徐廣曰：一作『糾』」（頁 1681）。

年。

晉定公　　晉頃公之子，名午。即位於西元前 511 年，在位三十七
　　　　　　年。

晉出公　　晉定公之子，名鑿。即位於西元前 474 年，在位十七年。

晉哀公　　晉昭公曾孫，名驕。即位於西元前 456 年，在位十八年。

晉幽公　　晉哀公之子，名柳。即位於西元前 437 年，在位十八年。

晉烈公　　晉幽公之子，名止。即位於西元前 419 年，在位二十七
　　　　　　年。

晉孝公　　晉烈公之子，名頎。即位於西元前 392 年，在位十五年。

晉靜公　　晉孝公之子，名俱酒。即位於西元前 377 年，在位兩年，
　　　　　　遷爲家人，晉亡。

晉國晉侯與晉公合計爲三十七世，不包括太子奚齊、悼子和晉懷公。其中太子奚齊與悼子雖曾被立，但旋即被殺，因此無紀年、無諡號。太子圉在晉文公回國即位前，亦搶先即位四個月，史稱晉懷公。然文公即位後，被殺於高梁，所以史記其事，但無紀年。

　　晉國三十七世：晉侯十七世，有紀年的十二世，共一百八十年；晉公二十世，均有紀年，計三百零四年。晉侯與晉公，合計有紀年者爲四百八十四年。加上晉侯五世無紀年者，約一百五十年，則晉國史總約六百三十四年。

三、晉國大事記要

（一）封唐與改國號

　　周成王弟（姬）叔虞於周初封唐，原稱唐侯。唐侯封唐之因，恐怕不如《史記》描寫的「桐葉封弟」般兒戲，而是另有政治因素的考量。武王克商後，雖然建立了周人的統治，但他在位僅短短數年，周對全國的統治並不鞏固，政治上潛在著許多危機。因此，成王即位時，紂子武庚聯合許多地方叛亂，其中古唐國也參與此次行動。於是周公舉兵滅唐。事後，可能爲了建立軍事據點，控制局面，拱衛王畿，故封叔虞於唐。叔虞封唐時，舉行過隆重的授土授民儀式，周天子賜與「大路、密須之鼓、闕鞏、沽洗。懷姓九宗，職官五正。」〔註66〕由於唐國地處夏人故墟，四周遍佈戎狄部落，爲了因夏

─────────────

〔註66〕大路，乘車之名。密須，國名。闕鞏，甲名。沽洗，鐘名。懷姓九宗，指唐

戎之俗以治夏戎之民，成王遂命叔虞採取「啓以夏政，疆以戎索。」的寬容政策。

叔虞死後，其子燮父繼位。燮父改稱「晉侯」，並將國號改爲「晉」。從此，這個國號沿用六百餘年，至晉國滅亡爲止。燮父何以要改國號？有學者推測，「晉」是一個會意字，是器物中盛放某物的象形。《說文解字》亦云：「晉，進也，日出萬物進。」〔註 67〕「晉」確實有「進」意。因此，燮父可能是爲了紀念唐叔虞時，曾「晉」獻嘉禾一事而改名。〔註 68〕

（二）文侯勤王

西元前 785 年，晉穆侯死後，晉國的嫡長子繼承制第一次被破壞。晉穆侯的長子太子仇無法繼位，避難出奔，晉國政權落入穆侯弟殤侯之手，成爲晉國統治者。過了四年，太子仇捲土重來，殺了殤侯，成爲晉文侯。文侯統治晉國之時，西周王朝已瀕臨亡國前夕。西元前 771 年，周幽王無道，廢太子宜臼，宜臼奔申。申侯聯合犬戎殺了幽王，擁立太子宜臼爲平王。由於戰火後的鎬京殘破不堪，周王室決定東遷成周。此時晉文侯率軍入陜，與鄭武公、秦襄公合力勤王，穩定了東周初年的局勢。周平王爲嘉勉晉文侯之功，作《文侯之命》，並賞賜了車馬、服飾、弓矢、勇士等許多物品〔註 69〕。在晉國史上僅有唐叔虞、晉文侯與晉文公三位，得過周天子的賞賜。可見晉文侯的文治武功，在當時必定十分顯赫。尤其在西元前 760 年，文侯執殺非正統的周攜王後，他的地位儼然如周初的周公一般，成爲再造周命的功臣。

傳世的晉器《晉姜鼎》，可能就是晉文侯夫人之器。器銘記載了文侯曾經得到天子賞賜貢鹽千兩，以及征伐絲湯（淮夷之地）、貫等南方產銅之地，故得以鑄爲寶鼎〔註 70〕，也可參證。

之餘民，懷姓的九個宗族。職官五正，指五官（司徒、司馬、司空、司士、司寇）之長。見《左傳·定公四年》疏，頁 949。

〔註 67〕 許慎：《圈點說文解字》，台北：萬卷樓，2002 年二版，頁 3060。以下見引，皆據此本。

〔註 68〕 參見李孟存、常金倉：《晉國史綱要》，太原：山西人民出版社，1988 年，頁 4～8。

〔註 69〕《史記·晉世家》與《新序·善謀篇》，皆將此篇誤斷爲周襄王賜晉文公重耳之命，楊伯峻《春秋左傳注·僖公二十五年》已詳實辨正，高雄：高雄復文圖書出版社，1991 年，頁 431。以下見引，皆據此本。

〔註 70〕 蔡鴻江：《晉國文獻及銘文研究》，台灣：高雄師範大學國文研究所碩士論文，1993 年，頁 427～428。

（三）曲沃伐翼

西元前 746 年，晉文侯卒，其子昭侯立。昭侯並未記取父親時殤叔權大爭位的教訓，卻將其叔成師封在曲沃，號為桓叔。桓叔封於曲沃時已經五十八歲，「好德，晉國之眾皆附焉。」（《晉世家》，頁 1638）可見他善於收買人心。曲沃本是晉國大邑，桓叔的經營，使它由第二個經濟政治中心，漸大於國都絳，這也為曲沃代翼提供了客觀的條件。昭侯七年（西元前 739 年），桓叔指使晉的大臣潘父殺了昭侯，之後桓叔欲入晉，晉人發兵攻之，桓叔敗歸曲沃，晉人殺潘父，扶立昭侯之子平為孝侯。自此，絳都與曲沃的對立公開化，晉國實際上是兩個政權並存。

孝侯九年，桓叔卒，其子繼為曲沃莊伯，繼續與晉君展開爭權。孝侯十五年，曲沃莊伯殺孝侯於翼（孝侯改絳為翼），晉人攻莊伯，莊伯不敵，只好再回曲沃。晉人復立孝侯之子為鄂侯。鄂侯在位六年就過世，曲沃莊伯聽聞此事，馬上興兵伐晉。這次戰役可能莊伯原先已有勝算，沒想到周平王出面干涉，命虢公帥師討伐他，結果莊伯只好退回曲沃。晉人立鄂侯子為哀侯。

哀侯二年，曲沃莊伯卒，其子繼位為曲沃武公。武公與哀侯之間的爭鬥並未稍減，三代的恩怨，雙方都有消滅對手的決心。晉哀侯八年，晉侵陘廷，陘廷與曲沃武公共謀伐晉，最後在汾水之濱，擄殺晉哀侯。晉人於是立晉哀侯之子小子為君。晉小子侯四年，曲沃武公誘殺之，周桓王命虢仲伐曲沃武公，武公只好回到曲沃。晉人繼立晉哀侯之弟緡為晉侯。曲沃的勢力越來越強，晉侯已無可奈何。不過，晉侯緡仍苟且維持二十八年的政權，才被曲沃武公所滅。為避免來自周王朝的阻撓，武公「盡以其寶器賂獻于周釐王」（《晉世家》，頁 1640），終於買通周室新君命其為國君。曲沃武公於是更號為晉武公，都於曲沃。至此，晉王室內部展開的六十餘年動蕩，終於以小宗代大宗的方式，結束危機，復歸統一。

（四）驪姬之亂

曲沃武公代翼而列為諸侯的第二年就過世了，其子詭諸繼位為晉獻公。晉獻公在位期間（西元前 676～651 年），積極發動戰爭。一方面他記取「殷鑒」，為防止小宗勢力坐大而「盡殺諸公子」（《晉世家》，頁 1641），另一方面他先後併吞周圍姬姓諸侯國與戎狄部落，大肆開拓領地，使晉國進入勃興的國勢，位列強國之林。同時，由於獻公五年伐驪戎獲勝，得驪姬及其女弟而

寵愛之，因此種下獻公晚年驪姬之亂的根源。

晉獻公原娶賈女，無子。又納父妾齊姜，生秦穆夫人與太子申生。又娶犬戎狐姬和小戎子，分別生重耳與夷吾。齊姜早逝，獻公得驪姬姐妹後即專寵之，二人分別生下奚齊與悼子。後來獻公立驪姬爲夫人。及奚齊漸長，獻公漸老，驪姬當然會萌生以奚齊代申生爲嗣君的想法。第一步，在獻公十二年，驪姬進言，將申生、重耳、夷吾三子外調，分別駐守曲沃、蒲、屈三地，以隔離父子之情。第二步，在公開場合，驪姬必定頌揚太子，但私下卻令人讒言太子。第三步，獻公二十一年，她假借夢齊姜之事，促太子祭於曲沃。然後又在太子薦給獻公的胙（祭肉）上下毒，並在獻公將食之時揭發。結果，獻公殺太子之師杜原款。而太子又不自辯，最後自殺於曲沃。第四步，驪姬又進讒言於獻公說，申生下毒之事，重耳和夷吾早就知道。因此重耳奔蒲，夷吾奔屈城。獻公二十二年，重耳再奔翟；二十三年，夷吾走梁。至此，獻公諸子中最有賢德的三個，一死二亡，驪姬得遂所願。

晉獻公在位二十六年，病卒。死前託孤於荀息，荀息欲立奚齊爲君，被里克所殺。再立悼子，里克又殺之，荀息只好自殺。結果，驪姬的願望並未實現，晉國卻從此陷入紛擾的一段內亂時期，這就是晉國史上有名的「驪姬之亂」。

（五）文公稱霸

晉獻公死後，奚齊、悼子被殺，夷吾以「晉河西之地與秦」爲交換條件，在秦穆公的幫助下，回到晉國即位，爲晉惠公。事後，惠公毀棄割地的諾言，同時又「以怨報德」，在秦國發生饑荒，告援於晉時，拒絕秦人的要求〔註71〕。因此秦晉兩國關係惡化，終於在晉惠公六年（西元前 645 年）爆發「韓之戰」，晉國大敗，惠公被擒，囚之靈臺，晉國只好割地，並以太子爲質換回惠公。韓戰失敗，成爲晉國的奇恥大辱。國人對晉惠公的背信，也有不滿。爲了穩定政局，晉國下令「作爰田」與「作州兵」的新制度（《左傳‧僖公十五年》，頁 232）。

晉惠公回國即位期間，另一個晉國公子重耳，仍在外流亡。晉惠公於十四年九月病卒，太子圉由秦國潛逃回晉，即位爲晉懷公，秦穆公十分氣憤。

〔註71〕晉惠公四年（西元前 647 年），晉國發生饑荒，求救於秦，秦國慨然答應輸粟。秦國以船運糧，《左傳》稱「泛舟之役」。隔年，秦國饑荒，晉國卻袖手旁觀。見《史記‧晉世家》記載。

此時重耳正好在秦國，秦穆公於是接受重耳的要求，決定護送重耳入晉，更換晉君。四個月後，懷公被殺，重耳即位，是爲晉文公。自驪姬之禍所引起的晉國內亂，終於在文公即位後眞正平定，晉國也進入春秋時期最強盛的霸業階段。

晉文公重耳自西元前 655 年避難出奔，亡命十九年，輾轉八國〔註72〕，藉此普遍考察了各國的政治，累積了豐富的治國經驗。回國後，他實施一連串的改革，針對時弊，修政惠民，任用賢才，晉國大治。

晉文公二年，周王室發生內亂，周襄王之弟王子帶，聯合狄人作亂，自居「天子」，周襄王出奔鄭國，遣使告難於晉。晉文公採信狐偃的說法：「求諸侯莫如勤王，諸侯信之，且大義也。繼文（侯）之業，而宣信於諸侯，今可爲矣。」〔註73〕所以晉軍發兵陽樊，圍溫，殺王子帶，護送周襄王入成周，周亂遂平。晉國獨自平定王子帶之亂，在諸侯中引起極大的震撼，使晉國在春秋舞台上，開啓了嶄新的地位。周襄王於是把位於南陽一帶的陽樊、溫、原、州、陘、絺、鉏、欑茅等地賜給文公。它們均位在黃河北岸，原先都是王子帶控制下不聽命的封邑，但晉國得到這片領地，卻成爲進軍中原的前站。

晉文公勤王之後的國際局勢，大致以西秦、北晉、東齊、南楚爲四大強國，其中楚國幾乎掌控黃河以南的所有地區，而且楚國還有向北擴張勢力的野心。這對晉國而言，有如芒刺在背，雙方的衝突一觸即發。由於晉文公在流亡期間，曾受到楚成王的特別禮遇，因此一時之間找不到合適理由，將晉楚的矛盾公開化。到了西元前 632 年，晉文公終於透過侵曹伐衛的手段，迫使晉楚一決勝負，兩國爆發了「城濮之戰」（今山東省范縣南臨濮城），結果楚國大敗。參加這場戰爭的國家，楚聯軍中包括陳、蔡、鄭、許等五國，晉聯軍則包括齊、宋、秦等四國。戰爭過後，楚的盟國紛紛接受晉盟，晉國代替楚國爲「侯伯」。同年五月（晉文公五年），晉國請周襄王至鄭國的踐土大會諸侯，至此晉國確立了鞏固的霸主地位。

（六）晉秦爭戰

晉惠公時的韓之戰，代表晉、秦衝突的第一階段。結果，晉國戰敗，以

〔註72〕晉文公於西元前655年出奔，西元前636年即位，歷時十九年。其間經過狄、衛、齊、曹、宋、鄭、楚、秦等八國。詳見《史記・晉世家》。
〔註73〕《左傳・僖公二十五年》，頁262。

割地委質暫告一個段落。晉文公即位後，晉秦之間出現短暫的友好，以及不徹底的合作關係。晉文公在位九年期間，雖然彼此勉強維持表面上的和好，事實上，兩國國土相鄰，對於開疆拓土、稱霸中原的目的，勢必有所矛盾。秦穆公二置晉君（晉惠公、晉文公），欲控制晉國的目的並未成功，反而讓晉文公稱霸中原，這也導致晉惠公以來的嫌隙日益擴大。因此，晉文公一死，秦國染指關東的野心就找到機會。兩國開戰的導火線是秦國襲鄭之舉。晉文公於九年過逝（西元前 628 年），子襄公繼立。秦穆公發兵偷襲鄭國，結果被鄭國商人弦高識破，飛報鄭國，鄭國有備，故秦軍偷襲不成，只得滅滑而還。回國途中，路經殽山（今河南省西部），遇晉師埋伏，雙方發生殽之戰，秦軍大敗，秦國三帥孟明視、西乞秫、白乙丙盡被晉軍俘虜。這次戰爭徹底結束了「晉秦之好」，也拉開了兩國長期對峙的局面。

晉襄公在位期間，晉、秦發生數次戰役。秦取晉之汪、王官，晉取秦之新城，互有斬獲。到了西元前 621 年，晉襄公過世，因為立新君的衝突，掌政治大權的趙盾，又發動一次夜襲秦軍的勝仗——令狐之戰（今山西省臨猗縣境）。西元前 619 年，秦國出兵取下武城（陝西省華縣東），以報令狐之仇。自此，晉秦交攻的戰爭不斷發生。兩國舊怨新仇，累積數代，所發生的戰爭形似復仇戰爭。結果，秦國東出函谷關稱霸中原的希望破滅。而晉國國內，因戰功彪炳、采邑增多的將領，漸漸形成一股新勢力，嚴重威脅到晉公室的力量，也埋下日後三家分晉、晉國滅亡的前因。

（七）六卿專政與相互兼併

晉文公時期，晉國始作三軍，每軍設正、亞二卿，三軍六卿，六卿是軍政合一的一級長官。六卿以下的職官泛稱大夫。文公之後，晉國與秦國連年交戰，有軍功的六卿與大夫，勢力逐漸坐大。首先，晉國政權下移至六卿之手，公室的權勢相對縮減；其次，六卿之間彼此傾軋兼併，擴張勢力，晉君根本無力制止；最後，晉國領土都被瓜分，名存實亡。

晉國政權的下移始自趙盾。趙盾在晉襄公六年，父親趙衰死後，代為正卿，正卿是六卿之首，職掌國政。隔年，襄公卒，趙盾雖然扶立太子為靈公，但實際政權落在趙氏手中。晉靈公漸長，不滿趙盾專政。十四年（西元前 607年），靈公安排殺手，企圖刺殺趙氏，奪回政權，結果未成，反而被趙穿所殺。晉襄公弟黑臀返國即位，為晉成公。成公在位七年，趙盾依然專政。成公之後，景公繼位，趙盾雖死，趙氏勢力依然龐大。景公三年（西元前 597 年），

屠岸賈發動下宮之役，誅殺趙朔、趙同、趙括、趙嬰齊，趙氏滅族。當時趙朔之妻、晉成公之姊，已懷有身孕。這個小孩被公孫杵臼、程嬰所救，十五年後賴韓厥的幫助，重返晉國政壇，成為歷史上有名的「趙氏孤兒」趙武。下宮之役，其實就是晉國公室剷除卿大夫勢力的行動，這次的勝利，晉國擺脫了趙氏對晉國政權的壟斷。

晉景公在位十九年後，由晉厲公繼位，公室與卿大夫的衝突日劇。厲公八年，攻殺郤錡、郤犨、郤至三大夫。而大夫欒書和中行偃，趁厲公出游於匠驪氏時捕殺他，另使人迎悼公即位。悼公在位十五年，九會諸侯，諸侯歸心，中興霸業，公室與六卿和平相處。悼公死後，平公繼位，政權又下移六卿之手。平公滅欒氏族。

平公之孫頃公，與公室交惡，竟聯合六卿滅晉室公族祁氏、羊舌氏，分其邑為十縣，以六卿之子為縣令。結果晉國越弱小，六卿越強大。

晉定公時，趙鞅（簡子）主政，為六卿之首，其它五卿是范吉射、中行寅、荀躒、韓不信、魏侈。因趙鞅併吞邯鄲午，引起范氏、中行氏不滿而出兵攻晉陽，但韓、魏、荀卻聯手攻范氏、中行氏，結果二氏逃亡於齊，晉國存四卿。

晉出公十八年，智、韓、趙、魏四家，共分范氏、中行氏之邑，晉出公怒，欲伐四卿，結果四卿反攻之，出公出亡，死於途，智伯立哀公。

趙簡子死後，智伯瑤主政。晉哀公四年（西元前453年），智伯有滅韓、趙、魏、吞併晉國的野心，故向韓、趙、魏索地。韓、魏皆給萬戶之邑，趙襄子不給，走保晉陽。最後趙襄子聯合韓、魏殺智伯，晉國三卿局勢底定。

（八）三家封侯與三家分晉

從晉頃公結合六卿，瓜分公族祁氏、羊舌氏土地後，晉國已名存實亡。定公十五年以後，晉室反而聽命於四卿。出公十八年（西元前457年），趙襄子已自稱趙襄子元年，魏文侯起而效尤，在西元前424年建元，韓景侯晚至西元前409年才稱年號。晉烈公十七年，即周威烈王二十三年（西元前403年），趙、韓、魏三卿被周天子封為諸侯，三家為侯，與晉國國君並列諸侯。不過三侯之勢早已凌駕晉侯。晉烈公及之後的晉孝公、晉靜公，實際保有的領地只有曲沃與絳城，原來屬於晉公室及其他晉卿的領地，大多數早為其瓜分。晉靜公二年（西元前376年），趙、韓、魏聯合滅晉，並三分其殘餘土地，靜公遷為家人，晉絕不祀，滅亡。

第三節　趙國史略

一、趙的始祖與初封

趙氏是晉國最顯赫的卿族。據《史記·趙世家》記載：

> 造父幸於周繆（穆）王。造父取驥之乘匹，與桃林盜驪、驊騮、綠耳，獻之繆王。繆王使造父御，西巡狩，見西王母，樂之忘歸。而徐偃王反，繆王日馳千里馬，攻徐偃王，大破之。乃賜造父以趙城，由此爲趙氏。（頁1779）

西周中葉，造父因擅長駕御，幫助周穆王平定內亂，周穆王於是將趙城賜給造父，從此就有了趙氏這個宗族。到了西周末年，造父的後裔叔帶，因「周幽王無道，去周如晉，事晉文侯，始建趙氏于晉國。」（《趙世家》，頁1780）所以叔帶算是晉國趙氏宗族的創始人，而趙城則是晉國趙氏的發祥地。

三晉國家中，以趙氏宗族歷史最悠久，淵遠流長。司馬遷所撰《趙世家》的溯源資料，遠比韓、魏來得詳盡。趙氏宗族始祖——造父的先世遠祖，與秦相同，都是顓頊的苗裔。在大舜之時，大費負責調訓鳥獸，舜賜他嬴姓。大費生二子：大廉與若木，大廉有玄孫曰孟戲、中衍，皆鳥身人言，爲殷商九世帝太戊擔任御者。中衍玄孫曰中潏，生蜚廉（見《史記·秦本紀》）。蜚廉生二子，一名惡來，一名季勝。惡來事紂，爲周所殺，其後赴秦；季勝生孟增，事周成王，號「宅皋狼」。孟增又生衡父，衡父生造父，此爲周之趙氏由來。造父以下六世傳奄父公仲，爲周宣王御；奄父生叔帶，去周如晉，才有晉國趙氏。趙氏宗族的先祖如中衍、造父、奄父，皆擅長駕御、馴馬，似乎這個部族原本就擅長馴獸的工作，並因此而發達。

晉國趙氏發跡於趙城，趙城所在，已湮滅不考。不過，傳說今山西洪洞縣境乃趙氏始封地趙城所在〔註74〕，不知眞僞，尚待考察。

二、趙國的世系

晉國趙氏的世系較複雜，以叔帶爲始祖，還可上溯至大費。大費至叔帶、叔帶至趙烈侯之間，有許多模糊不清、史載互異的世系。據《史記·趙世家》及《秦本紀》的資料，可排出這段時間的一個世系表如下：

〔註74〕光緒年版《山西通志》卷五十一，王軒等纂修，北京：中華書局出版，頁3727～3728。

大費──大廉──？──？──？──中衍──？──？──？──
──中潏──蜚廉──季勝──孟增──衡父──造父──？──？
──？──？──？──奄父公仲──叔帶──？──？──？──
──（公明）──趙夙──共孟──趙成季衰──趙宣孟盾──趙朔
──趙文子武──趙景叔（成）──趙簡子鞅──趙襄子母恤（兄）、
趙桓子（弟）──趙獻子──趙烈侯籍

其中爭議最大的是趙衰的身世。《史記》以趙衰為趙夙之孫，《左傳‧僖公二十三年》注則說趙衰是趙夙的弟弟；而《趙世家》《索隱》又引《世本》之說，以為公明生共孟與趙夙，趙夙生趙衰，故趙衰為趙夙之子。到底趙衰是趙夙之弟、之子，或之孫，以趙衰的事跡推測年齡，《史記》的說法較可疑。趙夙能在晉獻公十六年擔任御戎，應該不會太老，就算有孫子，年紀必然不大。公子重耳在獻公二十二年出奔，其時趙衰已跟隨其側為謀士，不太可能是黃口小兒。自趙衰後，晉國趙氏漸掌大權，至趙烈侯時，與魏文侯、韓景侯同時封侯，為趙國第一任國君。以下為趙國國君世系：

趙烈侯　趙獻子之子，名籍。即位於西元前408年，西元前403年受封為侯，在位九年。

趙武公　趙烈侯之弟。即位於西元前399年，在位十三年。

趙敬侯　趙烈侯之子，名章。即位於西元前386年，在位十二年。

趙成侯　趙敬侯之子，名種。即位於西元前374年，在位二十五年。

趙肅侯　趙成侯之子（《世本》名語）。即位於西元前349年，在位二十四年。

趙武靈王　趙肅侯之子（《史記》索隱名雍）。即位於西元前325年，在位二十七年退位，自號主父。

趙惠文王　趙武靈王之子，名何。即位西元前298年，在位三十三年。

趙孝成王　趙惠文王之子，名丹。即位於西元前265年，在位二十一年。

趙悼襄王　趙孝成王之子，名偃。即位於西元前244年，在位九年。

趙幽繆王　趙悼襄王之子，名遷。即位於西元前235年，七年被俘，在位八年。

> 趙代王嘉　趙悼襄王之子，名嘉。幽穆王被俘，西元前 227 年自立
> 於代，在位六年。西元前 222 年被秦所滅。

趙國史紀年若以周天子詔命為諸侯開始，則由烈侯七年（西元前 403 年）至西元前 222 年被滅，共傳十一侯，計一百八十一年。加上趙夙封耿至烈侯封侯的年數，合計四百三十九年。不過可考的趙氏宗族歷史，其實還可再往前追溯，只是許多世系傳承情形不夠完整，尚待新資料補充證明。

三、趙國大事記要

（一）趙氏初為晉卿

晉獻公十六年，晉國滅霍、魏、耿三國後，以耿封趙夙，賜大夫之爵，趙氏在晉國始有領地。獻公晚年，寵愛驪姬，為爭君位，晉國發生驪姬之亂，公子重耳出奔翟國，當時跟隨其側的重要謀臣之一有趙衰。重耳流亡十九年後，得到秦穆公的協助，回國即位為晉文公，並封趙衰於原，為原大夫。自此趙氏以卿輔佐晉國國政。

（二）「趙盾弒其君」的真相

趙衰在晉國原已有夫人，生三子：趙同、趙括、趙嬰齊。後來翟國伐廧咎如，得二女，並以少女妻重耳，長女妻趙衰，趙衰因而生趙盾。趙衰返晉為卿之後，晉夫人自願退讓，要趙衰迎翟妻回國，並立趙盾為嫡嗣。趙衰輔佐晉文公、晉襄公，至襄公六年卒，趙盾繼其父位，續任國政。

趙盾執政，輔助晉君兩年後，襄公就死了，此時在繼承上出現三派對立的意見。趙盾原先主張立居秦的襄公之弟公子雍，大夫賈季主張立居陳的襄公弟公子樂，而太子之母堅決立年幼的太子夷皋為君，並日夜哭泣於朝堂，最後趙盾終於選立太子為靈公。因為靈公年幼，趙盾依然執掌國政，輔佐決策。

靈公漸長，蠻橫殘暴，常因細故殺人，趙盾屢諫不聽。靈公厭煩於趙盾的約束，多次命人刺殺他，都沒有成功，趙盾最後逃走。還沒走出國境，趙氏族人趙穿在桃園殺了靈公。趙盾回朝，依舊主政，沒有追究弒君兇手趙穿之罪，還讓趙穿至周，迎襄公之弟黑臀回國繼任為晉成公（《左傳·宣公二年》，頁 362）。因此，雖然趙盾沒有親自殺了晉靈公，但「為正卿，亡不出境，反不討賊。」（《趙世家》，頁 1782），晉國史官董狐仍在史書上記下：「趙盾弒其君」的評斷，以為警惕。

（三）趙氏滅族與趙氏孤兒

晉成公即位後，賜趙氏爲公族大夫，趙盾依然主政。趙盾事襄公一年、靈公十四年，至成公六年卒，歷主政三公，共二十一年的時間。趙盾死後，晉景公以郤缺主政。

晉景公三年（西元前 597 年），晉、楚戰於邲，趙盾之子趙朔將下軍，並娶成公之姊爲夫人。同年，屠岸賈與諸將攻趙氏下宮，殺趙朔、趙同、趙括、趙嬰齊，盡滅其族。這個「趙氏滅族」事件，緣於政治因素。屠岸賈在靈公之時，受其寵愛，景公時爲司寇，欲追究趙盾弑靈公的責任，韓厥制止不聽，韓厥告趙朔逃亡，趙朔又不肯，終於發生此禍。據《趙世家》記載，趙朔死時，其妻成公姊已有遺腹，走於公宮藏匿。此事屠岸賈已知，並密切注意，若生男必殺，以絕後患。後來趙夫人果然生下一男，屠氏到處搜捕。趙朔的朋友程嬰，及趙氏門客公孫杵臼，合謀以另一個嬰兒由公孫杵臼帶走，程嬰出面密告，因而公孫杵臼及假的趙氏孤兒被殺，程嬰藏匿真的趙氏孤兒於深山中撫養。公孫杵臼與程嬰的計謀，韓厥是否參與，《左傳》與《史記》皆未記載，但韓厥確實知之甚詳。十五年後，當晉景公因疾問卜，卦爻顯示：「大業之後，不遂者爲崇。」（《史記·趙世家》，頁 1784）在晉國絕嗣的正是趙氏，韓厥趁機對景公進言：趙氏對晉國立功良多，竟然絕嗣，今顯示於龜策，恐怕國君做錯了！景公大概害怕自己的身體被崇，欲思彌補，因此詢問趙氏可有後代。韓厥告之趙氏孤兒尚存，因此將他召至宮中。待諸將入宮問疾、景公命趙氏孤兒與諸將見面。此番見面，景公立場擺明站在趙氏這邊，加上韓厥撐腰，諸將只好說，下宮之役是屠岸賈假傳君命而發動的，今君既命立趙氏之後，不敢不從。因此趙氏孤兒與程嬰率諸軍攻屠岸賈，滅其族，晉國恢復趙氏原有田邑。這個趙氏孤兒名爲趙武，等到他成年之後，程嬰爲報與公孫杵臼的約定，就自殺了。

趙武恢復田邑之後十一年，晉厲公殺大夫三郤，欒書、中行偃又聯合殺了厲公，另立襄公曾孫爲悼公。自此，晉國卿大夫勢力漸強。悼公元年，趙武爲卿；十年，將新軍；十四年，將上軍；平公四年，范宣子主政，趙武爲中軍佐。十二年，趙武出爲正卿，趙氏勢力恢復至趙盾時的光景，甚至可能還超過。因此，吳公子季札出使晉國時預言：「晉國之政，卒歸於趙武子、韓宣子、魏獻子之後矣。」（《史記·趙世家》，頁 1786）可說真知灼見。晉平公十七年，趙武卒，諡號爲文子。

（四）簡襄功烈

趙武生景叔，景叔生趙鞅，趙鞅生趙毋恤。趙鞅諡號爲簡子，趙毋恤諡號爲襄子。趙文子與趙簡子、趙襄子，是趙氏中興的重要人物。尤其是簡子與襄子執政九十餘年期間（西元前 517～425 年）〔註75〕，正是晉國內部卿大夫與公族大夫、卿大夫與卿大夫鬥爭最激烈的時期，趙國可以獨立的根基，也完成於此時。因此，後人將簡子、襄子的功業，稱美爲「簡襄功烈」。

趙鞅的功業顯赫，尤其重要者有：

1. 戍　周

晉頃公九年（西元前 517 年），周王室發生王子朝之亂，趙鞅會合諸侯戍周。翌年，護送周敬王回朝。勤王之功，名噪諸侯。

2. 分得祁氏、羊舌氏之地

頃公十二年，六卿聯合誅殺晉室公族祁氏、羊舌氏，分其邑爲十縣，六卿各令其族人爲大夫，劃分勢力範圍。這是晉國公室衰弱，六卿瓜分晉國的開端。

3. 廢嫡立庶

晉定公十二年，趙鞅廢嫡子伯魯，以庶子毋恤賢良，立爲繼承人。廢嫡立庶，廢長立幼，違背傳統觀念的做法，沒有足夠的眼光和勇氣，是做不到的。而趙毋恤後來繼承的表現，也證明趙鞅的眼光無誤。

4. 築晉陽，併范氏、中行氏

大約在晉定公十二年至十四年期間，趙鞅命家臣董安于築城於晉陽，做爲趙氏遇危亂時固守的最後保壘。十五年，趙鞅向族人邯鄲趙午要衛貢五百家，欲充實於晉陽。趙午原先答應，後因族人反對，違背允諾，趙鞅怒而殺午。范氏、中行氏因此伐趙鞅，鞅只好走保晉陽。晉定公原本也參與圍困晉陽，後經荀櫟勸阻，反命荀櫟、韓不佞、魏侈伐范氏、中行氏，最後范氏、中行氏兵敗，走朝歌。經韓、魏說情，趙鞅回絳都復職。隔年，智伯父子提出：范、中行氏之亂，乃董安于築城引起，故董氏亦有罪之說。董安于聽說此事，爲了趙氏安寧，就自殺了。定公十八年，趙鞅出兵圍朝歌，范氏、中行文子奔邯鄲。二十一年，趙鞅拔邯鄲，范氏、中行氏奔柏人，趙鞅緊追不

〔註75〕據《史記·趙世家》所記推算，簡子執政當六十年，襄子執政當三十三年。若依《左傳·哀公二十年》行文分析，則簡子執政四十二年，襄子執政五十一年，何說爲是，待考。

捨，再圍柏人，范氏、中行氏奔齊。至此，晉國六卿去其二卿，餘四卿。此時，趙鞅有了邯鄲、柏人以及范氏、中行氏部份城邑，雖名為晉卿，但實握有晉權，又擁有武力，可私自用兵，儼然已是諸侯行事。

趙鞅歷事頃公、定公至出公十七年而卒，共主政約六十年，子趙毋恤繼立。大約在趙鞅晚年，晉國四卿（趙、魏、韓、智）的勢力，以智氏最大，趙氏不再專權於晉，故智伯酒醉，以酒灌擊趙毋恤，趙毋恤也只能隱忍下來（出公十一年）。趙毋恤繼趙鞅之位後，發生了幾件重要的大事：

1. 建　元

趙毋恤是三晉國家中，首先建立趙氏紀元，形成「國中之國」的情況者。利用晉國名義，附趙氏紀元（晉哀公元年即趙襄子元年），擴張地盤，發展兵力，作為割據一方的準備。又派楚隆出使吳國，完全不顧晉出公的身份，等於宣示趙氏欲立諸侯的野心。

2. 取代地

趙鞅一死，趙毋恤還在服喪期間，以迅雷不及掩耳的速度，滅了北方的代國，取得代地，建立趙氏以晉陽為中心，以晉中部、北部為發展腹地的穩固局面。代是北戎所建，雄居山西、河北北部多年，原先趙鞅忙於內部經營，只能採取和親政策，將女兒嫁給代王。等到趙毋恤繼位後，中原局勢產生變化，大約趙氏已失去逐鹿中原的優勢，知氏坐大，因此趙毋恤決定將注意力放到北方，以奇謀殺代王，取代地，是向北發展戰略意圖的初步措施而已。

3. 滅智氏

趙毋恤聯合韓、魏二氏，共同滅了智氏，不但去除趙氏最大的威脅，也大大擴展了趙氏領土。晉國四卿餘三卿，三晉鼎足而立的局勢至此形成。此事導火線起於趙襄子四年（即晉哀公四年），智伯與韓、趙、魏共同瓜分范氏、中行氏剩餘的領地，晉出公怒，告之齊、魯，欲伐四卿。四卿聯手驅逐晉出公，另立晉懿公。驅逐出公的行動雖是四卿聯手，實則由智伯主導。由於此時智伯勢力如日中天，趙、韓、魏三卿不是對手，智伯不但不將晉公室放在眼裏，而且併吞三家的野心明顯，他公然向其他三卿索取土地。魏、韓自知非其對手，只好允諾，但趙毋恤不給，智伯便率魏、韓攻打趙氏，毋恤奔走晉陽。智、魏、韓三家聯攻晉陽，相持一年多，智伯引汾水灌晉陽，「城不浸者三版。懸釜而炊，易子而食。」（《趙世家》，頁 1795）趙氏情勢岌岌可危，

最後趙毋恤夜派張孟同為使，私交韓、魏，韓、魏與智氏既有舊怨，也明白「脣亡齒寒」的道理，於是三家合謀，反取智氏（西元前453年）。當此時，「趙北有代，南并知氏，彊於韓、魏」（《趙世家》，頁1795）。這個具有劃時代意義的歷史事件，使得戰國七雄的格局形成，而稱霸百餘年的晉國，反成為三家的附庸，趙襄子的「決定性」，不可謂不大。

趙簡子、趙襄子父子都有政治家的氣魄和膽識，也具有高遠的戰略眼光。經過他們的經營，不僅奠定了趙國在戰國初年強盛的基礎，也召喚一個新時代的到來。

（五）封侯與建國

趙襄子立三十三年卒，子趙浣（獻子）即位。趙浣年幼，襄子之弟奪位自立，一年而亡。國人擁獻子復位，由晉陽遷都中牟。獻子復位十五年卒，子趙籍立為烈子。烈子六年（即晉烈公十七年，西元前403年），韓、魏、趙皆立為諸侯，獻子、烈子稱侯，趙國始建。

據《趙世家》所載，趙烈侯在位九年卒，其弟趙武公立，十三年卒。武公無事跡可尋，韓、魏二家也不載武公。古本《竹書紀年》也無趙武公，但記趙烈侯二十二年，剛好是《史記》譜系中烈侯與武公合記的年數，因此趙武公一事，學者多有疑慮。

（六）遷都與開拓

趙武公之後，趙人擁烈侯之太子章復位，為趙敬侯。敬侯元年（西元前386年）武公之子趙朝叛亂，不克，奔魏。同年，趙遷都於邯鄲。

自趙敬侯、成侯至肅侯六十餘年，趙國致力於開拓領土的侵伐戰爭，人民幾乎在戎馬生活之中度日，連年不斷，真可謂「戰國」。趙敬侯二年、三年，敗齊；四年，敗於魏；五年，敗於齊、魏聯手；六年，借兵於楚伐魏，取棘蒲；八年，拔魏黃城；九年又伐齊；十年、十一年，與中山國戰。同年，與韓、魏共滅晉，分晉餘地。十二年，敬侯卒，趙成侯繼立。

成侯三年，伐衛，取鄉邑七十三，但敗於魏；四年，與秦戰高安；五年，伐齊於鄄，攻鄭；六年，伐魏，圍魏惠王；七年，侵齊至長城，與韓合攻周天子，這是戰國大事。八年，與韓國分周為二；九年，與齊戰於阿下；十年，攻衛取甄。之後，秦國日強，趙又轉而助魏抗秦以自保。十一年，秦攻魏，出兵救魏於石阿；十二年，秦攻魏少梁，再出兵救魏。十三年，秦又侵魏少

梁，魏國大敗，不念趙救魏之情，出兵敗韓、趙於澮，取趙之皮牢；十四年，與韓攻秦；十五年，助魏攻齊；十七年，與魏惠王遇於葛孽。十九年，謀求和平，與齊、宋、燕會；二十一年，魏又反覆，圍邯鄲；二十二年，魏惠王拔邯鄲，齊國出兵相救，敗魏於桂陵；二十四年，與魏盟於漳水，魏歸還邯鄲；二十五年，趙成侯卒，肅侯即位。

趙肅侯元年，奪晉君端氏之地，遷徙於屯留，廢為庶人，晉絕祀。二年，與魏惠王遇於陰晉；三年，魏公子范襲邯鄲，不勝而死；六年，攻齊，拔高唐；十一年，伐魏；十七年，圍魏黃城；十八年，齊、魏聯軍攻趙，趙決河灌之，兵退；二十二年，與秦戰，大將趙疵被殺，秦取藺、離石等地；二十四年，肅侯卒，秦、楚、燕、齊、魏各率師萬人會葬，場面浩大。

（七）改革與興盛

肅侯卒，趙武靈王即位。魏襄王、韓惠宣王皆率太子至趙，朝於信宮。可見此時趙國應當勢力強盛，威望冠於三晉。武靈王即位時年幼，一方面以陽文君趙豹為相，另一方面又聘三位博學多聞的老師，及左右司過的三位諫官輔政。武靈王五年，娶韓女為夫人，顯示韓、趙的關係一直較為密切。八年（西元前 318 年），秦、楚、齊、韓、魏五國稱王，武靈王自言無其實，不敢處其名，使國人呼之為「君」。九年，聯合韓、魏擊秦，不勝，齊國又敗趙於觀澤。十一年，秦再取趙之中都與西陽。十三年，秦又拔趙之藺，虜將軍趙莊。十四年，趙何對魏國作戰。十六年娶佳人孟姚，甚寵，封為惠后。十八年，秦武王卒，武靈王派代相趙固至燕國，護送秦國公子稷回國，立為秦昭王。

武靈王十九年，大朝於信宮，召先王時舊臣肥義共議天下，五日而畢。議論的內容為何，無從得知，但可估計，年歲漸長的武靈王，對於當前國際情勢的掌握，與趙國因應的作戰方針，已設想了一套「胡服騎射」的改革方法。不過，改穿胡服、以馬戰代車戰的反傳統作法，必然會遭遇保守派的反對。因此，趙武靈王不得不先取得國家重臣肥義的支持。之後，武靈王花了一年多的時間，層層說服國內反對勢力，趙國才真正實行胡服騎射。這個改革政策，使得趙國很快就強盛起來。於是自武靈王二十年起，趙國大肆開拓疆域，東進中山，西略胡地，接著攻取丹丘、華陽、鴟、鄗、石邑、封龍、東垣等地，逼得中山國獻出四邑求和。至二十六年時，趙國攘地北至燕、代，西至雲中、九原，大約晉西北、冀中等地，多為趙國所有。

武靈王二十七年五月，大朝於東宮，武靈王自號「主父」，傳位於王子趙何，是爲趙惠文王，老臣肥義爲相國。實際上，武靈王退位的目的，是爲了親自主持向外開拓疆界的功業，所以讓惠文王守國，自己則身穿胡服，率將士北略胡地；又自稱爲使者，深入秦土，考察地形，顯然武靈王強國之心，仍不鬆懈。惠文王三年，趙國滅了中山，北道大通，「主父」封長子趙章爲代安陽君。趙章原爲太子，後因武靈王寵惠后，惠后生何，因此廢章立何爲太子。惠后於武靈王二十五年卒後，愛弛，「主父」又憐故太子章，曾思分趙，立兩王，但猶豫不決。趙惠文王四年（西元前 295 年），主父與惠文王游於沙丘，兩人住在不同的寢宮。公子章與田不禮趁機作亂，假傳主父之命召見惠文王，結果肥義先入而被殺。公子成（「主父」之弟）與李兌，率四邑之兵平亂，公子章敗走，躲進「主父」的宮殿。公子成與李兌遂圍「主父」宮，殺公子章、田不禮。事後兩人同謀，以爲既圍「主父」，又殺公子章，亂平後恐怕會被殺害，因此繼續圍困「主父」。「主父」被圍在沙丘宮達三個月，竟然餓死，一代名君，因爲對繼承者的決定不夠果斷，釀成父子俱死的下場。

趙惠文王於「主父」死後，繼續征戰。九年，與齊合軍攻韓；十一年，得河陽於魏；十二、三年，連續攻齊；十四年，相國樂毅組織趙、秦、韓、魏、燕聯軍攻齊，取靈丘；十五、十六年，再伐齊，齊人患之。後來齊人蘇厲代齊王致書於趙惠文王，分析當時的政治形勢，指出：趙國聯合秦國伐齊，反而置秦於不顧，是犯了戰略上的錯誤。秦國參加聯軍的目的，其實是爲了滅韓，吞二周，削弱齊國，因此趙國聯秦，最大的得利者將是秦國。閱讀此書後，趙惠文王了解蘇厲所言確是，此後取消聯軍，變爲趙、齊直接交手，以爭取冀中之地，保衛冀南和豫北。從趙惠文王十六年以後，至趙惠文王去世的十七年間，趙將廉頗、樂毅、藺相如、趙奢不斷伐齊；另一方面，秦國果然野心勃勃，大舉侵伐魏、韓，又因報復趙國不與其聯合攻齊，進兵佔取了趙國數城。

（八）衰弱與滅亡

趙惠文王之後的趙君，主要有下列數件要事：

1.觸龍說太后

趙惠文王在位三十三年卒，太子丹即位，是爲趙孝成王。孝成王新立，太后用事。秦連年攻趙，趙不得不反求於齊，齊國開出以長安君爲質的條件。長安君是太后最小的兒子，特別寵愛，因此許多大臣爲了趙國利益勸說太后，

太后都不接受。最後，由左師觸龍以「位尊而無功，奉厚而無勞，而挾重器多也。」「長安君何以自託於趙？」（《趙世家》，頁 1823）的理由，說服太后，讓長安君爲質於齊，齊國才出兵救趙。

2. 長平之戰

趙孝成王四年，秦、趙發生歷史上慘烈有名的長平之戰，趙軍被坑殺四十五萬大軍。原來在韓桓惠王十年，即趙孝成王三年時（西元前 263 年），秦國擊韓太行山，韓國上黨郡危急，但韓國鞭長莫及，援兵不至，於是韓國上黨郡守馮亭，徵求人民與官吏的意見，願意歸趙，便向孝成王獻書。孝成王採納平原君趙勝與趙禹的意見，決定接受，便命趙勝接收上黨，以廉頗爲帥，軍於長平。趙軍數敗於秦，廉頗採堅壁政策對抗，秦軍無奈，遂使反間計，令趙以趙括代廉頗。兩軍交戰，秦將白起佯退，絕趙糧道，趙軍投降，皆被坑殺（《史記》卷八十一《廉頗藺相如列傳》）。此戰影響甚巨，趙軍四十五萬精銳被殲，趙國實力因此而垮，之後秦連拔趙國城邑，趙國漸走向衰亡的命運。

3. 戰燕與易土

長平大敗，上黨一失，秦圍邯鄲。平原君向楚求救，魏公子無忌也竊虎符奪晉鄙師來救，秦才退出邯鄲。趙國國都被圍，外交聲望大跌，接著，連燕國都趁機攻打。十五年，燕王派丞相栗腹，以豐盛佳餚宴趙王，試探趙國於長平戰後的實力。群臣以爲，此時趙國青壯年死於長平，年幼者未長，可攻。於是燕國起二軍，攻趙之鄗、代。趙以廉頗爲將，敗燕；十六年，廉頗再圍燕；十七年，武襄君（樂乘）攻燕；十八年，助魏攻燕；同年，秦連拔榆次趙城三十七。十九年，趙與燕易土，趙以龍兌、汾門、臨樂，換燕國的葛、武陽、平舒。二十年（西元前 246 年），秦王政立，秦拔趙之晉陽。二十一年，孝成王卒，悼襄王即位。

4. 廉頗亡魏，李牧代之

此時趙國垂危，廉頗支撐，出兵攻繁陽。但悼襄王不信廉頗，使樂乘代之，廉頗怒，攻樂乘，樂乘敗走，廉頗亡入魏。二年，趙以李牧爲將，攻燕，拔武遂、方城；三年，以龐煖爲將，又攻燕，擒燕將劇辛；四年，聯合趙、楚、魏、燕之師攻秦，不克，爲共同利益，移攻齊，取饒安；六年，魏給與趙鄴城；九年，攻燕，取貍陽城，秦國攻鄴城，取之；同年，悼襄王卒，幽繆王遷立。

5. 誅大將與滅亡

趙幽繆王元年，築城遷柏人，以備後路。二年，秦攻趙武城（年表云：平陽），趙將扈輒兵敗而死。三年，秦攻赤麗、宜安，李牧阻退秦軍；四年，秦攻番吾，李牧又卻之，成爲繼廉頗之後的抗秦大將。五年，代地發生大地震；六年，趙國發生大饑荒，韓王安被秦所擄，韓滅。七年，秦國攻趙，趙王竟誅良將李牧，以趙忽代其職，揮軍戰秦，不敵，趙王遷投降。八年十月，秦國佔領趙都邯鄲。不過，趙幽繆王被虜後，趙國尚有愛國大夫，立悼襄王被廢的嫡長子嘉爲代王，擁殘兵敗將，堅持代地六年，於西元前 222 年，才被秦軍進兵所破，趙國滅亡。

第四節　魏國史略

一、魏的始祖與初封

春秋初期，晉獻公十六年（西元前 661 年），獻公以魏地封畢萬，即是晉國魏氏的由來。畢萬是魏國始祖，魏地就是魏國初封之地。

追溯畢萬的遠祖，應是周初的畢公高。畢公高，原名姬高，與周同姓，可能是文王之子〔註76〕。武王伐紂後，封高於畢，於是改爲畢姓。畢原何在？據《左傳‧僖公二十四年》杜預《集解》：「畢國在長安縣西北。」（頁 255）則畢地可能在今陝西省咸陽市境。畢公高後代，不知何因絕封，廢爲庶人。又居無定所，徙居無常，時在中國，時在夷狄。畢萬是畢公高的苗裔，何時至晉國事獻公，史亦無載。

畢萬所封魏地，即古魏國。鄭玄《詩譜‧魏譜》云：「魏者，虞舜、夏禹所都之地，……周以封同姓焉。……至春秋魯閔公元年，晉獻公竟滅之，以其地賜大夫畢萬，自爾而後，晉有魏氏。」（見《詩經》，頁 206）古魏國所在，《魏世家》《正義》曰：「魏城在陝州芮城縣北五里。」（頁 1835）它的故址可能位於今山西省芮城縣境。

二、魏國的世系

魏國世系，自畢萬封於魏，至魏文侯正式列爲諸侯（西元前 403 年），其

〔註76〕《史記》卷四十四《索隱》曰：「《左傳》富辰說文王之子十六國，有畢、原、豐、郇。言畢公是文王之子。……馬融亦云畢、毛，文王庶子。」（頁 1835）

間世系，各史互有出入，紀年也不夠詳盡。以《史記‧魏世家》而言，所列世系如下：

> 畢萬——魏武子——魏悼子——魏昭子絳——魏嬴——魏獻子——
> 魏侈——？——魏桓子——？——魏文侯都（斯）

司馬遷以爲畢萬至魏文侯之間，共傳十一世。其中魏侈之子、魏桓子之子，皆未見記載。今由《史記》之《索隱》和《集解》中引述的《世本》資料發現，恐怕《魏世家》的世系有所脫落。根據《世本》、《左傳》補正而重新排列，畢萬之後、以魏爲姓的晉國魏氏，可能的世系如下：

> 畢萬——魏芒季——魏武子犨（州）——魏悼子顆——魏昭（莊）
> 子絳——（魏嬴）——魏獻子舒——魏簡子取——魏襄子侈（多、
> 曼多）——魏桓子駒——魏孺子旗——魏文侯都（斯）

其中畢萬、芒季、魏嬴三人未見諡號，已經不可考。《史記》無魏芒季、魏簡子、魏孺子，多了魏嬴，並將魏桓子作「魏侈之孫」。魏氏雖爲晉國大家，但由於年代久遠，某些世代又因無重大事跡，從略無聞，致使各本記載錯亂，互有出入〔註77〕。因此考察上，很難完全詳實。魏文侯受封之後，魏國世系清楚，共傳九世。

魏文侯　　魏孺子旗之子，名都（斯）。即位於西元前424年，西元前403年封侯，在位三十八年。

魏武侯　　魏文侯之子，名擊。即位於西元前386年，在位十六年。

魏惠王　　魏武侯之子，名罃。即位於西元前370年，在位三十六年。

魏襄王　　魏惠王之子（《世本》名「嗣」）。即位於西元前334年，在位十六年。

魏哀王　　魏襄王之子。即位於西元前318年，在位二十三年。

魏昭王　　魏哀王之子（《世本》名「邀」）。即位於西元前295年，在位十九年。

魏安釐王　魏昭王之子（《世本》名「圉」）。即位於西元前276年，在位三十四年。

〔註77〕參見劉舒俠：《閒話‧晉國三晉及其文化》，太原：山西高校聯合出版社，1996年，頁93～94。

　　魏景湣王　魏安釐王之子，名增。即位於西元前 242 年，在位十五
　　　　　　　年。

　　魏王假　　魏景湣王之子。即位於西元前 227 年，在位三年。西元
　　　　　　　前 225 年，魏滅。

魏自文侯封侯（西元前 403 年），至魏王假亡於秦滅國止（西元前 225 年），
共歷九世，合計一百七十八年。若追溯至畢萬封魏（西元前 661 年）起計算，
則晉國魏氏共傳二十世，計四百三十六年。

三、魏國大事記要

（一）封侯與建國

　　魏文侯在晉幽公十四年（西元前 424 年）自立紀年，到文侯二十二年（西
元前 403 年）封侯建國以前，其實是打著晉國旗幟而獨立活動二十餘年，周
天子封侯，不過是政治上的追認。自晉景公作六軍，將、佐皆爲卿，達十二
卿，互相傾軋，到晉頃公時，只餘六卿。晉哀公之後，僅剩趙、魏、韓三卿。
晉幽公時，幽公反而懼怕三卿。魏文侯在此時建元，實質上已不將晉君放在
眼裏。

　　魏文侯即位之後，首先致力於開疆拓土。六年，在黃河以西的少梁（韓
城）築城。隔年，與秦發生激戰，少梁被毀。八年再築城。少梁的建設目的，
當然是針對魏西邊最大的威脅——秦國——所進行的防禦措施。晉秦宿敵的
命運，沿續數百年，如今晉國雖然衰弱，但禦秦的工作依然持續，由魏肩起。
十六、十七年，文侯連續對秦發動攻擊，獲得勝利，故在黃河以西築臨晉（今
陝西大荔）、元里、洛陰、合陽等城，作爲禦秦的前哨站，以確保魏腹地——
晉南的安全。另一方面，魏地北邊，來自於趙襄子的威脅越來越大，爲了扼
制趙國繼續南下，文侯以樂羊爲帥，一舉攻下中山國（《戰國策》卷二十二《魏
策一・樂羊爲魏將而攻中山》，頁 777）。佔領了中山國的領土，等於扼住趙的
東北方，趙襄子腹背受敵，才不敢輕易南進。三十二年，伐鄭，城酸棗（今
河南延津）。

　　除了戰事上的獲勝之外，魏文侯能在諸侯間建立很高的聲望，更重要的
原因是他能謙恭下士，尊師用人，招攬有能之輩，不恥下問。魏文侯尊田子
方、卜子夏、段干木等爲師，三人皆有賢名。又以西門豹爲鄴城令（今河北
臨漳縣），河內因此大治。以李克爲謀師，魏國因此國富民強。秦國曾有人說：

「魏君賢人是禮，國人稱仁，上下相合，未可圖也。」〔註78〕魏文侯在位三十八年，用心經營政事，禮賢下士，不僅個人享有國際美譽，也因此奠立魏國即將強大的基礎。

（二）武侯繼父志

魏文侯死後，其子武侯繼位。文侯在位時，魏幾乎獨吞了晉國的晉南、豫北，以及晉東南的上黨南部、冀西中部部份領土。武侯即位後，既要保住已有的土地，又要繼續向豫東、豫南擴張。當時的局勢，西邊有趙、魏、韓的共同敵人——秦國，魏、秦之間不斷爭奪河西之地。南邊與西南方，魏、韓有共敵——楚國，楚國已佔有豫南地區，因此經常入侵魏、韓領地。魏的東邊已延伸至河北，與齊、趙都有爭奪冀、豫接壤之地的野心。因此魏武侯在位期間，爲了確保既有的領地，開拓新的勢力，連年戰爭仍是無法避免。

魏武侯二年（西元前385年），城安邑、王垣。安邑是魏初的侯都，王垣（今山西垣曲）在王屋山西南，是把守晉南的重要據點，也是通往豫北的戰略要地。七年，出兵伐齊至桑丘（今河北易縣）；九年，又命大將吳起伐齊，至靈丘（今山東高唐）。十五年，敗趙於藺（今山西柳林）。十六年，魏與趙、韓聯合攻楚，取魯陽之地（今河南魯山縣），扼止楚國北侵中原。這個時期的中原地區，處於多國佔領、犬牙交錯的形勢，魏、趙、韓三家，既有共同利益的地方，又互有矛盾之處，因此時而兵戎相見，時而聯合對敵。

魏武侯在位第十一年（即晉靜公二年，西元前376年），魏、趙、韓滅晉，晉正式宣告亡國。

魏武侯期間，戰國名將吳起曾奪秦五城而爲河西太守。吳起既有戰略思想，又有指揮才能，可惜受到魏國另一個大臣王錯的排擠，後來去魏事楚，楚悼王用爲令尹，楚國因此大治。魏武侯的不善用人，由此可見〔註79〕。武侯在位十六年卒，魏惠王立。

（三）遷都與改國號

魏國建國之初的三君：魏文侯創業，魏武侯守業，魏惠王能戰能守，有得有失。魏國在惠王期間，曾達到最強的國勢，但惠王晚年，魏國也由強轉

〔註78〕《史記·魏世家》，頁1839。
〔註79〕參見《史記·魏世家》。

弱。惠王之後，又無中興之主，魏國就逐漸喪失了國際地位。因此，魏惠王的即位，可視爲魏國命運的轉捩點。

惠王的即位（西元前 370 年），其實有特殊的機遇。魏武侯生前未立太子，故武侯一死，公子罃和公中緩爭立。韓、趙趁機合軍伐魏，魏國大敗，情勢危急，不過韓、趙二國也意見不合。趙成侯提議立公中緩，魏國割地，就可退軍。韓懿侯主張將魏兩分，魏罃和公中緩都立，魏國國勢將自弱。由於雙方皆不贊同對方意見，結果各自退軍，最後由公子罃得立爲魏惠王。

魏國與趙、韓兩國的國際關係一直都很矛盾。它們本是一國三分，彼此都有野心想擴大自身的勢力，但周圍共同的強敵秦、齊、楚等國虎視眈眈，體認到現實的局勢，戰國初年，魏文侯、武侯時，三國雖有衝突發生，但多數時間是保持消極合作的態度，一起抵抗強敵。到了魏惠王，在處理與趙、韓關係的問題上，反而採取積極主動的激進手段，不斷地侵伐兩國。二年，與韓戰於馬陵，敗韓；又與趙戰於懷，敗趙。九年，敗趙、韓於澮。十年，伐趙，取皮牢。十八年，攻下趙國邯鄲（二十年歸還）。三十年，又伐趙。魏國侵趙頻頻，齊國與趙國相鄰，倍感威脅。故每當魏國進犯趙國，齊國必出兵相救，以防止惠王東進的企圖。而且齊國的出兵，結果多是魏國吃虧。例如惠王三年，齊敗魏於觀；十八年，再敗魏於桂陵；三十年，齊宣王擊魏救趙，還虜了太子申，將軍龐涓自殺。

大致說來，魏惠王即位的前期，主力似乎是用來對付趙、韓兩國，反而忽略西方最大的敵人──秦國，秦國因此爭取不少休養生息及國勢坐大的機會。例如魏惠王七年、八年，秦連續攻魏，賴趙救之（《趙世家》）。九年，魏雖敗趙、韓於澮，但和秦國戰於少梁，大敗，魏國大將公孫痤、太子被虜。十七年，與秦戰於元里，位於河西的少梁被秦所奪。三十一年，秦派衛鞅擊魏，虜了魏公子卬（《秦本紀》）。這次戰役顯示，連年征戰，已使得魏國國貧民困，不再兵強馬壯，秦國一舉殲滅魏國最後的實力，並將領土延伸爲「東地至河」（《魏世家》）的局勢。

此外，惠王在位期間還有一件重要大事，就是遷都大梁。魏惠王九年（西元前 362 年）四月甲寅日〔註80〕，惠王決定將國都由安邑（今山西夏縣）南

────────────

〔註80〕 魏惠王遷都之說有三：《史記‧魏世家》原文載爲「（惠王）三十一年……，安邑近秦，於是徙治大梁。」（頁 1847）《集解》引《汲冢紀年》則曰：「梁惠王九年四月甲寅，徙都大梁。」《古本竹書紀年》曰：「（周顯王）四年四月甲寅（即魏惠王六年），徙都于大梁。」見《竹書紀年八種》，頁 154。

徙至大梁（今河南開封）。此舉不單只是魏國政治中心的轉移，更重要的影響是，魏國自動放棄了從魏文侯時期開始經營、最具天險形勢、可屏障魏國西部的河西之地。如此一來，連晉南這塊魏國的發源根據地，都直接暴露在秦國隨時可以侵襲的勢力下，等於將魏的半壁江山拱手讓與秦國，故而日漸爲秦國所蠶食。也因爲惠王遷都大梁的緣故，此後史載魏惠王亦稱梁惠王。

　　魏惠王在位三十六年，戰爭從未停止。由於戰爭頻仍，有時各國也會會盟談和，簽定盟書。不過這些盟約，根本形同虛設，沒有任何約束力。魏惠王五年，與韓會於宅陽，九年卻敗韓於澮；十四年與趙會於鄗，十七年就圍邯鄲；十六年與秦孝公會於杜平，隔年兩國開戰；二十年與趙盟於漳水之上，三十年又伐趙。此外，十六年，魏惠王也曾親赴齊國，與齊威王田獵，以示友好（《六國年表》）；二十一年，與秦孝公會於彤；三十五年，與齊宣王會盟於平阿，隔年再會於甄。這些會盟，通常是爲了建立同盟關係的保證，或者是因爲戰爭緣故而進行的和談。但此時的會盟或盟書，並沒有人會眞正信守，一旦利益衝突，各國都會自毀其約。

　　在前期的戰爭中，魏國曾獲得不少勝利，因此國勢一度達到鼎盛。魏惠王十五年，魯君、衛君、宋君、鄭君，皆來朝見。三十一年，魏敗於秦，大將慘死，太子被捉，秦國因商鞅（即衛鞅）變法而更強大，魏國國勢也日薄西山，不復以往。三十六年，魏惠王卒，襄王即位。

（四）衰弱與滅亡

　　魏襄王元年（西元前334年），和諸侯會於徐州，稱王，追尊其父爲惠王。不過自此之後，秦國侵魏不斷，魏國已無力對抗，節節敗退，不是割地求存，就是在連橫與合縱的政策之間搖擺，維持殘局。

　　襄王在位期間，魏國被秦掠奪走河西（五年）、汾陰、皮氏、焦（六年）、上郡、蒲陽（七年）、曲沃、平周（十二年）等地，又敗於楚。哀王元年（西元前318年），以公孫衍爲相，企圖振作，魏、趙、韓、燕、楚五國聯合共同擊秦，結果不勝。合縱失敗，哀王倒向連橫政策，與秦會盟，六年、九年、十七年三次會於臨晉，十一年會於應，又聯秦伐燕。同時可能爲了彌補西邊失去的領地，他積極東進，伐齊、攻衛。不過秦國依然繼續攻魏，再取蒲反、陽晉、封陵（十六年）等地，雖然魏國也偶有斬獲（二十一年，聯齊、韓共敗秦軍於函谷關），但整體而言，此時張儀已死（魏哀王十年），秦國足夠強大，可單獨併吞它國，連橫政策也沒有存在的必要了。

魏昭王元年，魏國又喪襄城。三年，伊闕之戰，秦將白起大敗魏、韓聯軍二十四萬，昭王無力還擊，只得割讓河東之地四百里。接著秦國連拔魏國六十一座大小城池（七年），又取新垣、曲陽（九年）、安城（十三年）等地。到了魏安釐王，魏國「以地事秦」，一旦秦國威逼太甚，就割地求和。此舉猶如「抱薪救火，薪不盡，火不滅。」（《史記》，頁 1854）秦國的欲望根本難以滿足。爲了保全魏國不亡，安釐王決定親秦，甚至想藉由與秦國伐韓，取回被韓掠去的故地。後經信陵君魏無忌剖析「存韓安魏」的道理，才斷絕附秦的念頭。信陵君是戰國四公子之一〔註 81〕，魏國聲望尚倚仗其支撐。安釐王三十年，信陵君率五國之軍攻秦，敗秦於河外，稍挫秦國銳氣。魏安釐王於三十四年卒，同年，信陵君亦死，景湣王繼位。景湣王雖立，魏國已被蠶食成空，朝不保夕，秦國不斷拔城掠地。元年，拔魏城二十座；二年，拔朝歌；三年，奪汲縣；五年，取垣、蒲陽、衍，魏國毫無反擊之力。景湣王在位十五年卒，子王假立，仍居大梁。王假三年（西元前 225 年），秦決河灌大梁，假被虜，降秦，魏亡。

第五節　韓國史略

一、韓的始祖與初封

春秋初期，晉哀侯九年（西元前 709 年），曲沃武公伐翼，獲得勝利，虜晉哀侯。韓萬因擔任「御戎」有功，受封於韓原，是爲韓武子，此即晉國韓氏的由來。韓武子爲韓氏始祖，韓原爲三晉之韓國的根源地及初封地。

韓萬的祖先，若據《史記》卷四十五《韓世家》所言：「與周同姓，姓姬氏。其後苗裔事晉，得封於韓原。」（頁 1865）則韓萬之祖，可能是西周初年，受封於古韓國的武王之子——韓侯。古韓國大約亡於西元前 757 年前後、晉文侯在位期間。但《左傳》注疏卻說：韓萬是曲沃桓叔之子、曲沃莊伯之弟（《桓公三年》，頁 103）。那麼韓萬是晉的支庶，則晉國韓氏之祖，應爲曲沃桓叔。二說爭議，尚難定論。正如《史記·韓世家》《索隱》述贊說：韓氏「事微國小，《春秋》無語。」（頁 1878）史料闕如，也是韓氏先祖不能

〔註 81〕 戰國四公子，指戰國末期齊的孟嘗君、趙的平原君、魏的信陵君、楚的春申君等四人，以招納賢才的養士之風聞名於世，詳見第六章社會文化之第二節社會制度與風俗。

確定的原因之一。

　　韓武子所封韓原，《括地志》卷一〈韓城縣〉云：「韓原在同州韓城縣西南八里。」「韓城在同州韓城縣南十八里，古韓國也。」又引《古今地名》曰：「韓武子食菜於韓原故城也。」〔註82〕顯然，《括地志》將古韓國、韓萬所封之韓原混而爲一，以爲都在同州韓城，即今陝西韓城市。王軒以爲韓原必在河東（運城地區古稱「河東」），因此不可能是今之韓城〔註83〕。至於古韓國所在是否即韓原，尚多爭議。江永《春秋地理考實》認爲，韓原可能在今山西省河津縣、萬榮縣之間。此處正位於河東大地上，後世學者多以爲江氏之說較可靠。〔註84〕

二、韓國的世系

　　韓國世系，自韓武子封韓原，至韓景侯封侯、建年號之前，《史記》已不能詳載。今再據《左傳》、《竹書紀年》、《世本》等書補正，晉國韓氏可能的世系如下：

　　　　韓武子萬——韓賕伯——韓定伯簡——韓輿——韓獻子厥——韓穆子無忌、韓宣子起——韓襄、韓貞子須——韓簡子不信（不佞）——韓莊子庚——韓康子虎——韓武子啓章——韓景侯虔（處）

晉國韓氏自韓萬起，傳十二世至韓景侯。其間，韓穆子與韓宣子爲兄弟，皆曾任晉國公族大夫；韓襄與韓須，皆爲韓宣子之子，亦同爲公族大夫。韓萬於西元前709年封韓，韓景侯於西元前403年封侯，因此韓國建年號之前的歷史，共計三百零六年。韓景侯之後，韓國入諸侯之林，世系可以確知。

　　　韓景侯　　韓武子之子，名虔。即位於西元前408年，西元前403
　　　　　　　　年封侯，在位九年。

　　　韓列侯　　韓景侯之子，名取。即位於西元前399年，在位十三年。

　　　韓文侯　　韓列侯之子。即位於西元前386年，在位十年。

　　　韓哀侯　　韓文侯之子。即位於西元前376年，在位六年。

　　　韓懿侯〔註85〕　韓哀侯之子（《竹書紀年》名「若山」）。即位於西元

〔註82〕唐・李泰等著、賀次君輯校：《括地志輯校》，北京：中華書局，1980年，頁30。

〔註83〕清光緒年版《山西通志》卷五十一，頁3718～3720。

〔註84〕已見頁28，本章第一節韓國疆域沿革之註13。

〔註85〕《史記・六國年表》中，韓懿侯作韓莊侯（頁718）。

前 370 年，在位十二年。

韓昭侯　韓懿侯之子（《竹書紀年》名「武」）。即位於西元前 358
　　　　年，在位二十六年。

韓宣惠王　韓昭侯之子。即位於西元前 332 年，十年改侯爲王，在
　　　　位二十一年。

韓襄王　韓宣惠王之子，名倉。即位於西元前 311 年，在位十六
　　　　年。

韓釐王　韓襄王之子，名咎。即位於西元前 295 年。在位二十三
　　　　年。

韓桓惠王　韓釐王之子。即位於西元前 272 年，在位三十四年。

韓王安　韓桓惠王之子。即位於西元前 238 年，在位九年。西元
　　　　前 230 年，韓滅。

韓國一直是三晉國家中勢力最弱的一國，也最早被秦國所滅。由韓景侯稱侯，
至韓王安被俘，韓國共傳一百七十三年。加上建元前的三百零六年，合計韓
國歷史共四百七十九年。

三、韓國大事記要

（一）韓厥與趙氏孤兒

韓厥爲晉國卿大夫，趙氏滅門之事，他對趙氏孤兒趙武的存世、續宗，
具有重大的影響力。趙武雖得程嬰、公孫杵臼二人搭救存活，若非韓厥有足
夠資格，在適當時機對晉景公進言，謀立趙氏，使趙武復得田邑，那麼，終
其一世，趙武只能平庸度過，做一百姓，焉能有後來的趙簡子、趙襄子的功
烈，支撐搖搖欲墜的晉國國勢呢？對於韓厥之功，太史公給予極高的評價。
他說：

> 韓厥之感晉景公，紹趙孤之子武，以成程嬰、公孫杵臼之義，此天
> 下之陰德。韓氏之功，於晉未睹其大者也。然與趙魏終爲諸侯十餘
> 世，宜乎哉？（《史記》，頁 1878）

將韓國能屹立於戰國十餘世之因，歸功於韓厥的「陰德」，似爲不妥。不過，
韓厥救趙的舉動，確實對後來的晉國與三晉的形勢，產生關鍵性的作用。

（二）建國與滅鄭

晉國卿大夫之一韓氏，在經過韓宣子、韓簡子所分祁氏、羊舌氏、范

氏、中行氏的采邑，以及韓康子時再得智伯之地，領土已「大於諸侯」，也奠定稱國的基礎。因此，在韓景侯六年（西元前 403 年），周天子追認韓侯爲諸侯之一。

韓氏早期雖受封於晉南的韓原，但韓宣子時曾徙居於河內地區的州邑，到韓貞子時又遷於平陽，建國前的根據地不像趙、魏一般確立。大約要到韓康子取得智伯之地後，三晉的勢力範圍逐漸確定。魏以晉南爲主要活動中心，趙以晉中爲根據地，韓氏只好往晉東南及豫北發展。

韓武子時，侵伐鄭州的行動已非常積極。韓景侯、烈侯、文侯時代，楚國與韓、魏爭相侵奪鄭國的土地，三晉還聯合伐楚，大敗楚師，魏國因此佔領大梁等地，韓國也攻取了鄭國的陽城（今河南封登縣）。接著，韓文侯還打敗宋國，俘虜宋君。到了韓哀侯元年，晉國被滅；二年（西元前 375 年），韓國滅鄭，並將都城由陽翟遷於新鄭，新鄭連續爲鄭、韓兩國的都城，故韓國也稱鄭國，韓王又稱鄭王。

（三）喪地與滅亡

韓國前期領土是擴張的，在西有強秦、南有猛楚的情況下，韓國勢力主要是往東發展，尤其是與魏聯手兼併鄭國的行動，爲韓國在強敵環伺的戰國局勢裏，爭取了一席之地。至於韓文侯時兩度伐齊的行動（七年、九年），應該是宣威性質大於實質意義，因爲桑丘、靈丘等地，距韓國本土太遠，不宜駐紮。

哀侯以後，韓國國勢日衰，一方面不僅要小心對抗秦、楚兩國的奪取，還要面對魏國不斷的侵伐，因此本來國勢已較弱小的韓國，更疲於奔命了。韓懿侯時，魏連敗韓於馬陵、澮；昭侯初年，被秦、宋、魏三國連取西山、黃池、朱等地，雖然申不害相韓期間（昭侯八年～二十二年），韓國取得短暫的安定，諸侯不來侵伐，但申不害一死，人亡政息，秦國又拔韓國宜陽城。

韓侯於宣惠王十年（西元前 323 年）稱王。自宣惠王起，韓國政策也在親秦或抗秦之間搖擺，因爲無力抗秦，韓國幾乎是在不斷地割地求和的情形中苟延殘喘，勉強維持著日益消逝的國土。宣惠王十四年，秦取韓鄢地；十五年，韓、趙、魏、楚、燕五國擊秦不勝；隔年，秦敗韓於脩魚，虜韓將韓鰓、申差，韓國情勢危急。此時宣惠王採納韓相公仲之計，欲以一城池及提供軍事戰備的條件賄秦談和，並與秦聯合伐楚；後來，楚懷王以陳軫之策，假意興師救韓，韓王誤信，與秦絕交，韓、秦因此交戰，而楚背信不救，結

果韓國大敗於岸門，太子倉只好爲質於秦。

　　韓襄王、釐王時，韓國連失宜陽、武遂、穰、宛等地於秦，尤其伊闕之戰，韓軍慘敗，被斬二十四萬，韓國軍力重挫。到了桓惠王，三晉各國無力單獨抗秦，彼此又無合作誠意，秦國侵奪行動更大，韓國再失陘、陽城、負黍、城皋、滎陽及重要領地上黨郡。韓國上黨之地，原先與秦國西隔魏國，有魏國西部國土阻隔作爲緩衝。如今不保，顯示魏國西部國土也已盡入秦國囊中。二十九年，秦連拔韓十三城，韓國國運已盡終點。桓惠王三十四年卒，子王安繼立。王安五年，派韓非使秦，欲說秦王勿攻韓，不成，被殺。九年（西元前 230 年），秦虜韓王安，韓地設爲潁川郡，韓滅。

第三章　都城建築

　　建築是人類生活與科技生產的一部份，由於它的建造往往需要投入大量的人力、物力、財力，因此在文化資產中，佔有獨特的重要地位。同時，建築的發展水準，往往也成為一個國家的政治、經濟、科學文化等整體文化面貌躍進狀況的標誌之一。

　　先秦時期的建築資料，通常在史籍中的描述都很簡略，造成以往研究上的困難。不過，這項缺陷在民國以後，因考古挖掘工作的進行而逐漸彌補起來。陸續出土的先秦重要都城遺址，最能展現當時建築的宏大規模和先進技術。特別是在春秋至戰國期間，周朝王權勢力的瓦解，禮制的崩壞，致使各諸侯國按其需要自行建城，於是出現了「千丈之城，萬家之邑相望也。」（《戰國策・趙策三・趙惠文王三十年》，頁 678）的繁榮局面。不僅都城的規模逐漸擴大，它的功能和地位也日益複雜、重要。透過當時一些重要都城的建築位置和建築佈局觀察，不但可正面了解中國古代建築本身發展的歷史進程，還能側面發現社會經濟、政治制度以及軍事意圖的變革過程。並且，由建築材料、建築工具、施工技術等內容，也能反映出當時建築科技的發展階段。因此，本章內容除了澄清部份具爭議性的歷史問題外，是以目前已出土、可確定為三晉文化都城遺址的資料為架構主幹，並參考其他三晉文化圈的出土遺址與文獻相關記載，作為輔助研究的支幹，以期回溯春秋戰國時期三晉都城建築佈局的可能原貌，重塑三晉建築文化的特色。

第一節　晉國都城與遺址

一、晉都歷史

　　晉國都城所在究竟何處，歷代學者一直爭論不休。由於多位晉君數度遷

移國都，而且有一地異名，或者異地同名的情況存在，加上文獻記載的模糊，以及歷朝行政區域重新劃分後所造成的混亂，至今，六百餘年的晉國歷史總共設置了幾個都城，其確切位置在何處，仍然眾說紛紜，莫衷一是。有學者提出「七都六遷」之說，有學者以爲只有「三都三遷」〔註1〕。由於目前尚無定論，並且考量出土資料的佐證，筆者在此僅將晉國都城的位置確分爲早、晚二期。區隔的分界點，是以晉景公十五年（西元前 585 年）遷都新田一事爲準。所謂「早期」，是指晉始封至晉景公遷都以前約四、五百年的歷史，這段時間內，晉國最早封於唐，先後都於曲沃、絳、翼；後期遷都至新田後，到晉被瓜分滅國的二百餘年，不曾再遷都。以下針對典籍文字的記載，並配合考古學家對出土遺址的判斷，進行晉國都城位置的釐清。

（一）早期都城

根據文獻記載，自叔虞封唐之始，至晉景公遷都新田以前的晉國都城要事，可歸納爲下列五個階段：

第一階段：叔虞封唐（西元前十一世紀），其都必在唐地之内，通常也稱作「唐」〔註2〕。歷經唐侯、晉侯、武侯至成侯止。

第二階段：晉成侯時，徙居曲沃（約西元前十一世紀末）。歷經成侯、厲侯、靖侯、釐侯、獻侯，至穆侯止。

第三階段：晉穆侯時徙居於絳（西元前811年）。其後歷經殤侯、文侯、昭侯，至孝侯止。

第四階段：晉孝侯八年（西元前732年），更改「絳」之名爲「翼」。又歷鄂侯、哀侯、小子侯，至緡侯。另一方面，自昭侯元年（西元前745年），封其叔「成師（桓叔）於曲沃」之後，又經過莊伯、武公的經營，曲沃城已日益大於翼都，雙方的衝突也不斷增加。自武公封爵（西元前 678

〔註 1〕 邱文選：〈晉國七都六遷始末〉主張「七都六遷」，見《晉陽學刊》1982 年第五期。段士樸〈古晉都考〉提出「三都三遷」說，見《山西師院學報》1983 年第一期。

〔註 2〕 據《史記·晉世家》，頁 1636，集解引《世本》曰：「（唐叔虞）居鄂。」曲英杰先生因此以爲，唐叔虞居夏墟，以「鄂」爲都。此鄂城在春秋時期猶存，故晉鄂侯因曲沃莊伯伐翼而奔隨，晉人後來納之於鄂，謂之鄂侯。可備一說。見曲英杰：《先秦都城復原研究》，哈爾濱：黑龍江人民出版社，1991 年，頁 354～356。

年）之日起，曲沃城其實也可視爲晉國的另一個都城。

　　第五階段：晉獻公徙居於「絳」（西元前 669 年）。獻公爲曲沃武公
　　　　　　　之子，曲沃的戮力經營，直到獻公才完成奪國的野心，
　　　　　　　獲得晉國整體的政權。爲宣示其權威，獻公在周惠王八
　　　　　　　年時，由曲沃遷都於「絳」。其後又經歷惠公、文公、襄
　　　　　　　公、靈公、成公，至景公十五年止（西元前 585 年）。

在上述五個歷史階段裏，第二階段的成侯徙居曲沃及第三階段的穆侯遷於
絳，其實都未見《史記》記載，乃後出之說，尚待詳證，本文暫持保留態度。
其餘資料，多數學者爭議的焦點可歸納爲二：

1. 唐、絳（故絳）、翼是否爲同一地？

　　《史記‧晉世家》以爲：「唐在河汾之東，方百里。」（頁 1635）所謂「河
汾之東」，應是專指汾、澮二水交接之處；所謂「方百里」，指的則是汾、澮
二水交接處的臨近區域、百里之內的範圍，但並未確指一地。《括地志》云：
「故唐城在絳州翼城縣西二十里。」又說：「故翼城一名故絳，在絳州翼城縣東
南十五里。《諸侯譜》云：『晉穆公（侯）遷都於絳，曾孫孝公（侯）改絳爲
翼，至獻公又命曰絳。』」〔註 3〕由《括地志》載文顯露兩個問題：其一，古
唐地在翼城縣境；其二，古絳都、故絳都、翼都爲一都異名的晉都。〔註 4〕

　　關於唐地所在，從戰國初年到今人探討，至少有晉陽說、永安說、平陽
說、襄汾說、翼城說、夏縣說、永濟說、鄉寧說等各種歧見〔註 5〕。顧炎武《日
知錄》卷三十一「唐」一條主張翼城爲周初唐地說，論辯甚詳〔註 6〕；今又從
翼城縣附近出土許多西周早期及中晚期的晉國遺物可爲佐證，故多數學者探
信此說。至於古絳、翼都、故絳是否爲一地一城，筆者不敢斷言。首先，穆
侯遷絳之說，《史記》與之前的典籍未見記載，因此古絳的存在仍令人質疑；
其次，翼都可確信曾爲晉都，但從《左傳‧莊公二十六年》（頁 175）載：「士
城絳以深其宮。」以及《史記‧晉世家》文：「城聚都之，命曰絳，始都絳。」

〔註 3〕《括地志輯校》卷二〈絳州‧翼城縣〉，頁 58。
〔註 4〕由於晉景公遷都新田之後，晉人也稱新田爲「絳」。爲區別與獻公時的「絳」，
　　　因此又稱新田爲「新絳」；相對而言，獻公時的絳都則稱「故絳」，而晉穆侯
　　　時的絳都則稱爲「古絳」。
〔註 5〕李孟存、常金倉：〈叔虞封地說諸說正誤辨析〉，《晉陽學刊》1983 年第四期。
〔註 6〕顧炎武著、黃汝成集釋：《日知錄集釋》，上海：上海古籍出版社，2006 年初
　　　版，頁 1771。

（頁 1641）來看，似不能肯定獻公城絳所在即原來的翼都。若從考古發掘資料求證，自1962年發現、1963年開始發掘出土的天馬——曲村遺址，位置正在翼城縣境，又是汾澮之交、河汾之東百里的範圍，其出土文物上限可到西周成王或成王以前，下限則為春秋中葉前期，這樣的年代，正好和侯馬晉國遺址（即新田）的年代可以銜接起來。因此學家推定：天馬——曲村遺址曾為晉國早期都城的遺址〔註7〕，可信度較高。

2.古曲沃城在今之聞喜或曲沃？

晉國早期的都城除了絳、翼之外，另一個重要的城都是曲沃。自晉成侯遷都於此後，又經過厲侯、靖侯、釐侯、獻侯與武公、獻公的設都與建設，其規模並不亞於絳城。不過，曲沃古城的位置，也有爭議性。自《漢書·地理志上》所載：河東郡屬縣「聞喜，故曲沃，晉武公自晉陽徙此。」〔註8〕即有「古曲沃，今聞喜」之說。此說在千餘年來，本已成為定論。直到清乾隆年間，曲沃知縣張昉又提出新的說法。張昉撰寫《曲沃縣志》，以為曲沃古城當在今之曲沃，不當在聞喜。此後，曲沃古城遂有當在聞喜或當在曲沃之爭。

現經考古實物推測，故絳原址，最有可能在今翼城縣境天馬——曲村遺址這一帶，新絳則確信在今侯馬市西。而正好位在故絳城與新絳城之間、傳說的曲沃古城，終於在1956年發現，1988年進行發掘，經考古人員詳細比對出土實物年代後斷定，曲沃古城（今稱鳳城古城）的時代上限為春秋晚期偏晚階段，其出土遺物與新田遺址牛村古城、台神古城、平望古城等地出土遺物的後期相同，可知鳳城古城應為晉都新田遺址即將衰退時興起的另一古城，並非古曲沃城〔註9〕。今大陸考古工作人員也在聞喜縣上郭村一帶發現古城遺址，由出土遺物年代印證，此處為曲沃古城所在的可能性較高。

（二）晚期都城

晉景公十五年，晉都由絳遷於新田，見於《左傳·成公六年》的記載：

> （三月）晉人謀去故絳。諸大夫皆曰：「必居郇瑕氏之地，沃饒而近鹽，國利君樂，不可失也。」韓獻子將新中軍，且為僕大夫。公揖而入，獻子從公立于寢庭。謂獻子曰：「何如？」對曰：「不可。郇瑕氏

〔註7〕 段士樸：〈古晉都考〉、李元慶：《三晉古文化源流》，頁5，皆採此說。
〔註8〕 二十五史刊行委員會輯：《二十五史》第一冊，頁421。
〔註9〕 山西省考古研究所侯馬工作站：《晉都新田》，太原：山西人民出版社，1996年，頁143。

土薄水淺，其惡易覯，易覯則民愁，民愁則墊隘，於是乎有沉溺重
膇之疾，不如新田，土厚水深，居之不疾，有汾、澮以流其惡，且民
從教，十世之利也。夫山澤林鹽，國之寶也。國饒則民驕佚，近寶
公室乃貧，不可謂樂。」公說，從之。夏四月丁丑，晉遷于新田。

晉景公所以要遷都，可能與十四年發生的「梁山崩」事件有關〔註10〕，而遷
都地點原先也有爭議。當時多數人主張應遷往今日運城市解州鎮西北的郇、
瑕之地，因為那裡土地肥沃，而且靠近鹽池，利於國事。唯獨韓獻子力排眾
議，認為郇、瑕之地，土薄水淺，氣候潮濕，容易染上惡疾，帶來治理上的
困擾，不如遷往新田，土厚水深，氣候乾燥，又有汾、澮二水流貫其間，民
眾居之，可免疾癘惡之苦，適宜長期經營。景公覺得有理，就採納了韓獻子
的意見，最後將新都確定在新田。晉都遷於新田後，仍以「絳」為都名，或
稱「新絳」，而原來的絳城則稱「故絳」，並改設絳縣。因此，相對於晉獻公
時擴建的「故絳」而言，晉穆侯時的「絳」都則稱「古絳」了。

早期的晉都——「古絳」與「故絳」，舊城址可能不出今翼城縣境的範圍。
至於晚期都城——「新絳」（新田）的位置，應該與「故絳」距離不遠，如果
三月份時「晉人謀去故絳」，到了「四月丁丑」就完成遷都之舉，才一個多月
的時間進行準備事宜與遷徙活動，可見這次的遷都不會是長距離遠征。不過
新田的確切位置，自唐以來多以為在曲沃縣南（即鳳城古城）。如《括地志》
卷二「絳州——曲沃縣」記載：「絳邑故城，漢絳縣，本晉都新田，在絳州曲
沃縣南二里，因絳山為名。」至張昉修《曲沃縣志》時作《新田徵》，辨新田
當在曲沃縣西侯馬鎮，才提出不同看法。此說被以後所修的《曲沃縣志》所
沿用，今日也被出土的考古發掘所證實。自1956年以後，大陸考古工作隊陸
續發表侯馬晉國遺址的發掘簡報，出土文物已經證明，它的時代上限為春秋
中期，正好與天馬——曲村文化遺址銜接起來。考古學家推斷：侯馬遺址是
晉國後期國都新田所在，已成定論。

二、侯馬新田遺址

晉都新田，由於考古發掘工作自發現以來積極的展開，目前已具規模，
且有專書《晉都新田》出版。故在此特別詳盡介紹，以作為晉國都城建築的

〔註10〕《春秋經》與《左傳》皆記載：魯成公五年，即晉景公十四年（西元前586
年），晉國發生「梁山崩」。杜預注曰：「梁山在馮翊夏陽縣北」（《左傳·成公
五年》，頁439）。

代表。

晉景公十五年遷都新田後，仍稱新田爲「絳」。現在的考古發掘成果已經證實，新田絳都城址是在今山西省侯馬市西北，正好是汾、澮二水交匯地帶。此處自 1952 年被發現、1956 年成立山西省文物管理委員會侯馬工作站，進行專門的考古調查、發掘及研究工作，至今未曾間斷。截至目前爲止，新田遺址已發掘了牛村、平望、台神、白店、馬莊、北塢、呈王及鳳城八座古城遺址；還在城址周圍發現陶窯、祭祀、墓葬、盟誓、鑄銅等多處晉國文化遺址（圖 3-1），這對晉文化的研究，提供了最具體的明證。

在新田晉都發現的八座古城中，西部接近汾、澮之交地帶的有白店、牛村、平望、台神四座。其中白店古城的建築年代似較早，不過還不能斷言它即是晉國遷都以前的新田古城。牛村、平望與台神三座古城呈「品」字形分佈，三城皆有大型夯台基址，廢棄年代相當，最有可能就是新田晉都的宮城所在。在牛村等三座古城的東北方 1600 公尺、5000 公尺以及正東 1400 公尺處，有馬莊古城、北塢古城和呈王古城，這三座古城的始建年代可能晚於前三座古城，但其繁榮與廢棄年代卻和牛村古城等一致，可見它們和晉都新田的關係相當密切，本文在此一併說明。至於位在牛村古城正東略爲偏南 9500 公尺處的鳳城古城，文獻舊說原本以爲是晉都新田和古曲沃城所在，經考古遺物斷代證明，它的時代較晚，上限是春秋晚期末年，可能是晉都新田遺址即將衰退時興起的城市，在戰國時期曾經相當繁盛，本文此處以晉國都城爲對象，故從略。〔註11〕

（一）白店古城遺址

白店古城位於侯馬市白店村北約 350 公尺、牛村村南約 400 公尺處。古城平面呈長方形，南北長約 1000 公尺，東西寬約 740 公尺，總面積 74 萬平方公尺。古城遺址已遭到嚴重破壞，南牆、西南城角和西牆的一部份被沖毀。南牆全長 740 公尺，夯土距地表 0.6～0.8 公尺，厚約 0.2～0.4 公尺；西牆全長 1000 公尺，寬 8 公尺左右；東牆全長約 980 公尺；北牆全長 745 公尺，寬 6 公尺，城牆東段有兩處分別與牛村古城的西牆、台神古城的東牆相交。由於古城的北端被牛村、台神二古城疊壓，而台神、牛村二城保存較完整，故推測白店古城的始建時代稍早於牛村與台神古城，是很有可能的。

〔註11〕 本節考古資料，主要參考山西考古研究所：《晉都新田》，太原：山西人民出版社，1996 年。

圖 3-1：晉都新田遺址平面圖

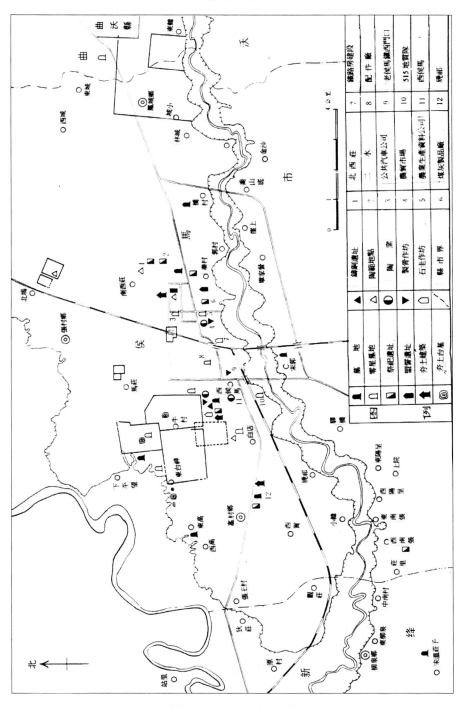

（採自《晉都新田》首頁）

（二）牛村古城遺址

牛村古城於 1957 年發現，隨即開始進行調查挖掘的工作。此城平面爲豎長方形，但東北角斜折內斂方向北偏西 1 度（圖 3-2）。東城牆全長 1390 公尺，寬 7～8 公尺，高 1.5～1.6 公尺，南段發現有寬 10.5 公尺的城門，還有東西向的道路通過；北牆長 995 公尺，寬 8 公尺，夯土厚約 1.2～1.8 公尺；南牆全長 1070 公尺，寬 8～9 公尺，厚約 0.6～0.8 公尺，有兩座城門遺址，有南北向道路通過；西牆長約 1050 公尺，寬 8～9 公尺，夯土最厚可達 3 公尺。在東、南、北城牆外 5～8 公尺處，有一道寬 15～26 公尺、深約 4 公尺的城壕。城內東部發現有製陶與石圭作坊遺址；城外東南方更有密集分佈的鑄銅、製陶、製骨、石圭作坊，祭祀、盟誓遺址，以及集中的墓葬群。

圖 3-2：牛村古城平面圖

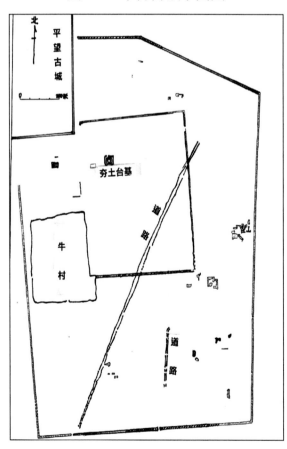

（採自《晉都新田》，頁 88）

牛村古城內還有內城，形成內、外城以「回」字佈局的建構方式。內城位在外城中部偏北，仍為豎長方形，方向為北偏西 6 度。其東、北牆分別長665 公尺、530 公尺，寬 4～6 公尺；西牆僅存西北角一小段，南牆已被今牛村覆蓋。城牆外側也發現兩處城壕跡象。城內西北部至今仍存一座大型夯土台基，台基平面為邊長 52.5 公尺的正方形，高約 6.5 公尺。

據現有的考古挖掘資料判斷，牛村古城的年代在西元前 500～420 年左右。初步認定此城興建於西元前六世紀下半葉，即晉都新田絳都初期稍晚；廢棄時期約在西元前五世紀下半葉，也就是晉都新田絳都的中期之末。

（三）台神古城遺址

台神古城位於牛村古城的西側，1961 年發現，1962 年起陸續勘探。全城平面大體為橫長方形（圖 3-3）。西牆保存較好，全長 1250 公尺，寬 8～13 公尺，厚 0.8 公尺，南段發現城門及道路遺跡；南牆全長 1660 公尺，寬 8～10公尺，也有城門與道路遺跡；東牆殘存片段，寬度多在 8 公尺左右；北牆僅存西段 1100 公尺，寬 5～7 公尺。西牆、南牆外有城壕遺跡。城內夯土遺跡有十餘處，主要分佈在中部、南部。

圖 3-3：台神古城平面圖

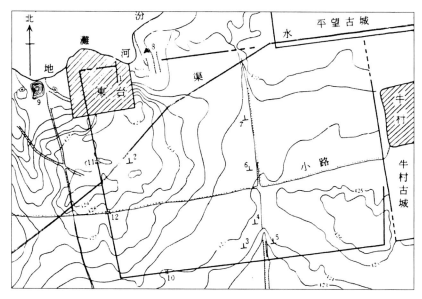

1.～7.夯土或夯土位置示意　8.墓葬位置　9.夯土台基　10.～12.城門

（採自《晉都新田》，頁 99）

古城外西北角不遠處，北臨汾水有三座高於地表的大型夯土台基，中間大而兩側小，間距 40 公尺。中間台基為豎圓角長方形，南北長約 80 公尺，東西寬約 60 公尺，高於現今地表約 8 公尺，可分三級。這三座夯土台基臨近汾水，可能與祭祀汾神臺駘有關，或者可能是晉平公時所建「虒祁宮」宮址所在〔註12〕。另外，1987 年在古城外西南方，還鑽探發現一座小城，小城規模雖小，但城內夯土遺跡密布，值得進一步研究。

台神古城的確切年代未知，但它和牛村古城、平望古城建築佈局的關係特殊，也是晉都新田時期的一座古城則無庸置疑。

（四）平望古城遺址

平望古城位於台神、牛村二古城的北部，於 1957 年發現，1964 年開始進行詳細的鑽探。此城平面大致為豎長方形，方向為北偏西 2 度（圖 3-4）。東

圖 3-4：平望古城平面圖

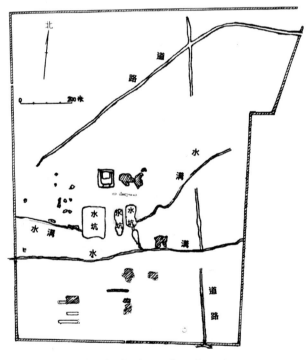

（採自《晉都新田》，頁 103）

〔註12〕《左傳·昭公八年》（西元前 534 年）：「晉侯方築虒祁之宮」（頁 768）至昭公十三年又載：「晉成虒祁」（頁 809）可知虒祁宮建造工程約六年才完成。

牆的北部凸出爲曲折狀，全長 1340 公尺；南牆長 860 公尺，中段有城門；而西牆長 1286 公尺，也有城門遺址；北牆地下保有長度約 1086 公尺。四面城牆的牆寬 5～6 公尺，城牆外有城壕遺跡。

古城內最重要的遺跡是中部稍偏西北的大型夯土台基（圖 3-5）。這個夯土台基可分三級：第一級爲邊長 75 公尺的方形，南部正中有寬 30 公尺、長 20 多公尺的凸出部分，它的正南中間又有寬 6 公尺、長 20 多公尺的路面，向南漸低；第二級高出地面約 4 公尺；第三級座落於第二級的北半部，南北寬 35 公尺，東西長 45 公尺，距地表高 8.5 公尺，頂部有厚達 1 公尺的殘瓦堆積層。台基上還發現築台架板的柱洞共三十九個。

圖 3-5：平望古城內宮殿遺址

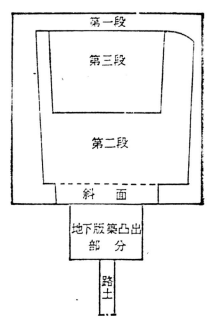

（《文物參考資料》1958 年第十二期）

從佈局、規模來看，上述的大型夯土台基應是平望古城主體的宮殿區，是古城最主要的建築群。在古城的西北區也有夯土基址，規模雖小，但分布密集，應是一般建築區；古城的西南方，以三塊南北排列的東西向夯土爲主體，出有陶範、坩鍋等殘片，是一處作坊遺跡。城內有兩條道路遺跡：一條是位在東部的南北向道路，另一條是東北、西南向貫穿全城的道路。考古工作人員留意到，城內還有「水道」跡象。

關於平望古城的年代，有早於或晚於牛村、台神古城的兩種意見，目前尚難斷言。古城外西邊有大片墓地，墓主身份從大夫到國人都有，年代從春秋晚期到戰國中期，個別墓葬甚至更早，古城內也有春秋晚期偏晚的墓葬。因此，平望古城的繁榮期，大約是在西元前 500 年前後四、五十年間。

整體而言，平望古城內的夯土台基爲現今發現晉都新田遺址中最巍峨宏大者。在台基南方的多數夯土建築基址及道路、排水系統，也蔚爲可觀。研究者推測，平望古城的大型夯土台，可能是文獻中屢見的「公宮」中心，而平望古城極可能就是晉國絳都「宮城」所在。〔註13〕

〔註13〕《晉都新田》，頁 115。

（五）北塢古城遺址

北塢古城位於侯馬市北塢村的東南，在 1965 年發現，1982～1988 年進行較大規模的勘探和發掘。發掘面積爲 5357 萬平方公尺，共發現古城兩座、城門五處、主要道路六條、大型建築基址三十五座、普通居住基址兩座、窖穴六個、灰坑一百七十六個、灶七個、溝十條、水道一處、水井四眼，以及大量出土遺物。

古城平面由東西並列的兩座城組成，兩城間隔 8 公尺，爲南北向通道。

西城平面近方形，南北長約 382 公尺，東西寬約 372 公尺。東、北牆保存情況較好；西牆中部發現一座城門，城門內側有建築基址。城內的大型建築基址有十二座。

東城平面呈長方形，南北長約 570 公尺，東西寬約 493 公尺。各牆牆基普遍存在，但寬窄不一，約 5.5～12 公尺。在東牆、南牆發現四座城門，及城門內側附屬建築基址，當爲防禦性建築。城內還發現大型建築基址二十三座，其中中部的二十五號建築基址爲主要建築（圖 3-6），由圍牆和主體建築組成：圍牆呈長方形，東西長 56 公尺，南北寬 52 公尺，南牆中段設門；主體建築位於圍牆中央，由三座呈「品」字形相聯的基址組成，東西長 49.6 公尺，南北寬 38 公尺，北部外側有小院落和主體建築連接。另外，城內西南角的十三至十五號基址，則是東西並列的府庫基址；西部爲普通民居基址。

圖 3-6：北塢古城東城二十五號夯土基址平面圖

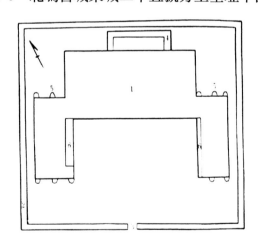

1.主體基礎　2.圍牆　3.城門 4.隔牆　5.柱址　6.淤土範圍

（採自《晉都新田》，頁 17）

北塢古城的門外道路主要有五條：東、西城間的南北向通道，西城北牆外和西門外各一條東西向道路，東城南牆、北牆外各一條東西向道路。城內出土遺物以陶製生活用具和建築材料的瓦最多。根據陶器分期判斷，北塢古城的東、西二城，以西城建築年代較早，東城較晚，是後來擴建的。古城的建築年代大體稍晚於晉國遷都新田，約當西元前 550 年前後；東、西城廢棄的時間，大約和新田遺址結束相同，稍晚於三家分晉，約當公元前 380 年，晉亡國前後。

（六）呈王古城遺址

呈王古城位於侯馬市西北部東呈王村西南的一處坡地上，於 1965 年發現，1984 年進行鑽探，發現古城中部有一道東西向的夯土城牆，證明這座古城是由南、北二小城構成。但因此城是侯馬諸城中保存最差的一座，不少地段已無跡可尋，城門、城壕也無從得知。

城圈經大體復原後可知：北城東牆長約 167 公尺，南牆長 396 公尺、寬 4 公尺，西牆總長 168 公尺，北牆殘長 105 公尺；南城東牆已無跡可探，南牆僅西端尚存長 15 公尺、寬 4 公尺、厚 1.4～1.6 公尺的夯土，西牆殘存約 85 公尺的長度、寬約 4 公尺。大約看出南城呈長方形，東西長 214 公尺，南北寬 105 公尺。

目前經初步鑽探，僅知北城中部有兩處夯土遺跡，其西有六座灰坑，有些可能是作窖穴用。由地層關係分析呈王古城的文化堆積，推斷此城修建、使用的年代，也是晉國新田古都的繁榮期，時間約相當於西元前 500～400 年間。

（七）馬莊古城遺址

馬莊古城於 1961 年 4 月發現，1962 年 3 月複查。此城由東大、西小兩個豎長方形小城相鄰構成，兩城的北牆在同一直線上，西城東牆與東城西牆的北段共用（圖 3-7）。地表上已無城牆保存，地表下 0.3～0.5 公尺處可見牆基。東城南北長 350 公尺，東西寬 265 公尺，東牆尚見城門遺跡。西城南北長 250 公尺，東西寬 60 公尺，城牆寬 4.5 公尺左右；城外發現有寬約 13 公尺、深 4～5 公尺的城壕；城內東北角距東牆 170 公尺處，有高於地表的大型夯土台基。

此城目前尚未進行詳細的發掘工作，無直接斷代的根據。只能初步判斷，它的年代大約與北塢古城、呈王古城相近。

圖 3-7：馬莊古城平面圖

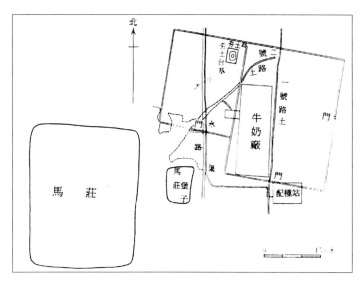

（採自《晉都新田》，頁 117）

晉都新田遺址的發掘工作目前還在持續進行中，許多更詳盡的資料可能會一一出土。它的出土不僅提供晉國都城建築的相關資訊，也爲晉人晚期的社會生活、文化面貌透露最眞實的內容。

第二節　趙國都城與遺址

一、趙都歷史

趙國都城先後立於中牟、邯鄲。不過，在此之前，趙氏是以晉陽爲重要根據地而打下立國的基礎，因此晉陽城的地位，也相當於「都城」的意義。

（一）晉　陽

古晉陽城位於今山西省太原市西南晉源鎮，現僅殘存部分夯土城牆。《春秋‧定公十三年》載：「晉趙鞅入于晉陽以叛。」《左傳》杜預注曰：「晉陽，趙鞅邑。」（頁 980）《戰國策‧齊策三‧國子曰秦破馬服君之師》：「晉陽者，趙之柱國也。」（頁 391）高誘注：「柱國，都也。」〔註14〕春秋晚期的晉陽城已爲趙鞅食邑。趙鞅因殺邯鄲趙午，引來范氏、中行氏圍勸，只好走保晉陽。

〔註14〕另見西漢‧劉向集錄、高誘注：《戰國策》，上海：上海古籍出版社，2007 年二版，頁 393。

在這之前，趙鞅曾命家臣董安于在晉陽經營了一段時間，所以能在危急中退守晉陽，可見當時的晉陽城已頗具規模。

趙鞅之後，趙毋恤（襄子）也沒有放棄對晉陽城的建設，甚至將它加強成為最堅固的堡壘。在知氏圍困晉陽、引汾水灌城時，「城不浸者三版」，卻能支撐許久，當時晉陽城的牢固可想而知。概括而論，在趙簡子、襄子的時代，晉陽城其實就是趙氏的「都城」，直到趙獻子（獻侯）即位後徙治中牟（西元前 423 年），趙氏在晉陽發展的時間大約經歷七十餘年。

（二）中　牟

趙國中牟所在，一說在河南鶴壁市西，一說在河北邯鄲市西，今人多主從前說。

《史記·趙世家》記載：「獻侯少即位，治中牟。」（頁 1796）趙獻侯元年為西元前 423 年，自此年起，趙都中牟；至趙敬侯元年（西元前 386 年），遷都邯鄲為止，趙都於中牟約三十八年。

趙獻侯遷都中牟以前，中牟可能已經設縣。《韓非子·外儲說左下》曰：「中牟無令，晉平公問趙武曰：『中牟，三國之股肱，邯鄲之肩髀，寡人欲得其良令也，誰使而可？』武曰：『邢伯子可。』」〔註 15〕此邢伯為晉大夫，首見於《左傳·襄公十八年》，時為晉平公三年（西元前 555 年）。此時的中牟，顯然已是晉國的一方重鎮。到了趙簡子二十七年時（西元前 490 年），中牟一度還成為衛地〔註 16〕。推測中牟的地理位置可能相當接近邊防，易為它國侵擾，故在敬侯遷都邯鄲不久，中牟城郭即被衛人破壞；戰國末年、趙悼襄王時，連中牟城地都歸屬於魏地〔註 17〕。這個曾經為趙都的城邑，竟不復為趙地了。

〔註15〕陳奇猷：《韓非子集釋》，台北：華正書局，1977 年，頁 705。以下見引，皆據此本。

〔註16〕《左傳·哀公五年》：「夏，趙鞅伐衛，范氏之故也，遂圍中牟。」（頁 1000）趙鞅伐衛而圍中牟，可知中牟應為衛地。

〔註17〕《戰國策·齊策五》載蘇子說齊王曰：「魏王身被甲底劍，挑趙索戰。邯鄲之中鷩，河、山之間亂。衛得是藉也，亦收餘甲而北面，殘剛平，墮中牟之郭。」（頁 428）又據《史記·趙世家》（頁 1798）：趙敬侯五年（西元前 382 年），齊、魏為衛攻打趙國，取趙之剛平。可知衛人破壞中牟城郭的時間，應在趙遷都後第五年。又載：趙悼襄王元年（西元前 244 年）：「欲通平邑、中牟之道，不成。」《正義》曰：「（中）牟山之側，時二邑皆屬魏，欲渡黃河作道相通，遂不成也。」（頁 1830）

（三）邯　鄲

趙都古邯鄲城址位於今河北省邯鄲市區及西部。趙敬侯元年，即西元前386 年，因武公之子趙朝作亂，後亂事雖平，敬侯仍決定遷都於邯鄲。除了在趙成侯二十二年（西元前 353 年）魏國拔邯鄲城、二十四年歸還，邯鄲曾失落兩年的時間，自敬侯遷都至趙王遷八年（西元前 228 年），秦破邯鄲、置邯鄲郡爲止，趙以邯鄲爲都，歷一百六十年。

其實邯鄲城的開發很早〔註 18〕。在春秋中期，邯鄲原爲趙氏另一支系趙午之邑，後爲趙簡子所併吞〔註 19〕。《國語・晉語九》記載，知伯約韓、魏攻趙，趙襄子選擇出居之地，從者有人提議：「邯鄲之倉庫實」，雖然趙襄子最後是擇守晉陽與韓、魏同滅知氏，三分晉國，但由此可見，當時的邯鄲必定人口眾多，生活富庶，才能具備「倉庫實」的條件而被列入考慮。後來趙獻侯徙治中牟，中牟距邯鄲近，邯鄲更得以發展。到趙敬侯時，才會有遷都邯鄲之舉。

二、古邯鄲城遺址

先秦古趙都中，以邯鄲城立都時間較久，挖掘出土的城址也較完整，本文在此概述其建築及出土物情況，作爲趙國建築文化的代表。

邯鄲故城遺址位在今河北省邯鄲市市區的西半部和西南部，分爲「王城」與「大北城」兩個部份，總面積約 1887.9 萬平方公尺（圖 3-8）。另外，在遺址的西北方約十五公里處，有趙國王陵區；西部約四公里的百家村，還有戰國貴族墓葬群出土。

（一）王城遺址

王城遺址是由西城、東城、北城三部份構成，平面呈「品」字形，總面積約爲 505 萬平方公尺（圖 3-9）。

1.西　城

西城近正方形，東西長約 1354 公尺，南北長約 1390 公尺，面積約 188.2 萬平方公尺。四面城牆均存，保存比較完好，每面牆各有不等距的門址兩

〔註 18〕 邯鄲一帶發現有豐富的仰韶文化、龍山文化時期及商、西周時代遺址，顯示其開發時期很早。相關資料可參考〈1957 年邯鄲發掘簡報〉，《考古》1959 年第十期；〈河北邯鄲澗溝村古遺址發掘簡報〉，《考古》1961 年第四期；〈河北邯鄲百家村新石器時代遺址〉，《考古》1965 年第四期。

〔註 19〕 《左傳・哀公四年》：「九月，趙鞅圍邯鄲。冬十一月，邯鄲降。」（頁 1000）

處。牆垣採用小錘密夯的建築方法，今殘高 3～8 公尺。地面牆的基部寬度不一，多為 20～30 公尺。牆的轉角處都有加大，這種加寬的部分是附加牆，因為在附近發現許多瓦片，推測原來牆上應有防禦性的建築物。南牆、西牆內側曾發現防雨設施的鋪瓦和陶質排水槽道。城內有五座夯土台台基，其中位在城內中部偏南的夯土台一號最大，今稱為「龍臺」，其台基南北長 296 公尺，東西寬 264 公尺，殘高最高點為 16.30 公尺。台上及周圍表面有繩紋面的板瓦、筒瓦殘片，應是當時台上建築的遺物。城內還發現古道路一條、古井一口。

圖 3-8：邯鄲古城佈局遺跡

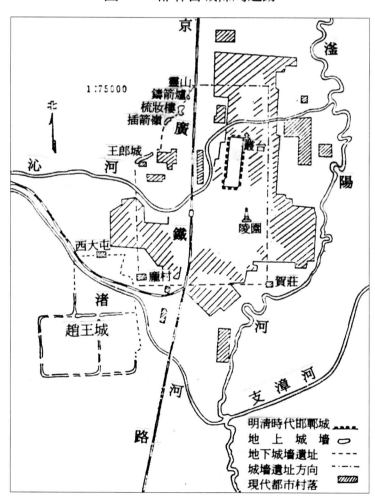

（採自《中國古代都城制度史研究》，頁 84）

圖 3-9：邯鄲趙王城遺址平面圖

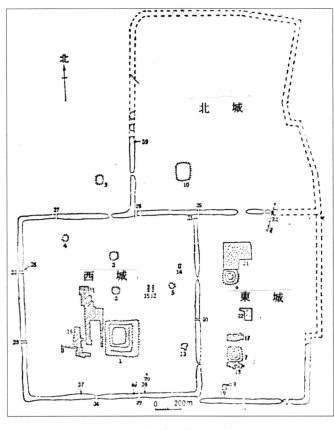

（採自《中國古代都城制度史研究》，頁 83）

2. 東　城

東城與西城相連接，東城的西牆就是西城的東牆，但東城的整體平面不及西城規整。南北最寬處爲 1442 公尺，東西最寬處爲 926 公尺，面積約 129.9萬平方公尺。遺址內共有門址五處，夯土台三個。最大的夯台六號、七號，俗稱爲「北將台」、「南將台」，兩台相距約 500 公尺。城內出土的遺物有繩紋板瓦、筒瓦、瓦當、素面空心磚等殘片，南將台還發現有柱礎石。

3. 北　城

出東城北門便是北城，北城的南牆就是東城的北牆和西城北牆的東端。今北城西牆除了南段尚餘 800 公尺的地面殘牆外，其餘只剩地下牆址。全城呈不規則長方形，東西最寬處 1410 公尺，南北長約 1520 公尺，面積約爲 186.5萬平方公尺。在西南部有一座十號夯土台，台高爲 6～10 公尺。城內的地下

出土物發現有戰國時代的建築材料和生活用具殘片。

（二）大北城遺址

　　大北城的西南部與王城的東北部緊密相連，兩城相距才 60 多公尺。全城的平面呈不整齊的長方形，南北最長處 4880 公尺，東西最寬處 3240 公尺，總面積約 1382.9 萬平方公尺。地表以下普遍有戰國與漢代文化層，以戰國文化層較厚，最厚處可達 2 公尺。出土的遺物非常豐富，有生活用具的陶碗、盆、細把豆，有建築材料的瓦、瓦當、釘穩，還發現古井、燒陶、煉鐵、鑄銅、製骨、製石等多處遺址。在城址的東部和東北部下層，發現有細繩紋陶罐、鬲足等春秋或戰國早期的遺物，因此可以肯定，大北城的建築年代比王城要早。

　　城內東北部有一座「叢台」台基，相傳爲趙武靈王時觀看歌舞和閱兵之地。1963 年因大水沖刷，使得台基部分倒塌，露出內層夯土，故而發現它不僅建築方法與戰國城牆相同，夯土中還雜有戰國時代的陶片、瓦片，可知「叢台」確實爲戰國時代的趙國建築。另外，在大北城西牆附近，由北到南有靈山、鑄箭爐、梳妝樓、插箭嶺等多處夯土台，以及在西牆內側的王郎城、小城遺址發掘出戰國牆垣或戰國遺物〔註 20〕，顯示它們的建築與使用年代，也在趙國史範圍之內。

　　就王城遺址與大北城遺址的相對位置而言，楊寬先生主張：王城遺址即是趙國邯鄲故城的宮城，是以西城爲主體、由三個小城組成品字形建築佈局的「城」；大北城則是西面王城的「大郭」，是邯鄲故城的手工業和一般居民區，只是它的城牆不和宮城連結。故整體而言，邯鄲故城爲西「城」東「郭」、小「城」大「郭」的建築格局〔註 21〕。不過因爲大北城建築年代較早，其遺址佈局也有類似「宮城」的基址，又考之文獻記載，大北城似較符合典籍文字中的「邯鄲故城」，故有學者提出：邯鄲故城的宮城應位於大北城內西北角的說法。至於王城遺址中較早建築的西城，可能只是趙武靈王時修築的軍事離宮，實非趙國宮城〔註 22〕。此二說之是非，尚待進一步釐清。

〔註 20〕本節考古資料主要參考《趙都考古探索》，北京：當代中國出版社，1993 年，頁 120～128。
〔註 21〕楊寬：《中國古代都城制度史研究》，上海：上海古籍出版社，1993 年，頁 81～86。
〔註 22〕曲英杰：《先秦都城復原研究》，哈爾濱：黑龍江人民出版社，1991 年，頁 438～441。

第三節　魏國都城與遺址

一、魏都歷史

（一）魏城、霍城

魏國建國後的都城先後立於安邑與大梁，在此之前，魏氏始祖畢萬及畢萬之子魏武子皆封於魏地〔註23〕，即古魏國所在，故址可能在今山西省芮城縣境。到了魏武子之子魏悼子時，又將治邑徙於霍，此霍城的今址，可能位在山西霍縣境。據《左傳・文公五年》（西元前 622 年）記載，這一年「霍伯卒」。杜預注曰：「霍伯，先且居，中軍帥也。」〔註24〕那麼此時的霍地尚為先氏之邑。到了魯宣公十三年，即晉景公四年（西元前 596 年），「晉人討邲之敗，與清之師，歸罪於先縠而殺之，盡滅其族。」〔註25〕則魏悼子徙霍，當在先氏滅族、晉景公四年之後。若以此年為界，推算魏氏居魏地的時間，共約六十餘年。到了魏悼子之子魏絳，又於晉悼公十一年，即西元前 562 年，再徙治於安邑，則魏人居霍城的時間，大約僅三十五年。

（二）安　邑

古安邑城位於今山西省夏縣西北約七公里處，這一帶相傳為「夏墟」及禹王故都所在，所以安邑故城又稱夏王城或禹王城。《史記・魏世家》記載：「魏絳事晉悼公。……悼公之十一年，曰：『自吾用魏絳，八年之中，九合諸侯，戎、翟和，子之力也。』賜之樂，三讓，然後受之。徙治安邑。」〔註26〕魏氏自西元前 562 年時遷都於安邑，歷經魏文侯立為諸侯（西元前 403 年），至魏惠王九年（西元前 362 年）放棄安邑、遷都於大梁為止，都於安邑的時間長達兩百年，是魏都中歷史最久的一座都城。

（三）大　梁

魏都大梁，今址位於河南省開封市。魏惠王時遷都於此。此次遷都的原因，據太史公所載：「（魏惠王）三十一年，秦、趙、齊共伐我。秦將商君詐我將軍公子卬而襲奪其軍，破之。秦用商君，東地至河，而齊、趙數破我。

〔註23〕畢萬於晉獻公十六年（西元前 661 年）、魏武子於晉文公元年（西元前 636 年）封於魏。事見《史記・趙世家》。
〔註24〕《左傳》，頁 312。
〔註25〕《左傳》，頁 404。
〔註26〕《史記》卷四十四〈魏世家〉，頁 1836。

安邑近秦，於是徙治大梁。」〔註27〕由於魏國連敗於秦，考量到「安邑近秦」，恐怕招來破都毀廟的厄運，因此惠王決定遷都大梁。這個決定也等於自動放棄魏國西壁江山，拱手將河西天險之地讓予秦國。魏國遷都大梁後，魏惠王亦稱「梁惠王」。故魏自惠王遷都起（惠王九年，即西元前 362 年），至魏王假三年（西元前 225 年）秦引水灌大梁、擄魏王假滅魏止，立都大梁共一百三十餘年。

二、禹王城遺址（安邑）

　　魏國國都的挖掘，目前以安邑城的探勘工作較有收穫。

　　安邑故城位於山西省夏縣西北約七公里、今稱禹王城之處。據考古勘測可知，禹王城城址分大城、中城、小城三個部分。中城在大城以內的西南部，小城在大城中部和中城的東北角（圖 3-10）。

圖 3-10：禹王城址平面圖

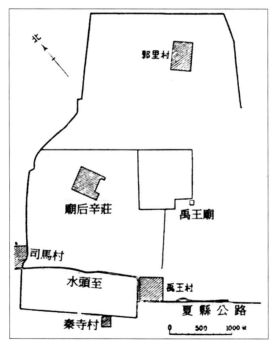

（採自《考古》1963 年第九期，頁 474）

〔註27〕見《史記・魏世家》，頁 1847。此記惠王遷都之年有誤，應爲惠王九年遷都，即西元前 362 年。

　　大城平面略呈梯形，北窄南寬。北牆長約 2100 公尺，基寬 22 公尺，殘高 2～5 公尺；西牆長約 4980 公尺，基寬 18.5 公尺，北段外側有護城河遺跡；南牆現長約 3565 公尺，基寬 11.5 公尺；東牆北段殘存 1530 公尺，基寬 17 公尺，南段情況不明。整座大城總面積約 1300 萬平方公尺。城內的文化堆積層厚約 2 公尺左右，多屬戰國時期，也有部分漢代遺跡、遺物。

　　中城在大城西南部，平面略呈方形，總面積約 600 萬平方公尺，周長約 6500 公尺。中城的西牆、南牆分別就是大城西牆、南牆的一部分。北牆長約 1522 公尺，基寬 5.8 公尺，殘高 1～5 公尺。城內遺跡、遺物以漢代時期居多，但也有戰國時代的出土。

　　小城位於大城中部、中城東北角，平面略呈方形。東南方城角向內凹進，總面積約 75.4 萬平方公尺，周長約 3270 公尺。小城北牆爲中城北牆的一部分，長約 855 公尺，基寬 12 公尺；東牆長約 495 公尺，基寬 16.5 公尺；南牆長 990 公尺，基寬 11.3 公尺；西牆長 930 公尺，基寬 11 公尺。城牆殘高 3 公尺左右。其夯土層複雜，可能經過多次修補。城內文化堆積層普遍厚 2～3 公尺，下層屬戰國時期，上層主要爲漢代遺物。

　　另外在小城東南角外有一座夯土台基，今稱「禹王台」，台上築有禹王廟。此台基平面略呈方形，東西長約 65 公尺，南北長約 70 公尺，現高約 9 公尺。其下部夯土含有少量的東周陶片，可知禹王廟應是利用古台基修建而成的近代建築。

　　據勘查者推測，大城修築於戰國時期，應是魏都安邑所在；中城修築於秦漢時期，可能是當時的河東郡治；小城則很可能是戰國魏都安邑的宮城，與大城同時修築，秦漢後仍一直沿用〔註 28〕。楊寬先生以爲：中城既然也發現戰國瓦片，應該還是戰國時代的建築；且就建築佈局來看，中城相當於「西城」的性質，大城相當於「東郭」的性質，小城則僅爲宮牆性質，應視爲整個「西城」的一部分。〔註 29〕

〔註 28〕陶正剛、葉學明：〈古魏城和禹王城調查簡報〉，《文物》1962 年第四～五期；中國科學院考古研究所山西工作隊：〈山西夏縣禹王城調查〉，《考古》1963 年第九期。
〔註 29〕《中國古代都城制度史研究》，頁 88。

第四節 韓國都城與遺址

一、韓都歷史

韓國都城在遷至新鄭以前，情況較爲混沌，至今仍有許多爭議尙未釐清。

（一）平 陽

春秋初期，韓武子最初受封的韓原所在，據江永考證，最有可能的位置在今山西省河津縣、萬榮縣之間。

到了晉悼公七年（西元前 566 年），韓宣子自韓原徙居於「州」，州地在漢代爲河內郡州縣，即今河南省溫縣北。之後，韓氏治邑又遷徙於平陽。《史記・韓世家》所載，韓宣子死後，其子貞子徙居平陽。平陽在今山西省臨汾市境。但《索隱》引《世本》卻說：「景子居平陽」（頁 1866），而《竹書紀年》則載：周威烈王七年（西元前 419 年）「韓武子都平陽」（頁 429）。各書所載居平陽者皆有出入。曲英杰先生主張：《世本》所言「景子」，即是《紀年》的「武子」，爲韓景侯之父。韓氏徙居平陽當爲景子時事，《史記》誤載爲貞子之事〔註30〕。究竟何說爲是，尙待更充分的證據證實。

（二）陽 翟

繼平陽之後，韓氏可能也曾以陽翟爲治邑。陽翟位於今河南禹縣。然而韓氏何時遷居於此，史料不詳。《漢書・地理志上》載，穎川郡屬縣：「陽翟，夏禹國。周末，韓景侯自新鄭徙此。」（頁 422）但韓景侯時，鄭國尙未被滅，韓國不可能佔有鄭都。《史記・韓世家》文：「景侯虔元年，伐鄭，取雍丘。二年，鄭敗我負黍。六年，與趙、魏俱得列爲諸侯。九年，鄭圍我陽翟。景侯卒，子列侯取立。」（頁 1867）雍丘位於今河南杞縣，負黍在河南登封縣，陽翟在河南禹縣，可知景侯之時，韓人正謀求東進，並且已建立初步的根據地。此時韓國已經具備徙都陽翟的條件，所以景侯可能會有遷都的考慮。現在考古發現，禹縣西關一帶分布著十分密集的大面積戰國時期韓國墓葬群，其隨葬品有許多禮器、玉器，可以推測，陽翟城在戰國時期確實曾是相當繁盛的都市。〔註31〕

〔註30〕《先秦都城復原研究》，頁 457。
〔註31〕同前註，頁 458～459。

（三）鄭

韓哀侯元年（西元前 376 年），三家分晉；二年，韓國滅鄭，「徙都鄭」〔註32〕。因此韓國自西元前 375 年起，至韓王安九年（西元前 230 年）秦滅韓為止，以鄭為都，共一百四十六年。不過此城實際建設的時間，應自春秋初期鄭國立都於此算起，總計鄭、韓兩國立都的時間，歷五百餘年。由於鄭、韓兩國連續以此為都，一般通稱此城為「鄭韓故城」，戰國時也稱韓王為鄭王。

鄭韓故城位於今河南新鄭周圍。考諸史料，韓人遷都於鄭後，也在此設縣。《韓非子·外儲說左上》：「鄭縣人卜子，使其妻為褲。」（頁 646）「鄭縣人有屈公者，聞敵恐，因死。」（頁 654）韓非所言「鄭縣」，應指韓都所設鄭縣。現今考古工作者在新鄭故城挖掘出土的許多戰國兵器上，都有「鄭縣令」的銘文〔註33〕，可證明韓國鄭都原來也設鄭縣、縣令，而且其縣治就在故城內。

二、新鄭故城遺址

新鄭故城（圖 3-11）位於今河南省新鄭縣城關一帶。這一帶開發的時間極早，由裴李崗文化、仰韶文化、龍山文化、商文化至西周文化，都有遺址、遺物出土〔註34〕，為鄭人、韓人都於此奠定了良好的基礎。

新鄭故城西南方有雙洎河（古稱「洧水」）流過，東邊沿黃水河而行，整座故城夾於二水交接的三角地帶。經考古勘查得知，故城呈不規則方形，東西長約 5000 公尺，南北長約 4500 公尺。城的中央有一道南北向的隔牆，長約 4300 公尺，將全城劃分為西「內城」和東「外郭」兩部分。

西邊的內城位在東「郭」城的西北方。北牆西起雙洎河岸，長約 2400 公尺；東牆（即隔牆）大部分尚存，但西牆與南牆情況不明。在北牆與東牆上，各探出城門一座，門內都有長方形建築基址，可能是當時的防禦設施。城內

〔註32〕《史記·韓世家》，頁 1868。

〔註33〕例如「王二年鄭令韓□戈」、「王三年鄭令韓熙戈」、「六年鄭令韓熙戈」、「九年鄭令向彊矛」、「十四年鄭令趙距戈」等。吳雅芝：《戰國三晉銅器研究》，台北：臺灣師範大學國文研究所碩士論文，1996 年，編號為 028、029、036、040、043。

〔註34〕楊寶順：〈新鄭出土西周銅方壺〉，《文物》1972 年第十期；〈河南新鄭沙窩李新石器時代遺址發掘簡報〉，《考古》1983 年第十二期；中國社會科學院考古研究所河南一隊：〈1979 年裴李崗遺址發掘報告〉，《考古學報》1984 年第一期。

圖 3-11：新鄭故城遺址平面圖

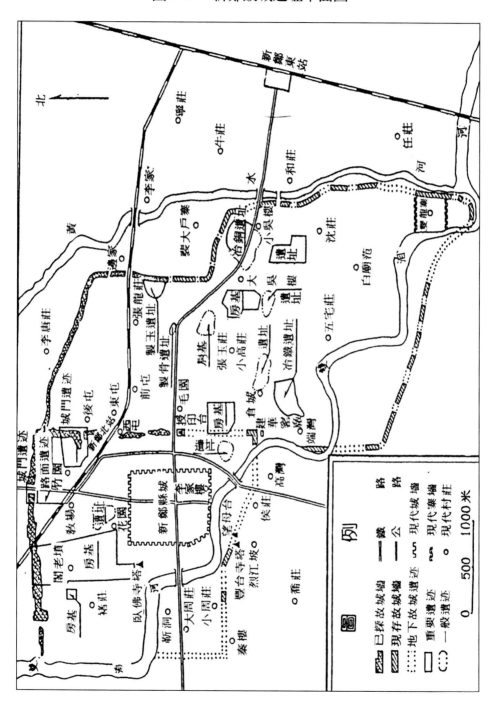

（採自《戰國史》上冊〈增定本〉附圖，谷風出版社，1986 年）

中北部在相當大的範圍內遍佈著一千多處的夯土建築基址。中部還有一座小城，平面呈長方形，東西長約 500 公尺，南北長約 300 公尺，牆基寬 10～13 公尺，可能是原來宮殿建築所在。城的西北部現存有一座「梳妝台」夯土台基，高約 8 公尺。台基底部南北長約 135 公尺，東西長約 80 公尺。台上發現有陶水井和埋入地下的排水管道。

東邊的大「郭」城稍位於西內城的東南方。北牆長約 1800 公尺，東牆長約 5100 公尺，南牆長約 2900 公尺，西牆北段即是隔牆。在東牆北部裴大戶寨附近，發現有古時路基，可能是城門所在。城內東部小吳樓村北，發現有春秋戰國時期鑄銅遺址，面積約十萬平方公尺；北部張龍莊南，發現有春秋戰國時期的製骨作坊遺址，面積約七萬平方公尺；西南部倉城村南，也發現戰國時代的鑄鐵作坊遺址，面積約四萬平方公尺，出土有殘爐、烘範窰、陶範、鐵器等，陶範包括有钁、鋤、鐽、錛、刀、削、鑿、鐮、劍、戟、箭杆、帶鉤等十多種器形。另外還找到製陶、製玉作坊遺址的線索。〔註35〕

從目前所見文獻與考古資料可知，西內城的建築時間較早，東外郭城的城牆則較晚。根據《左傳》一書記載，春秋初期的鄭都已有郭或郭門，郭門以內則有大道叫「逵」或「大逵」，大道上還設有「逵市」〔註36〕。不過此時的「郭」應是採「依水為城」的方式，利用洧水、黃水堤防連結而成，還不是四周築有完整城牆的郭城。所以現在所見的郭城遺址，當為春秋晚期或戰國時代修建的〔註37〕。新鄭故城的建築佈局也是西「城」東「郭」的方式。西城為宮殿與公室貴族的分佈處所，東郭則為一般民居和手工業作坊、市集所在。在郭城的東南方白廟村北土坑內，堆積有大量的戰國時期銅兵器，其銘文有「武庫」、「左庫」、「右庫」、「生庫」等字，證明此處可能是城郭內製造兵器之所，當時兵士也可能駐守在這一帶〔註38〕。韓國遷都於鄭後所設鄭縣之縣治，當在故城的東郭城內。秦滅韓後，才將鄭都城名改為新鄭縣，並

〔註35〕 本段資料主要參見《中國古代都城制度史研究》，頁 71～72；《先秦都城復原研究》，頁 416～418。

〔註36〕 《左傳・桓公十四年》（西元前 698 年）載：「冬，宋人以諸侯伐鄭，報宋之戰也。焚渠門，入及大逵。」杜預注：「渠門，鄭城門；逵道，方九軌。」（頁126）〈莊公二十八年〉（西元前 666 年）亦載：「秋，子元以車六百乘伐鄭，入于桔柣之門。……眾車入自純門及逵市。縣門不發，楚言而出。」杜注：「桔柣，鄭遠郊之門也。」「純門，鄭外郭門也。逵市，郭內道上市。」（頁 177）

〔註37〕 《中國古代都城制度史研究》，頁 72。

〔註38〕 黃茂琳：〈新鄭出土戰國兵器中的一些問題〉，《考古》1973 年第六期。

將縣治移至西城內。而今位於鄭韓故城西城內的新鄭縣城，則是明朝宣德年間才修建的。〔註39〕

第五節　三晉都城建築的特色

一、都城的規劃

（一）都城的地理位置

古代作城築邑的目的，原始動機和主要目標應是爲了保衛聚落人民生命財產的安全，所以在選擇築城位置時，往往優先考量當地自然條件的特徵，以近水的高亢之地爲最適合的地點。《管子・乘馬篇》曰：「凡立國，非於大山之下，必於廣川之上。高毋近旱而水用足，下毋近水而溝防省。因天材，就地利，故城郭不必中規矩，道路不必中準繩。」〔註40〕近水，不僅可便於國人汲水飲用，解決民生需求，舉凡污穢的排除，甚至交通、貿易，也可仰賴河川或湖泊以通大江，還可據水爲天然屏障。高亢，一則免於洪水威脅，而且通風，減少蚊蚋侵擾，防止疾病發生；更取其居高臨下，易守難攻，可達到防護聚落安全的功用。〔註41〕

比對晉都侯馬遺址、趙都邯鄲古城、魏都安邑古城、鄭韓故城等三晉都城遺址，很清楚地看出：侯馬位於汾河、澮水交匯的三角地帶內，韓獻子明言此處：「土厚水深，居之不疾，有汾、澮以流其惡。」（《左傳・成公六年》，頁442）其優勢就是地勢高亢且有水利。同樣的，邯鄲城有沁河、渚河、滏陽河流貫，鄭韓故城有洧水（雙洎河）、黃水河流經；安邑禹王城不但有青龍、無鹽、白沙、姚暹諸水邐其南，鳴條崗枕其北，西北與涑水遙遙相望，南對中條山，西南方更臨近重要資源寶地——鹽池（圖3-12），兼具山水、資源之利；而其他各國都城如齊都臨淄有淄河、魯都曲阜有洙水、秦都雍城有雍水、燕下都有北易水和中易水，顯示先秦都城建築位置的擇選，「臨水而居」是普遍的通例。

〔註39〕《先秦都城復原研究》，頁424～425。

〔註40〕楊家駱，《管子校正》，台北：世界書局，1990年十三版，頁13。以下見引，皆據此本。

〔註41〕許倬雲：〈周秦城市的發展與特質〉，中央研究院《歷史語言研究所集刊》五十一集第四分冊。

圖 3-12：禹王城位置圖

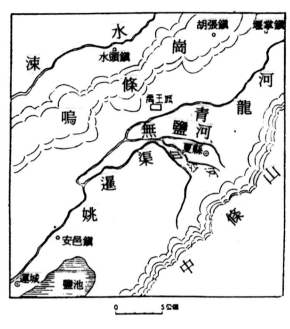

（採自〈山西縣禹王城調查〉，《考古》1963 年第九期）

（二）建築規模

西周時期，晉國都城修築的情形與規模，由於文獻不足，今已難以詳論。根據《左傳》、《周禮·考工記》的記載，理論上城邑的大小、城牆的高低，都應有一定的等級制度，原則就是和封建制度的階級性成正比。

《考工記·匠人》曰：「營國方九里。」〔註 42〕又云：「王宮門阿之制五雉，宮隅之制七雉，城隅之制九雉。……門阿之制以爲都城之制，宮隅之制以爲諸侯之城制。」（《周禮》，頁 645）大概把都城分爲天子之王城、諸侯之城和卿大夫之城三級，城牆高度比例爲 9：7：5。《逸周書·作雒篇》云：「大縣立城，方王城三之一；小縣立城，方王城九之一。」〔註 43〕這是說明周王直轄的城邑，王城和大縣、小縣的比例應爲 9：3：1；至於諸侯國的情形，據鄭國大夫祭仲說：「都城過百雉，國之害也。先王之制，大都不過參國之一；中，五之一；小，九之一。」〔註 44〕則王城與大都、中都、小都的比例約爲 9：3：

〔註 42〕《十三經注疏》第四冊《周禮》，台北：藝文印書館，1993 年初版，頁 642。
〔註 43〕袁康：《逸周書》，台北：台灣中華書局，1965 年初版，卷五，頁 8。
〔註 44〕《左傳·隱公元年》，頁 35～36。

2：1。杜預注曰：「方丈曰堵，三堵曰雉。一雉之牆，長三丈，高一丈。侯伯之城方五里，徑三百雉，故其大都不得過百雉。」（《左傳・隱公元年》，頁 35）所以諸侯最大的城邑周長不准超過三百丈，小城則只許一百丈。〔註 45〕

　　按照等級城制的規定，天子之城應最高最大，諸侯次之，一般的城邑較小。可能在周天子權威盛行時，這種原則是確實信守的。但隨封建制度崩壞，天子權勢下滑，等級城制也必動搖。尤其是東遷之後，王命不行，各國戰爭頻仍，爲了防衛與侵略的雙重目的，諸侯相繼興起一股築城浪潮，自然，新築的城邑不可能再墨守陳規、遵照禮制等級來規劃，而是唯恐不堅、唯恐不大、不美的競相擴充範圍。

　　就出土的三晉都城、戰國都城，與東周王城遺址的城圈周長或城牆長度列表比較，可得表 3-1 的結果。據杜預所注，周制規定：諸侯國家的都城是「侯伯之城方五里，徑三百雉。」三丈爲一雉，三百雉合九百丈。現在出土的戰國尺約合今尺 22.5～23.10 公分〔註 46〕，若取平均值 22.8 公分計算，九百丈等於今尺 2052 公尺（一丈＝十尺）。以此數據參照鄭韓故城，單看宮殿區所在的西城，北牆長 2400 公尺，東牆長 4300 公尺，其大小已超過規定的「徑三百雉」許多，甚至都比東周天子之都的洛陽王城大。再加上東西長 5000 公尺、南北長 4500 公尺的東城，整個鄭韓都城根本大大僭越規定的城制。而春秋戰國時期的其他列國都城，情況大致都是這樣。建築規模巨大，池深垣高，制度混亂，也成爲「禮崩樂壞」的一項標誌。

表 3-1：東周各國都城城長對照表 〔註 47〕

各　國　都　城	各　城　城　牆　長　度
晉國新田牛村古城 台神古城 平望古城	東西約 1100～1400 公尺，南北約 1340～1740 公尺 周長殘存 3910 公尺 周長殘存 4572 公尺

〔註 45〕「雉」的長度有異議。杜預以三丈長爲一雉，孔《疏》引許慎《五經異義》、戴《禮》、《韓詩》說：「八尺爲板，五板爲堵，五堵爲雉。板廣二尺，積高五板爲一丈，五堵爲雉，雉長四丈。」又《公羊傳・定公十二年》曰：「雉者何？五板而堵，五堵而雉。」何休注：「八尺曰板，堵凡四十尺。」則雉長二百尺，即二十丈。本文從杜預說。

〔註 46〕陳夢家：〈戰國度量衡略說〉，載於《考古》1964 年第六期。

〔註 47〕本表數據主要參照《晉都新田》、《中國古代都城制度史研究》二書，以及《考古與文物》1981 年第四期所載：馬世之〈關於春秋戰國城的探討〉一文。

趙國邯鄲	西城周長約 6400 公尺 東城周長約 4770 公尺 北城周長約 5766 公尺 大北郭東西長約 3000 公尺，南北長約 4800 公尺
魏國安邑	大城周長殘存 12175 公尺，小城周長約 3570 公尺
韓國鄭都	東西長約 5000 公尺，南北長約 4500 公尺
東周洛陽王城	北牆長 2890 公尺，東牆殘長約 1000 公尺
魯國曲阜	東西長約 3700 公尺，南北長約 2700 公尺
齊國臨淄	小城周長 7275 公尺，大郭周長 14158 公尺
燕國易縣下都	東城東西長 4594 公尺，南北長 3980 公尺 西城東西長 4452 公尺，南北長 3717 公尺
秦國鳳翔雍都	東西長約 3300 公尺，南北長約 3200 公尺
中山國平山靈壽城	東西長約 2000 公尺，南北長約 4000 公尺
楚國江陵郢都	東西長約 4450 公尺，南北長約 3588 公尺

（三）都城的設施

1. 郭的產生

在古代文獻中，除了把城分作天子之城、諸侯之城和一般城邑外，又依據其大小和位置的不同，將城邑本身劃分爲「城」與「郭」。《管子・度地篇》說：「內爲之城，城外爲之郭。」（頁 303）《釋名》曰：「城，盛也，盛受國都也；郭，廓也，廓落在城外也。」〔註48〕《吳越春秋》佚文（《太平御覽》卷一九三引）云：「鯀築城以衛君，造郭以守民。」〔註49〕整體而言，是說一座城邑如果有內外城之別，內城就叫「城」，外城就是「郭」。在國都所在地築城，目的是爲了保護統治階級，所以城內居住著國君、貴族和大臣，城外郭區則是平民區，建郭來守城，所以郭是城的外圍設施。

據許倬雲先生考證，「郭」字原無外城之義，而是山東半島上一個古國國名。大約在春秋之際，它才轉化有「外城」的概念〔註50〕，並且可能也在

〔註48〕 劉熙：《釋名》，台北：臺灣商務印書館，1996 年初版，頁 85。以下見引，皆據此本。

〔註49〕 李昉撰：《太平御覽》第二冊，台北：臺灣商務印書館，1967 年初版，頁1062。

〔註50〕 同註 41。

這個時期，城邑建築的規模才由原來單層城牆的「城」，發展爲「城郭」兩重城牆的格局〔註 51〕。就目前考古資料所見，東周以前的城邑，如龍山文化的城子崖，稍早於夏代的王城崗古堡，商代中期的鄭州商城、湖北盤龍城等，皆未見內外重城的佈局。但自春秋以後，不論是文獻記載或考古調查所得，都可證實多數諸侯國的都城，甚至是一般城邑，紛紛具備了兩重城牆的規模。包括新鄭鄭韓故城、夏縣魏都安邑、邯鄲趙都、齊都臨淄、易縣燕下都等等，諸城皆有小城、大城或內城、外城的佈局，可達到雙重防衛的軍事效果。

　　至於春秋晚期的侯馬晉都，單就牛村古城、台神古城與平望古城三城的範圍來看，規模似乎太小，不堪爲霸主之都。但考古學家在牛村古城南方與澮水河岸間發現眾多的手工業作坊，與戰國大城作坊分佈的情況非常相似，因此雖然目前未發現晉都新田的「郭」牆遺存，但牛村古城南至澮水河岸的範圍，無疑具備戰國都城「郭」的性質，這對於城郭的功能區分、戰國城市的興起發展研究，具有里程碑的重大意義。〔註 52〕

2. 城郭內的設施

　　古代都城建築的功能不只是圈圍城牆、滿足軍事防衛的意義而已。從城郭內部所規劃建造的設施觀來，它同時也是一個國家政治、經濟與宗教的中心。

　　據《考工記·匠人》所記之都城制度爲：「匠人營國，方九里，旁三門。國中九經九緯，經塗九軌，左祖右社，面朝後市。」（見《周禮》，頁 642～643）規定是都城要九里見方〔註 53〕，城牆每邊闢三座門，全城縱、橫各有九條道路，南北向的道路要有車軌寬的九倍。左邊（東）是祖廟，右邊（西）是社稷壇，前面是朝廷宮室，後面是市場與居民區。但截至目前爲止，出土的春秋戰國都城中，還沒有符合這種建造佈局的。反而是漢代以後的建築，有的

〔註 51〕楊寬先生在《中國古代都城制度史研究》中也提出：自東周成都的佈局開始，即是西面的小「城」和東面的大「郭」相結合的方式，這對於春秋戰國時代中原各諸侯國的都城，發生重大影響。見該書頁 52。

〔註 52〕現今發掘的東周都城中，魯都曲阜與齊都臨淄的始建年代皆早於晉都新田。但曲阜古城並未採城、郭兩重的建築佈局，臨淄故城的小城則晚至戰國時期才擴建，春秋時期也是只建一座大城的規模，因此侯馬晉都的格局是目前所見春秋都城中，保存原貌最佳的一座都城。

〔註 53〕古尺六尺爲一步，三百步爲一里，則一里合 1800 尺，九里爲 16200 尺，即 1620 丈。約合今尺 3693.6 公尺。

為了附會古制，就根據此段記載來作都城規劃，如元朝的大都就是一例。

分析趙、魏、韓都城的建築佈局，結果和多數戰國時期的中原國家一樣，基本上是推行小「城」連結大「郭」的佈局，而且「城」與「郭」內的建築設施，顯然為了不同社會階級人士的居住或使用而區隔開來。據考古資料與文獻配合繪出大概的輪廓是：小城內築有集中的宮殿建築物，這些建築物多建在夯土高台上，規模宏偉，有的已作中軸線排列。宮殿區的中心是宮庭——朝，為國君發號施令、商議朝事、接見往來使者、進行冊命典禮等儀式的處所；國君寢居的宮室、國家的宗廟、祭祀社稷的祭壇，都在宮殿建築群裏；鄭韓故城甚至建有宮牆將宮殿區圈圍起來，加強防護。宮殿區的周圍必定集中安排一些國家機構和貴族住宅居，以便於國君和輔佐大臣就近管理、居住。小城內還會有一些小型的工業作坊，可能是專為官府或貴族服務的設施。至於大郭內的建築，主要是分佈各類工業作坊，如製石、製玉、製骨、製陶、鑄銅、冶鐵等等；並設有專人管理的「市」及方便交通的大道，一般居民多居住在此。民居形式一般是掘出長方形土坑為基，坑口有台階通到地面（圖 3-13），地面上可能再加木構建築。侯馬牛村古城南還發現一種窰洞式居址（圖 3-14），是利用當地天然的地形、天候、土質等條件配合才產生的特有形式。至今山西當地，仍可見到或做儲藏、或為民居之用的窰洞風光（圖 3-15）。

二、建築技術

《左傳・昭公三十二年》（西元前 510 年）記載：晉國派士彌牟營建成周，其步驟是：「計丈數，揣高卑，度厚薄，仞溝洫，物土方，議遠邇，量事期，計徒庸，慮財用，書餱糧，以令役於諸侯，屬役賦丈。」〔註 54〕這段內容指出，士彌牟不僅計算出成周城牆的長、寬、高、溝洫等設施所須之土石數量，所需之人工、材料，連支援建設的各國勞動力往返行程、乾糧數量、花費的財用，也都事先可以統計好。這真切反映出當時晉國建築施工的周密計畫和嚴密的組織領導。從現今出土實物，不論是春秋時期的晉都新田或戰國時期的趙、魏、韓都城觀來，其建築規模之宏偉，確可想見其時都城建築花費的人力、物力、財力之龐大，同時也能據此蠡測當時晉人建築技術的成熟。

〔註 54〕《左傳》，頁 933。

圖 3-13：牛村古城發現豎穴式
　　　　　房屋平、剖面圖

圖 3-14：牛村古城發現的窯洞
　　　　　式房屋平、剖面圖

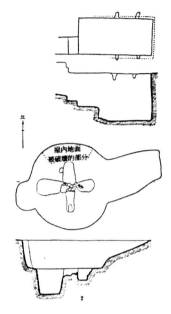

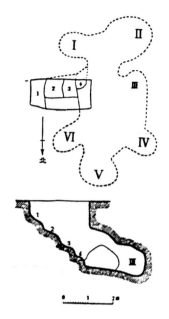

（採自〈侯馬牛村古城南東周遺址發掘
　簡報〉，《考古》1962 年第二期）

（採自〈侯馬牛村古城南東周遺址發掘
　簡報〉，《考古》1962 年第二期）

圖 3-15：襄汾一帶所見窯洞

（一）測量技術

由文獻記載來看，至遲在戰國時，中國已普遍運用許多測量工具。例如：測量垂直線用的「縣」（懸），測量水平線用的「水」，畫方形用的「矩」（曲尺），畫圓形用的「規」，彈直線用的「繩」等等（《墨子・法儀篇》〔註 55〕、《考工記・匠人》〔註 56〕）。它們的使用，也代表建築或其他製造業測量技術的成熟。

1. 定向技術

從商代宮殿建築中，發現一個値得注意的現象：盤龍城遺址的宮殿、古城和墓葬的方向一致，都是北偏東二十度，推測此時已掌握了定向的技術。到了殷商晚期，已發現的房屋都接近正南北和正東西的排列。至周代，多數的建築遺址朝向是南北向爲主，包括晉都新田、新鄭故城、趙都邯鄲、齊都臨淄……等等。當時的定向方法，可能是採用日影定向。〔註 57〕

2. 定平技術

地段的平整是建築工程的第一道程序，根據各地發掘的資料看，無論是城牆或宮殿夯土基址，在夯築前都要平整原來的地面。平整的工作須要粗略的定平技術，也許不要求完全精準；但接下來的建構屋體，則務必要進行精確的定平，以維持建築物處在同一水平面，確保結構體的強度和穩定性。由於早期建築的地面部分大多已經塌毀，無法判斷定平技術達到的水平；不過大致觀來，如二里頭、盤龍城、岐山周原等遺址，其殿堂基址的平面都能維持在同一水平，可見這時已掌握定平技術了。故晉人能在先民的基礎上，更爲精進的建造出高台上的宏偉樓閣。

〔註 55〕清・孫詒讓：《墨子閒詁》，台北：華正書局，1987 年初版，頁 18～21。以下見引，皆據此本。

〔註 56〕《考工記・匠人》：「其村有圜者中于規，有元者中于矩，有直豎者中於繩，懸之垂者衡橫也，橫者中於水無高下也。」見《周禮》，頁 605。

〔註 57〕《詩經・鄘風・定之方中》詩曰：「定之方中，作爲楚宮。揆之以日，作于楚室。」（頁 115）所謂「揆之以日」，就是藉日影來測地基。《考工記・匠人》亦云：「匠人建國，水地以縣，置槷以縣，眡以景，爲規，識日出之景與日入之景。晝參諸日中之景，夜考之極星，以正朝夕。」（頁 642）日出時，物影指西；日入時，物影向東。若以槷（木柱）爲圓心，以日入或日出之影長爲半徑畫一圓，當兩圓相交的半徑相等（影長相同），即得東西之正。白天參考「日中之景」可得南北之正，這是因爲中國在赤道北方，日影偏指北，若日中測之，影必指正北。

（二）土工工程技術

黃河流域遠古的居民，大約是採穴居或半穴居的方式生活，所以「土」就成為人們最早使用的建築材料。土分佈廣，取用方便，容易挖掘，經濟實用，堅固耐久，而且可以防寒保暖。在這樣優越的條件下，中國的土工建築技術，很早就開始發展。

1. 築城工程技術

文獻記載，中國自夏代就已開始修築城邑。實際上，河南登封縣告成鎮西約一公里出土的王城崗城堡遺址（約當夏代初期），已發掘有城牆夯土遺存，但此時的夯築技術還很粗糙。到了殷商中期，夯土開始採用木模板。模板的發明是夯土建築技術的一大進步，這為大型建築向高聳發展提供了不可或缺的技術條件。例如河南鄭州商城和湖北盤龍商城，雖已經歷幾千年的時間侵蝕破壞，仍然在某些地段保存高出現在地面達三公尺左右的夯土層，這就是因為採用版築技術建築的緣故（圖 3-16）。

圖 3-16：鄭州商城西牆夯土層和夯窩

（採自《中國古代建築技術史》，頁 48）

　　《詩經‧大雅‧綿》詩云：「乃召司空，乃召司徒，俾立室家。其繩則直，縮版以載，作廟翼翼。捄之陾陾，度之薨薨，築之登登，削屢馮馮。百堵皆興，鼛鼓弗勝。」（頁 548～549）這段文字正是描寫夯土板築時的情形。夯土版築的方法，首先，是在選擇好的城牆位置上平整地面或向下挖一定深度的基槽，基槽略呈梯形，由梯形口向底部拉兩條垂直線，垂直線內的方形體就是城牆主體，所以要以繩定直。建造時，先以兩塊木模板束放在梯形基槽兩側的垂直線處，做為壁板，這是「縮版以載」，然後將兩側壁板再和一塊橫向木板相堵，並在此段內分層填土（捄之陾陾、度之薨薨）、搗夯結實。搗夯土牆時是數人共同以「夯杵」搗土，搗土聲「登登」作響，築成後將夯土牆隆起的部分削平，發出「馮馮」聲。一段完成後再移動壁板、橫堵板，依此逐段前進，這就是分段版築法。分段版築法可以在同一時間裏，集中更多的勞力按一定的標準施工，既加快速度，又能保證品質，是建築技術的一大進步。〔註58〕

　　到了西周、春秋時期，夯土版築技術又向前發展，藉著運用立柱、插竿、橛子、草繩等工具來固定模板，並在分段夯築的基礎上採用方塊夯築的方法。至此，夯土版築技術也可謂發展成熟，後世的築城工程只是沿用相同的方法而已。以晉都新田為例，牛村古城的城牆雖只存牆基，但夯土版築的方法仍可清楚看到：首先，平整地面，粗略夯打加固；其次，開挖基礎槽，將基槽大致等分數段；最後，在基槽內逐層墊土夯打。夯土是由較純淨的紅褐花土構成，層厚 3～13 公分，一般為 6～7 公分，近底部的夯窩〔註59〕清楚可見，直徑約 2～5 公分〔註60〕。又如鄭韓故城所築城牆，全部用夯土分層築起，十分堅固，至今依舊顯得宏壯；邯鄲趙王城的城牆，各面夯層也還清晰可見（圖 3-17）。

　　由出土考古遺址發現，自商代起，不僅是築城牆、蓋宮室採用夯土版築的建築技術，連一般居住房屋的牆壁也會採用此法建造。因此可以說，夯土版築技術是先秦築城建都最重要的建築技術。

〔註58〕《中國古代建築技術史》，頁 46～48。

〔註59〕夯築時，須以夯杵搗固土層，因此會在每層夯土面上佈滿密集的夯杵窩（夯窩）。鄭州商城夯土遺存已見夯窩，可知夯杵的運用很早。但各處城址發現的夯窩形狀樣式不一，說明夯杵的形制並不統一。鄭韓故城曾出土兩只杵頭，可為春秋戰國時期的參考。

〔註60〕山西省考古研究所侯馬工作站：〈山西侯馬晉國遺址牛村古城的試掘〉，載於《考古與文物》1988 年第一期。

圖 3-17：邯鄲王城東城北牆夯土層

（採自《中國古代建築技術史》，頁 75）

2. 高台工程技術

除了築城之外，高台台基也是一種以土建造的特有工程。在樓閣建築產生以前，它是古代大型建築的重要方式。約在春秋戰國至秦漢之間，高台台基曾經大肆流行，築台工程的質量和規模，都達到空前的地步。

試以春秋晚期的侯馬晉都為例：平望古城內還留有巨大的夯土台基，是目前春秋時代最具代表性的高台。這座七十五公尺見方的三層台基，現存地上夯土高度還有七公尺多。夯土堅硬，土質很純，地勢北陡南緩。第二級邊沿上，發現有經過金屬加工痕跡的柱礎石殘塊。台頂四周有大量瓦礫，顯示當初是以土台為基，台上建有宮室房屋。另外，夯台的南面兩側，還探出一部分夯土建築遺跡，左右接近對稱，突出此城以高台為中心的建築佈局。

高台建築居高臨下，宏偉壯觀，便於瞭望，利於防守，兼具政治和軍事的功用；而且高台建築本身可接納陽光，通風防濕，居住起來舒適又健康。東周時期，各國諸侯莫不紛紛動用大量的人力、物力建造高台，如魏的文台、韓的鴻台、楚的章華台等，都是非常有名的台。而台基的大小、高低，儼然也成為當時貴族權威與侯國勢力強弱的一種體現。高大台基也是採用夯土版築技術建設，但因為它屬於大面積打夯，若夯打不實，容易裂開，台上的建築體也會相對不穩定，因此，建造困難度比城牆要高。

3.長城工程技術

中國的萬里長城是世界聞名的偉大工程之一，它的歷史可追溯到春秋戰國開始，一直到明代，還屢次建設。它的材料大部分用土，也是中國古代土工工程技術的重要成果，故此一併說明。

春秋末年至戰國時代，北方許多游牧民族經常向中原侵略，出入陰山一帶或黃河北岸。因此沿著北部、與其比鄰的各諸侯國，不得不採取一些防範措施，修築長城就是防備游牧民族向南侵擾的方法之一。不過戰國期間，中

圖 3-18：戰國時期趙、魏長城位置圖

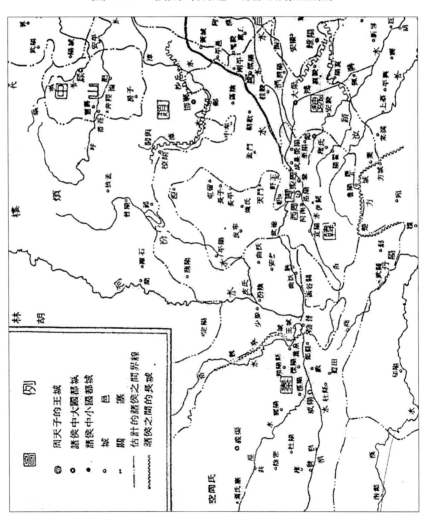

（採自《戰國史》上冊〈增訂本〉附圖，谷風出版社，1986 年出版）

原各國彼此爭戰不休，築長城的目的當然也可用來抵禦他國。當時築有長城的國家很多，如齊、燕、趙、魏、秦、楚等國皆有。趙國的長城，西起高闕（今內蒙古臨河縣），東至河北省蔚縣，是趙肅侯與趙武靈王時所築，主要用來防禦匈奴、林胡、樓煩等民族。魏國的長城有兩段：東邊長城北起黃河南岸（今河南省原武縣），南至溮水，向東作凸出的方形，顯然是爲了保衛都城大梁，防禦對象爲秦；西邊長城築於河西之地，北起黃河河套，南接華山，向西凸出（圖 3-18），防禦對象應是秦國與匈奴。

　　目前，在陝西省韓城縣馬凌莊附近遺留的魏國長城還有兩道，當地人稱爲「內長城」。兩城相距約 160 公尺，城牆已經塌落，高度不詳。南邊這道長城的牆基底部寬 7 公尺，頂部寬 4 公尺，殘存高度 4 公尺；北邊的長城城體略小，牆基底部寬 5 公尺，頂部寬 3.5 公尺，殘高 4 公尺左右。由城牆內側向南走約 270 公尺處，還有一個烽火台。烽火台平面呈方形，每邊長 7 公尺，高約 10 公尺（圖 3-19）。不論是城牆或烽火台，都是就地取材，以黃土夯築而成，夯層厚度約 7～8 公分〔註61〕，規模遠比漢、明時代要小，不過仍可以爲戰國時期魏人築長城的夯土技術水平參考。

圖 3-19：魏長城烽火台描繪圖

（採自《中國古代建築技術史》，頁 81）

〔註61〕《中國古代建築技術史》，頁 81。

（三）木構工程技術

以木結構為主、土木相結合的構造，是中國古代建築的主要特徵之一。隨著社會生產力的進步發展，這種構造由簡而繁，成為先秦時期建築技術的最高水平代表。因為木構建築保存不易，我們已看不到唐代以前的實物。但由部份建築遺址與間接資料還是可以明確判斷出：春秋戰國時代的夯土高台，台上多建有雕飾華麗的屋室或樓、榭，這些建築都是以夯土技術與木結構技術結合的土木混合結構。

現今傳世出土物中，有四件戰國銅器上面刻畫著當時宮室房屋的建築形式，可提供作木構建築技術的參考。第一件是上海博物館收藏的戰國宴射銅樯杯，杯上刻有三座建築物，都是建在台上架空的閣，兩側各有五級階梯。閣的兩邊有立柱，柱頂有斗拱承枋，閣頂有檐伸出（圖 3-20）。第二件是北平故宮博物院所藏的戰國銅鈁，上刻有築在高台上的房屋建築圖案。屋分兩間，右間立柱三根，柱頂也有斗拱承枋。房間每間各有一門，門扉雙扇（圖 3-21）。第三件是河南省輝縣出土的銅鑑（圖 3-22），第四件是山西省長治分水嶺出土的魏地鎏金殘銅匜（圖 3-23）。這兩件殘器上的建築圖案都是三層高的宮室建築，下層殘缺，屋面做法不詳；中層兩側畫出一面坡的屋面；上層似為四阿屋面（即四坡頂）。兩側屋面的檐口較低，中間的檐口較高；兩側的立柱也較矮、細，中間立柱較高、粗。柱頭都有櫨（斗）形物。中間兩柱上承縱向大樑，樑上並畫出枋子的斷面。上下層柱子不在一直線上，可能是上層較下層退後的表示。從中間柱頭上刻畫的樑枋判斷，其結構是在縱向構

圖 3-20：戰國宴射銅杯建築圖案

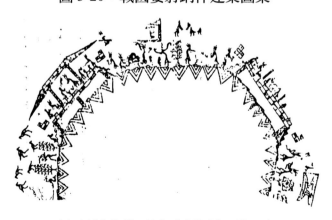

（上海博物館藏，採自《戰國史》，頁 105）

圖 3-21：戰國銅鈁建築圖案

（北平故宮博物院藏，採自《戰國史》，頁 104）

圖 3-22：河南輝縣出土銅鑑建築圖案

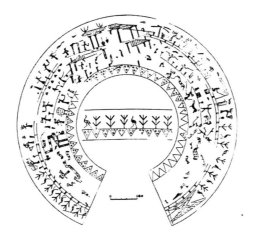

（採自《二十世紀河南考古發現與研究》，頁 469）

圖 3-23：山西長治分水嶺出土鎏金殘銅匜圖案

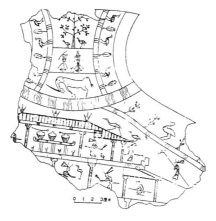

（採自〈山西長治市分水嶺古墓的清理〉，載於《考古學報》1957 年第一期）

架上再加上排列較密的橫向構架，尤以長治銅匜上刻畫圖案的表現極為明確〔註62〕。中國木構架建築技術是以榫卯為基礎，發展成內外柱不等高的樑柱結構系統，並在柱上加上斗拱，藉由擴大承托面積，以支撐枋及橫樑的重量，使抬高的屋頂得以穩固。這種抬樑式木結構建築，皆以樑柱承重，牆壁只起間隔的作用，可使建築物的面積加廣、深度加大，解決高度、跨度問題，並提高建築物的抗風、抗震功能〔註63〕，是中國木構建築工程技術的一大進步。由戰國銅器圖案證實，斗拱承枋的抬樑式結構建築，在戰國之前就已發明了。

三、建築工具與材料

新生產工具的出現，是生產力發展的重要標誌；而建築材料的進步，則反映建築技術的新水平。在三晉文化以各種面貌刻畫歷史的同時，建築工具由骨、石至銅、鐵，建築材料由天然發展為人造，這在在都標示出建築技術飛躍時代的來臨。

（一）建築工具

古代工具的用途雖因形制的不同而有差異，但並沒有絕對的界限。有些工具既是工具，也是武器；既用於砍伐，也用於挖土。因此，農業生產工具常常也可在造城築邑時使用，兼為建築工具。一般來說，春秋時代的工具材料，仍大量使用骨、石、蚌類材質製作；約至春秋晚期，銅製工具的數量可能才較普遍，這由晉都新田鑄銅遺址出土的大批工具類陶範可證；鐵製品雖在春秋時期已經出現，但它的廣泛運用可能是在戰國以後。目前據出土文物來看，春秋戰國時期，三晉與其他各國可能使用到的建築工具有下列數樣：

1. 钁、鏟、斧

這三類形制近似，出土數量最多，有單斜面或雙斜面，都是長方形銎，銎接方木，木上安柄。柄向與刃垂直成十字形，長大而厚鈍者為钁，用於挖土。由牛村古城南方鑄銅遺址發現的钁形陶範看，早期的钁呈束腰狀，刃略外凸；晚期的钁近直腰，刃部中央略內凹，形制有別〔註64〕。山西長治市分

〔註62〕同前註，頁102。
〔註63〕林秀貞、陳紹棣、雷從雲合著：《中國宮殿史》，台北：文津出版社，1995年，頁367。
〔註64〕《晉都新田》，頁68。

水嶺出土的十二號墓有各式鐵製工具，包括鑿一件、鎚一件、钁四件、斧五件。其中鐵钁爲方形直銎，深銎達全身三分之二，正面垂直，背稍弧〔註65〕。此墓爲戰國時期的魏國墓，反映出三晉地區钁器器形。

　　鋜爲單面刃，用於平木，但钁、鋜大多可以通用。山西侯馬上馬村挖掘的東周墓葬遺跡，墓壁上還留有這類挖掘工具的痕跡，其中墓 14 最爲清晰，痕跡寬 5 公分。而墓 13 內還出土三種不同形制的銅鋜：Ⅰ式銅鋜刃寬 8 公分，Ⅱ式刃寬 4.8 公分，Ⅲ式寬 3.8 公分（圖 3-24），三件銅鋜銎內都還存有殘木。〔註66〕

圖 3-24：山西侯馬上馬村東周墓出土的三式銅鋜

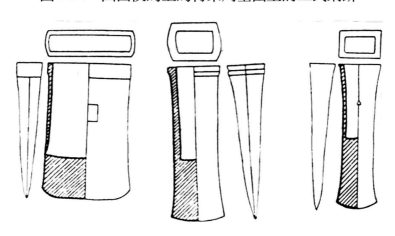

（〈山西侯馬上馬村東周墓葬〉，《考古》1963 年第五期）

　　斧的柄與刃方向一致，用於砍木，一般較小。出於長治分水嶺戰國魏墓的五件鐵斧，體小與钁相似，亦方形直銎，伸及全身一半，兩面則皆平直。

　　2.鏟

　　鏟主要是用於農業生產，屬於挖土、起土的工具，詳見於下章第一節說明。

〔註65〕山西省文物管理委員會：〈山西長治市分水嶺古墓的清理〉，《考古學報》1957
　　　　年第一期。
〔註66〕山西省文物管理委員會侯馬工作站：〈山西侯馬上馬村東周墓葬〉，《考古》
　　　　1963 年第五期。

3. 鑿

鑿是穿孔用具，有單斜刃或雙斜刃，刃寬 1.4 公分左右。上半中空成銎，以安裝木柄，基本形狀與近代的鑿相近，截面成梯形（圖 3-25）。主要用於竹木加工，由西周至戰國，各處都有發現。

4. 其他——鑽、鋸、刀、削

鑽用於穿出圓孔，發現數量不多；鋸是剖截竹、木、骨、角材料的工具，齒密而直，1988 年在山西曲沃縣發掘的鳳翔古城遺址 M11 號墓葬之中，發現一段銅鋸（圖 3-26）；刀、削用來削竹木，形制有直刃和弧刃兩種（圖 3-27）。〔註 67〕

圖 3-25：侯馬牛村古城南出土東周墓葬出土銅鑿

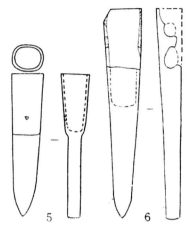

5　　　6

（採自《晉都新田》，頁 198，銅鑿（M6：12、10））

圖 3-26：鳳翔古城 M11 號墓出土戰國早期銅鋸

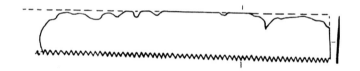

（採自《晉都新田》，頁 141）

圖 3-27：山西新絳柳泉墓地出土戰國早期弧刃銅刀（上）山西石樓縣二郎坡出土的環柄銅削（下）

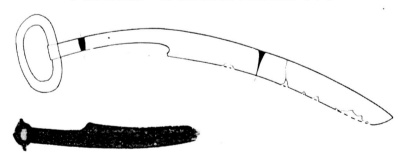

（採自《晉都新田》，頁 155；〈山西石樓縣二郎坡出土商周銅器〉，《文物》1958 年第一期）

〔註 67〕《中國古代建築技術史》，頁 62。

（二）建築材料

原始時代，建築材料主要是用土、木、砂、石等天然材料。隨著生產力的發展、營造技術的提高，君王與貴族的宮室建築工程裏，開始使用人工材料如陶質、青銅製品等。到了春秋戰國，整體生活水平再提昇，人工建材的使用甚至普及一般民居，不再昂貴獨特，限於貴族專享。

1. 陶質建材

（1）瓦、磚

瓦的發明，是製陶工業進一步的發展，更是建築材料上重大的改革。瓦的使用不只解決了屋頂防水的問題，促使中國建築脫離「茅茨土階」〔註68〕的簡略狀態，也延長了房屋的使用年限，讓人們居住起來更加舒適。

建築上用瓦的文獻記載始於夏代〔註69〕，但目前最早的實物，見於陝西省岐山縣鳳雛村的西周早期遺址〔註70〕。該遺址中瓦的數量還比較少，只用於屋脊或屋檐上，瓦型也無筒瓦、板瓦的區別。到了西周晚期，瓦的使用擴展到全屋頂，瓦的種類也漸多，其大小、形制、紋飾各不相同。不過此時的建築，用瓦大概只用於大型宮殿或貴族屋室，一般民居遺址還沒有發現瓦的遺存。

春秋以後，瓦的使用開始普及。例如，春秋後期至戰國前期的侯馬牛村古城遺址，出土的筒瓦、板瓦和瓦當數量眾多；其他像河南洛陽東周故城、陝西鳳雛秦都雍城、湖北江陵楚國郢都、山東臨淄齊國故城等遺址，也都發現大量的建築陶瓦和瓦當遺存，可見當時建築用瓦的普遍，已是各地皆然。

牛村古城出土的陶瓦，陶質均為泥質灰陶，泥條盤製，內部按捏粗糙。筒瓦是一個直徑 14～16 公分、長 32～46 公分圓筒的二分之一；板瓦是一個直徑 32～40 公分、長 30～35 公分圓筒的四分之一，兩者均由外面剖切，切痕清晰。時代較早的陶瓦，多數火候較低，質地較鬆，色呈暗灰，胎較厚，內面多凹凸不平，外面裝飾的繩紋較粗亂；時代較晚的陶瓦，顯然火候較高，質地堅硬，色呈青灰，胎較薄，內面平整，繩紋也較規則。另外還發現少數

〔註68〕《史記》卷一三〇〈太史公自序〉云：「墨者亦尚堯舜之道，言其德行曰：『堂高三尺，土階三等，茅茨不翦，采椽不刮。……』」（頁3290）
〔註69〕《史記》卷一三〇〈龜策列傳〉：「桀為瓦室。」（頁3235）
〔註70〕陝西周原考古隊：〈陝西岐山鳳雛村西周建築基址發掘簡報〉，載於《文物》1979年第十期。

的素面半瓦當（圖 3-28），背上可見穿瓦釘的圓孔。〔註71〕

　　戰國以後，筒瓦和板瓦在宮殿建築，甚至是一般民居、手工業作坊建築，都廣泛使用。而瓦當的形制，除了沿續春秋時期的素面瓦當之外，帶有圖案花紋或文字花紋的瓦當數量也增多（圖 3-29）。顯見此時除了實用價值的考量外，對於裝飾藝術的追求運用，也較春秋時代更為豐富多彩了。

圖 3-28：牛村古城南東周遺址出土陶瓦（桶形濾器、板瓦、半瓦當、筒瓦）

（〈1959 年侯馬牛村古城南東周遺址發掘簡報〉，《文物》1960 年第八～九期）

圖 3-29：戰國魏都安邑出土的各式瓦當紋飾

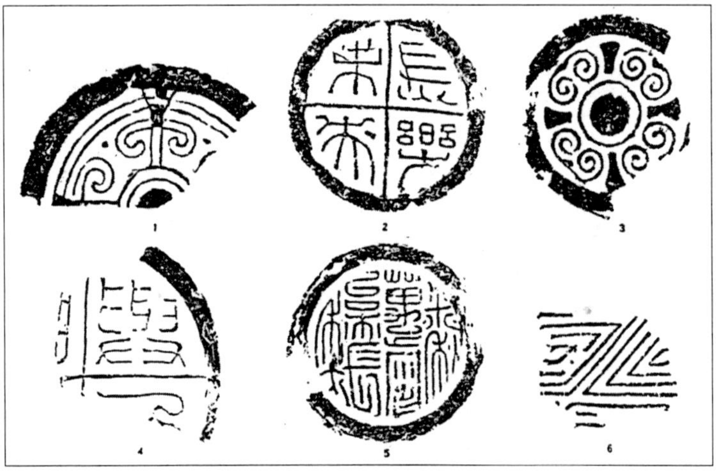

1.、3.卷雲紋瓦當　2.、4.、5.文字瓦當　6.幾何紋殘磚
（〈山西夏縣禹王城調查〉，《考古》1963 年第九期）

〔註71〕侯馬市考古發掘委員會：〈侯馬牛村古城南東周遺址發掘簡報〉，載於《考古》1962 年第二期。

同時，和製瓦一樣，也是從製陶技術發展而來更新的人工建築材料——磚的生產應用，可說是建築材料上更進一步的改善。雖然此時發現的磚數量並不多，品質也未臻良善〔註72〕，但這初步嘗試的製作，已為漢代以後的磚結構建築體系造就了基本條件。

（2）陶質排水系統

製陶工業是中華文化悠久的文明之一，早在仰韶文化時期已產生大量的彩陶器皿。據文獻所載，夏代之時陶製瓦已開始運用於建築上，而燒製陶水管，最早已發現於商代遺址中，比歐洲古羅馬文明的陶水管還要早出現一千年。

考古學家在河南安陽白家墳村的商代遺址中，挖掘出兩道排水管，管道上部及附近均有夯土遺址，水管在地下 1.7 公尺處，其中一道南北、東西呈丁字形排列。南北向一段殘長 7.9 公尺，有十七節陶水管；東西一段殘長 4.6 公尺，有十一節陶水管。兩段水管由一個三通管連接（圖3-30）。西周岐山鳳雛村的西周宮殿遺址前庭台基，也發現排水管，共六節，全長 6 公尺。水管的鋪設方式是：先在台基上挖一條寬 0.6 公尺、深 0.9 公尺的溝槽，將水管放入，一節節相連，小頭套入大頭，然後夯土填實〔註73〕。這些考古資料證明，中國都城的建築規劃上，很早就考慮到排水系統的問題；而此時排水系統的製作材料，主要使用陶質水管。

圖3-30：河南安陽出土的三通陶水管形制

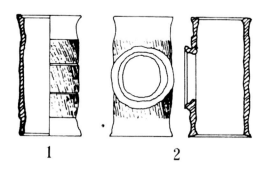

1.陶水管　2.三通陶水管（採自《中國文明史先秦時期中冊》，頁462）

〔註72〕 戰國邯鄲趙都的王城遺址中，西城發現有長方形磚、東城發現有素面空心磚的遺存。見趙樹文、燕宇編著：《趙都考古探索》，北京：當代中國出版社，1993年，頁122。

〔註73〕 《中國文明史——先秦時期》中冊，台北：地球出版社，1991年，頁462～463。

戰國時期的陶質排水系統，不僅鋪設安排上更爲細密，形制製作也講求精美。例如趙都邯鄲王城遺址的西城，在南牆中段內側牆上，發掘一個斜坡式排水槽道，槽道上鋪有陶質排水槽。陶質排水槽的橫斷面呈凹字形，長 46公分，上寬 56 公分，下寬 52 公分，邊高 15 公分，層層套合，銜接成槽道，可將牆上的雨水排洩到地面〔註 74〕，這是由平面上台基的排水設施進步爲直立城牆的排水設備了。燕國下都遺址中還出土一件陶製獸形排水口，造型渾樸，雕刻簡潔，大張的獸口下唇呈滴水狀〔註 75〕，顯示了當時工匠非凡的匠心。

2. 青銅構件

古代建造宮殿時，會廣泛使用柱礎。柱礎多採用天然的礫石塊，以穩定木柱的基底。在河南安陽殷墟宮殿遺址的一塊石礎上，發現有青銅鑄造的銅鑽。鑽徑 15 公分，寬 3 公分，上面平滑稍凸，下面中央略凹。銅鑽與石礎間有約 20 公分厚的灰土，可能是當時木質支墊留下的痕跡。由此可知，銅鑽應是露在地面上的明礎，而木柱就直接立在銅鑽上。它的作用除了上承檐柱，還兼具取平、防潮與裝飾的三重功能。〔註 76〕

陝西鳳翔縣南的古雍城，是春秋時代的秦國都城。在此處的姚家崗宮殿遺址內，曾出土六十四個春秋早期的銅質建築構件。這些內空的銅構件內還有朽木殘存，說明了它們原是和木構結合使用。由這批青銅構件的形制看來，除了部份作單純裝飾的建築飾品之外，許多是安裝在枋柱轉角或兩根木枋的連接點上。對於榫卯技術尚未健全的時代而言，銅構件的使用可以提高建築架構的剛度，幫助承載全部房屋的重量〔註 77〕，算是相當先進的建築材料。

目前出土的三晉文化遺址中，雖發現許多柱礎遺跡（如圖 3-31），卻似未見銅鑽或任何青銅構件的實物出土，因此我們還無法確切地明言：晉或趙、韓、魏已在建築材料上採用青銅材質製作。不過，青銅建材既從商代開始運

〔註 74〕《趙都考古探索》，頁 121。
〔註 75〕中國歷史博物館考古組：〈燕下都城址調查報告〉，《考古》1962 年第一期。又河北省文化局文物工作隊：〈河北易縣燕下都故城勘察和試掘〉，《考古學報》1965 年第一期。
〔註 76〕《中國宮殿史》，頁 24～25。
〔註 77〕參見《中國宮殿史》，頁 44～45；《中國文明史——先秦時期中冊》，頁 463～464。

圖3-31：侯馬北塢古城建築柱礎

（山西考古所侯馬工作站一樓大廳翻拍照片）

用，也見於春秋時期文化較落後的秦國，料想其他各國當不會全然捨棄才是，
唯有待將來更多的考古文物出現，才能進一步證明。

最後，總結目前所發掘的考古資料而言，大致可將三晉都城的建築特點
歸納為下列數條：

1. 三晉都城的位置

和多數春秋戰國的都城位置有相同特點，皆擇建於臨水、高亢之地，兼
具天然防禦、便利民生、居住健康等優點。

2. 三晉都城的建築佈局

三晉都城皆採城郭分區、城小郭大的建築格局。尤其是時代較早的晉都
新田，其手工業作坊區獨立於宮城區外的佈局，對於戰國時代都城「城」、「郭」
功能區隔和商業城市的興起，具有里程碑的意義。

3. 三晉都城的宮城佈局

有一個異於其他國家的特別現象，就是「品」字形結構的使用。除了晉
都新田的牛村、台神、平望三古城採用「品」字形宮城結構外，時代接近、
可能是卿城的北塢古城內，宮殿基址所在的二十五號基址，其主體建築也是
由三座「品」字形相連的基址組成；戰國時期的趙都邯鄲王城也效仿「品」

字形結構建設。這種「品」字形宮城結構，突破了過去方塊城市的束縛，提高了「城」的獨立性，增加個別管理與個別防守的功能。

4. 三晉都城建築體本身的結構

三晉地區的宮殿建築和當時各國流行的方式相同，都是築在高台之上，採土木混合結構，並發展出抬樑式木構架建築；有些都城的宮殿建築群，也初步具備了中軸線佈局；民居部份，除了地上建築之外，還保留窖穴式建築形式，以及適應當地天候、風土等自然條件而產生的窯洞式特殊建築。

第四章　經濟文化

第一節　農　業

一、農業生產的發展

　　中國農業發生很早，考古資料證明，在距今七、八千年前已有相當發達的原始農業。如河北武安磁山遺址發現的三百多個長方形窖穴，其中八十個有糧食堆積處〔註1〕。至夏、商二族，進一步大力推展農業，甲骨文中有關農事的文字極多，如農、疇、田、井、圃、禾、稻、黍、麥、米、桑、糠、稷等等皆是。周族更是一個以農耕著稱的民族，傳說周族的祖先后稷在唐虞時代已因善播百穀，擔任農官之長，所以周族的農耕經驗必是豐富。晉國是周族所建的國家，建國之初應當也會把周人的生產技術帶到晉地，加上河東大地本身宜於耕種的自然條件，晉國立國的經濟根基自然也以農業爲主。不過西周時期晉國史料闕如，難以詳述原貌。春秋時期，自獻公以來向四周征伐滅國，至惠公作爰田、作州兵，晉國領地大增，耕土不斷開拓，農業生產因而迅速發展起來；春秋中葉以後，國野界限打破，井田制度崩潰，荒地持續拓墾，耕地面積擴大，致使土地制度和田賦制度產生遽變，並且隨著科技的昌明帶來生產工具的改良，以及科學知識累積促成生產技術的進步，使得春秋戰國時期的三晉農業達到空前繁榮，不僅農業生產量提升，農產品種類增加，連栽種技術培育的副產品也日益多樣，才能提供戰國龐大軍事規模和眾多人口的基本糧食需求。

─────────────────

〔註1〕河北省文物管理處等：〈河北武安磁山遺址〉，載於《考古學報》1981年三期。

（一）生產工具

1.農具的發展

農業生產工具是影響農業生產力的因素之一。製造農具的原料，最早是石、骨、蚌、角等材料。到了商、周時代，出現青銅農具。西周、春秋時期的農業生產可能已經普遍使用青銅農具，但是因為青銅珍貴，用舊的農具可以改鑄再用，而且農具一般不當陪葬品，所以目前考古上比較少發現青銅農具，而多見石、骨、蚌所製的農具。《詩經・周頌・臣工》曰：「命我眾人，庤乃錢鎛，奄觀銍艾。」（頁723～724）錢、鎛、銍皆是農具，皆作金字旁，證明西周時期周人就用青銅農具耕作，而且是「眾人」一起耕作。到春秋時期，鑄鐵技術發明，鐵製工具因此產生。《左傳・昭公二十九年》記載：「晉趙鞅、荀寅帥師城汝濱，遂賦晉國一鼓鐵，以鑄刑鼎，著范宣子所為刑書焉。」（頁926）能把法律條文鑄在鐵鼎上，說明晉國當時的鑄鐵技術已較發達。

考古上曾在山西侯馬北西庄出土一件鐵製殘犁鏵〔註2〕，是春秋時代晉人使用鐵製農具的實證。戰國以後，鐵器進一步成為農業、手工業中的主要生產工具，鐵兵器也成為重要的作戰武器，此時已進入鐵器時代。隨著鑄鐵技術的進步，促使舊有農具形制的改良趨於完善，並且產生新式優良的農具，對於整體農業生產量的提升有莫大的幫助。可以說，由青銅農具發展至鐵製農具，是晉國和其他國家共有的一次重大農業生產變革的標誌。

2.農具的種類

綜合文獻和考古發掘的資料來看，春秋至戰國時期的三晉農具，可能使用的種類如下：

（1）耒、耜（枱）

這兩種工具是最古老的農具，用於挖土、鬆土。「耒」原是一種木製、曲柄的農具，下端有歧出而銳利的木叉，用以刺地，木叉上貫一小橫木，是耕田時足踏處。「耜」是曲柄、帶有長方形平板方刃（或弧刃）的農具（圖4-1），周時期可能比較流行，所以《詩經》中見「耜」不見「耒」〔註3〕；它的寬邊又宜於翻土，故也是開掘溝渠的主要工具。

〔註2〕〈侯馬北西庄東周遺址的清理〉，載於《文物》1959年第六期，頁43。

〔註3〕《詩經》中，如〈周頌・載芟〉（頁747）、〈周頌・良耜〉（頁749）、〈小雅・大田〉（頁472）都有「耜」字。

圖4-1：耒、耜

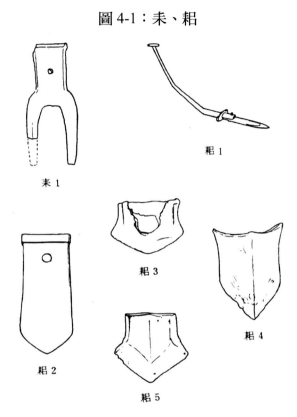

耒 1

耜 1

耜 3

耜 4

耜 2

耜 5

（採自馬承源《中國青銅器》，頁 31）

（2）犁鏵

這是耕翻平整土地的農具，爲取代耒、耜而起的農具。1959 年山西侯馬北西庄春秋晉國遺址中出土一件鐵殘犁鏵；1950 年以後河南輝縣固圍村戰國魏國墓葬發現四件鐵犁鏵，犁的斜邊長 17.9 公分，中央尖部寬 6 公分，兩側寬 4 公分，犁刃頂端上下兩面均有起脊線〔註4〕。這種犁鏵形制小，一牛即可拉動，可用於開溝下種，但不似漢犁可用於深耕。「犁」可能是春秋以後才產生的新式農具，有些晉國貴族就以「犁」來命名。如《左傳，成公十六年》載：「楚子登巢車以望晉軍，子重使大宰伯州犁侍于王後。」（頁 475）伯州犁是晉國大夫伯宗之子。宋國也有樂祁犁（《左傳·昭公二十七年》，頁 572）、莒國有犁比公（《左傳·襄公十六年、三十一年》，頁 687）。戰國以後，犁的使用已經普遍，考古所見，遍及河北、山東、陝西等地。

〔註 4〕參見楊生民：《中國春秋戰國經濟史》，北京：人民出版社，1994 年，頁 22。

（3）鏟（錢）

可作爲鏟土、耘苗、除草和鬆碎表土的農具（圖 4-2），即是《詩經‧周頌‧臣工》中所稱的「錢」。它的形制由商代到戰國大體相同。1961 年山西侯馬上馬村東周晉國墓十一號出土一件青銅大鏟，長 13.2 公分，寬 9 公分，上部有中空而延伸至鏟面的銎，銎內還存有殘木〔註5〕。1964 年山西文物工作者又收集到一件青銅鏟，刃部還有使用過的痕跡〔註6〕。1957 年山西長治分水嶺東周墓十四號則曾出土一批鐵鑄農具，其中也有三件鐵鏟〔註7〕。《國語‧周語下》說，周景王二十一年「鑄大錢」（頁 41），故最遲在春秋後期，稱爲「錢」的貨幣已經鑄造和流通。這種稱作「錢」的貨幣顯然就是從農具中的「錢」演變而來的，後來便形成周地和三晉地區流通的鏟形「布」幣。

圖 4-2：鏟

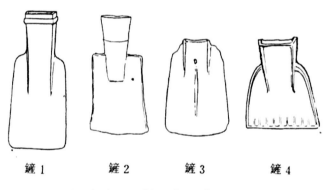

鏟 1　　　　鏟 2　　　　鏟 3　　　　鏟 4

（採自馬承源《中國青銅器》，頁 32）

（4）鋤

《詩經》提及的農具——鎛，其實和「銚」、「鎒」（耨）相同，都是「鋤」一類的工具，是比鏟類稍爲進步的耕作除草農具，至今仍被大量使用。晉國遺址中尚未發現這類農具，但文獻中已有以鋤命名之人。如《左傳‧宣公二年》載晉靈公驕奢暴虐，「宣子（趙盾）驟諫，公患之，使鉏麑賊之。」（頁364）鉏麑是晉國大力士，其姓「鉏」即「鋤」。它國如宋之西鉏吾、樂朱

〔註 5〕　〈山西侯馬上馬村東周墓葬〉，載《考古》1963 年第五期；〈山西侯馬上馬村發現東周銅器〉，載於《考古》1959 年第七期。

〔註 6〕　見〈山西省揀選到珍貴文物——西周鏟幣〉，載於《文物》1965 年第五期。

〔註 7〕　見〈山西長治市分水嶺古墓的清理〉，載於《考古學報》1957 年第一期，頁116。

鉏，齊之顯鉏，衛之雍鉏，皆以鉏為名〔註8〕。顯見春秋時期列國應已普遍使用這種農具。戰國時期的韓都新鄭故城東城冶鐵遺址，以及河南登封陽城遺址南城牆外的鑄鐵遺址，皆已發現大批鐵製農具和陶範，其中都有鋤形器〔註9〕，可證鐵鋤鑄造使用的普及。

（5）鎌

農具的作用除了上述的釐土工具耒、耜、犁鏵，以及中耕除草工具錢、鑺、鎛、鋤之類外，還有一類是用於收穫的銍、鎌之屬。新鄭和陽城鑄鐵遺址，有鐵鎌、鎌範出土〔註10〕，這種農具至今仍然習用。

大體而言，耕稼活動中的主要工具不外上述的整土、除草、收割三類，不過另外見用於三晉地區的農具還有錛、钁之類。錛是形似斧的平木工具，也可用為開墾土地的農具；钁是類似錛、斧的木工工具，也宜用於起土、鋤草，先秦時普遍使用於燕、晉、韓、魏、趙地區。

（二）生產技術

1.耕作方式的改良

耕作方式由用人力進行耦耕的方式到出現使用畜力進行犁耕，是晉國農業生產技術上重大的改良之一。《詩經・周頌・噫嘻》和〈載芟〉詩都提過成「耦」的耕作方式，二人以耒或耜協力鬆土耕作，就是「耦耕」，這是「犁耕」未出現以前的主要農耕方式。晉國最晚在春秋中後期已經實行牛耕。1923 年山西渾源縣出土一件青銅牛尊，牛穿有鼻環（圖 4-3），說明春秋後期晉國的牛已被牽引從事勞動。上文所提山西侯馬東周遺址出土的春秋鐵殘犁鏵，也是晉國已用犁耕的明證。《國語・晉語九・竇犫謂君子哀無人》載趙氏家臣對趙簡子（趙鞅）說：「夫范、中行氏不恤庶難，欲擅晉國。今其子孫將耕於齊，宗廟之犧為畎畝之勤，人之化也，何日之有！」（頁 178）牛原來是祭祀用的犧牲，由於范氏、中行氏在政治鬥爭中失敗，於是牲牛不得不成為從事耕作的役畜，可見牛耕是晉國已經出現的耕作方式。戰國時期使用犁耕更為普及，鐵犁和牛耕的配合，比起依靠人力用耒、耜墾耕，效率倍增，這是耕作技術上的重要改革，對農業生產力有極大的提升。

〔註 8〕順見《左傳》襄公九年、襄公二十六年、襄公二十五年、襄公二十六年。

〔註 9〕楊育彬、孫廣清：〈河南晉文化的發現與研究〉，載《汾河灣——丁村文化與晉文化考古學術研討會文集》，山西高校聯合出版社，1996 年，頁 121～122。

〔註10〕同前註。

圖 4-3：牛尊

（採自《戰國史》，頁 81）

2. 耕作制度的進步

　　據《詩經・周頌・臣工》和〈小雅・采芑〉二詩來看，西周治田有所謂「菑田」、「新田」、「畬田」之分。《爾雅・釋地》云：「田一歲曰菑、二歲曰新、三歲曰畬。」（《十三經注疏》本，頁 113）因此菑田、新田、畬田是指三種墾耕不同年數的田，即初開墾的荒田稱作「菑」，經過一年可以種植的田稱作「新」，經過三年治理的田叫「畬」〔註 11〕。《左傳・僖公二十八年》記載晉、楚城濮大戰以前，晉文公聽到輿人唱歌：「原田每每（草茂盛貌），舍其舊而新是謀。」（頁 272）顯示這時大約流行拋荒或休耕制度，舊田經過一段時日的耕作，肥力衰退，就要「舍其舊而新是謀」，可知春秋時期，晉人治田也要經過由「菑」而「新」，由「新」而「畬」的過程，才能提高土地肥力。不過這種定期休耕的治田方式，必須依靠自然力量恢復地力，是比較消極的方法，以人工施肥，改善灌溉條件的方式增加地力，使耕地轉變為多年耕作或年年耕作，是戰國以後治地方法上的一大進步。《漢書・食貨志》載李悝為魏文侯作「盡地力之教」的內容有：

> 地方百里，提封九萬頃，除山澤居邑參分去一，為田六百萬畝，治田勤謹則畝益三升，不勤則損亦如之。地方百里之增減，輒為粟百八十萬石矣。……今一夫挾五口，治田百畝，歲收畝一石半，為粟百五十石，除十一之稅十五石，餘百三十五石。（頁 387）

這一段記載顯示，在計算百里耕地的糧食收穫上，魏國是按年年耕作計算的，

〔註11〕 此採楊寬：《戰國史》之說，台北：臺灣商務印書館，1997 年增訂版，頁 223。

說明魏國的耕作方式已經推行大面積的年年耕作制度。但是各個地區的地理
條件不同，生產水平也會不同，故無法全然如此。《呂氏春秋‧樂成篇》說：
「魏氏之行田也以百畝，鄴獨二百畝，是田惡也。」（頁 990）意思是說，魏
國耕地一般是每戶耕田百畝，年年耕作，只有貧瘠的鄴地「惡田」，每戶給予
二百畝農田，以便實行輪作休耕。整體而論，戰國時期多年或年年耕作和休
耕制度雖然並行，但多數農田是採長期耕作制度，這也是先秦農業生產上一
項重要的轉變。

3. 農耕技術的發展

隨著農耕經驗的累積，春秋戰國時期的農耕技術有更先進的發展。首
先，是施肥技術的突飛猛進。《詩經‧周頌‧良耜》曰：「茶蓼朽止，黍稷茂
止。」（頁 749）說明西周時人已懂得利用腐草作綠肥。《孟子‧滕文公上》
載：「凶年糞其田而不足。」（《十三經注疏》本，頁 91）意思是指災荒歉收之
年，民眾施肥不足，反映當時農地一般都要施肥的情形。《荀子‧富國》說：
「多糞肥田，是農夫眾庶之事。」﹝註12﹞說明農民種田普遍要施肥。《韓非子‧
解老》曰：「上不事馬於戰科逐北，而民不以馬遠通淫物，所積力唯田疇；積
力於田疇，必且糞灌，故曰：『天下有道，卻走馬以糞也。』」（頁 359）對施
肥的重要性有所闡述。《禮記‧月令》和《周禮‧草人》都透露了戰國時期農
耕普遍運用人工施肥的技術﹝註13﹞，這是中國古代農耕技術的重大進步。

其次，春秋戰國的農耕技術趨向於重視深耕、壅土、除草等精耕細作的
方向。《左傳‧昭公元年》載晉卿趙文子曾說這一個譬喻：「譬如農夫，是穮
（耘）是蓘（壅苗），雖有飢饉，必有豐年。」（頁 698）「穮」是除草，「蓘」
是在植物根部培土，以加強稼穡耐旱澇、抗倒伏的目的。表示晉人已掌握到
耕植深度的重要。《孟子‧梁惠王上》云：「深耕而易耨」（頁 14），《呂氏春秋‧
任地篇》曰：「其深殖之度，陰土必得，大草不生，又無螟蜮。今茲美禾，來
茲美麥。」（《呂氏春秋校釋》，頁 1731）對於深耕的好處有具體說明。

（三）水利灌溉

水是農業命脈，農業生產的發展與水利有著密切的關係。三晉文化所在

﹝註12﹞ 清‧王先謙：《荀子集解》，北京：中華書局，1988 年，頁 119。
﹝註13﹞ 例如《禮記‧月令》曰：「（季夏之月）土潤溽暑，大雨時行，燒薙行水，利以
　　　　殺草，如以熱湯，可以糞田疇，可以美土疆。」（頁 320）這是以野草積肥、施
　　　　肥。《周禮‧草人》載「草人掌土化之法」（頁 246），將土壤分為九類，以八種
　　　　動物骨頭煮汁拌以穀類種子，分別置於九種不同的土壤上，稱之為「糞種」。

的黃河流域，一直流傳著大禹「疏九河」、「盡力乎溝洫」的傳說〔註14〕，可算是中國農田水利萌芽的重大事蹟。但中國眞正出現大規模農用水利工程的興修，是春秋戰國時期之事。文獻記載，專爲農業灌漑，魏國先後開鑿了兩條重要運河。早期在魏文侯時，西門豹治鄴，曾興建「引漳水灌鄴」的水利工程（《史記·河渠書》，頁 1408），開了十二條溝渠，利用灌漑沖洗，使得鄴地原來含有過多鹽鹼成分的「惡田」變成能種稻糧的良田〔註15〕。到魏惠王時，十年（西元前 360 年）曾於魏國境內天然湖泊「圃田」（在今河南省中牟縣境）與黃河之間開一條渠道，使黃河的水流入圃田，並從圃田另鑿一條運河〔註16〕；三十一年（西元前 339 年），魏國又從大梁的北郭開鑿大溝，引進圃田之水〔註17〕，這便是戰國時期中原重要水利工程「鴻溝」最早開鑿的一段。「鴻溝」是戰國時期中原諸國共同開鑿，連結溝通黃河、淮河流域的大規模水利工程。《史記·河渠書》曰：「自是之後，滎陽下引河東南爲鴻溝，以通宋、鄭、陳、蔡、曹、衛，與濟、汝、淮、泗會。于楚，西方則通渠漢水、雲夢之野，東方則通（鴻）溝江淮之間。於吳，則通渠三江、五湖。於齊，則通菑、濟之間。」（頁 1407）鴻溝的主幹從河南滎陽縣以北和濟水一起分黃河的水東流，經過魏國東部大梁折向東南，經過陳國舊都（今河南淮陽縣），在今沈岳附近潢入穎水，穎水又下流注入淮水，故能溝通黃河、淮水的交通。另有丹水爲鴻溝分支，從大梁東流到彭域（今江蘇徐州市）注入泗水。又有睢水在大梁以南從鴻溝分出向東南流去，經過宋都睢陽（今河南商丘東南），經安徽、江蘇注入泗水。又有濊水也從大梁以南自鴻溝分東南流，經過蘄而注入淮水。這些河流的設計、開鑿、疏通，充分利用平原東南比較低下的地勢，構成了濟、汝、淮、泗之間密集的水道交通網，顯示當時水利工程技術水平的進步〔註18〕。魏國大興水利，開鑿鴻溝，既便利中原地區的交通，又

〔註14〕 見《孟子·滕文公上》，頁 98、《論語·泰伯》（《十三經注疏》本），頁 74。

〔註15〕 《史記·滑稽列傳》說：「西門豹即發民鑿十二渠，引河水灌民田，田皆漑。」（頁 3213）《呂氏春秋·樂成》則載爲魏襄公時鄴令史起修建，建成後「民大其利，相與歌之曰：『鄴有聖令兮爲史公，決漳水灌鄴旁，終古斥鹵兮生之稻梁。』」，頁 991。

〔註16〕 《竹書紀年》載：「（周）顯王八年（即魏惠王十年）……入河水于圃田，又爲大溝，而引圃水。」，頁 437。

〔註17〕 《竹書紀年》載周顯王二十九年：「（魏）爲大溝于北郭，以行圃田之水。」，頁 444。

〔註18〕 本文「鴻溝」匯流路線，主要參見楊寬：《戰國史》，頁 66。

利於發展農業生產和商業交換；而鴻溝利用自然湖泊「圃田」作水庫，可以省力、省工，又能調整水量的先進方法，顯示魏國水利興修技術的發達。《竹書紀年》特別記載周顯王八年（西元前 360 年），蜀國聘請某位水利專家前往蜀地進行水利工程，這位水利專家是魏國瑕陽（今山西臨猗縣西）人，他從岷山開導青衣水和沫水（今大渡河）相會，到四川省樂山縣注入泯江，反映魏國水利技術聞名國際的實況。〔註19〕

　　除了運河開鑿對農田灌溉有直接的助益外，修築黃河堤防以防止河水的氾濫，對於農業生產也有一定的保護作用。戰國時期，齊國和趙、魏以黃河為界，趙、魏兩國地勢較高，齊國較低，為了防止河水氾濫時遭受嚴重災害，齊國先在黃河沿岸築了一條離河二十五里地的長堤防，結果導致河水沖向趙、魏兩國，於是趙、魏也築起一條離河二十五里地的長堤防。從此黃河之水便在兩岸堤防五十里地間時來時去。相傳魏惠王時大臣白圭不僅是個大商人，也是防止堤防潰決的專家。《韓非子·喻老》說：「千丈之堤以螻蟻之穴潰」（頁 396），所以白圭經常巡視堤防而「塞其穴」。他自己曾經常誇口：「丹（白圭之名）之治水也，愈於禹。」（《孟子·告子下》，頁 222）可見戰國之時對於堤防的建築保養已有重要經驗。

　　整體來看，影響三晉文化地區農業生產較大的因素就是生產工具的改良、生產技術的提升，以及水利灌溉工程的興建所帶來的各種進步，能靈活地掌握農時，利用物候知識，適時而耕，適時而種，適時而穫，對農業生產的助益也很大。這方面的知識涉及天文曆法領域，因此留待第七章中詳談。此外，戰國時人對土壤性質的分別也有一定的認識。《呂氏春秋·辨土》的內容，反映人們會根據土壤的不同性質決定耕作的早晚〔註20〕。《禹貢》將天下九州按土壤的色澤、性質、肥沃度區分成數個等級，如魏國地跨冀州、豫州，土地屬於中中、中上；趙國地處冀州，土地屬中中，農業生產不如魏、秦；韓國也跨冀、豫，但上黨和河南西部多山，農業生產力較差，只有河南中部較為發達。認識土壤的性質，掌握土壤和氣候條件對農業生產的影響，對於土地的利用會更適宜充分，自然也有利於農業生產的發展。〔註21〕

〔註19〕《竹書紀年八種·卷四·顯王》：「瑕陽人自秦導岷入山青衣水來歸。」，頁437。
〔註20〕《呂氏春秋校釋·辨土》，頁 1755～1780。
〔註21〕《尚書·禹貢》（《十三經注疏》本），頁 77～97。

（四）農產品種類

農產品種類隨著農業生產技術的發達而日益增多，除了經由選種、育種來維持農作物的優良品質外，人工培育的園圃作物也愈來愈普遍，經濟作物的種植逐漸廣泛。

1. 選種和育種

當遠古的祖先把野生植物加以馴化栽培時，需有所選擇，這就是農作物選種出現的開始，可以說，選種的歷史和農業發生的歷史同樣悠久。在周代農作物播種前，對種子也會先進行篩選。《詩經·大雅·生民》詩曰：「誕降嘉種，維秬維秠，維穈維芑。」（頁 593）選種的標準要色澤鮮亮，子粒粗大飽滿。這時已認識的黍、稷「嘉種」（優良品種）有秬、秠和穈、芑，因此特別挑選這些種類來種植。《詩經·魯頌·閟宮》詩又有：「黍稷重穋，稙稚菽麥」（頁 776）之句，「重」、「穋」、「稙」、「稚」即是晚熟、早熟和早播、晚播的不同品種，這是在考察許多黍稷品種的特徵和特性後概括出來的明顯區別，說明周代的選種育種技術已有相當水準。到了戰國時期，通過總結累積的經驗，制定出一些選種的具體標準和措施，如《呂氏春秋·審時》就分別提出禾、黍、稻、麻、菽、麥六種糧食作物的選種標準。〔註 22〕

另一方面，園圃作物和經濟作物的栽培，自然也須經過選種、育種的步驟，才能獲取更高的經濟效益。大致推測，春秋戰國時期三晉地區的農業生產技術，在選種、育種的發展上應當也有長足的進步了。

2. 糧食作物

三晉地區從西周到春秋戰國時期主要食用的糧食作物種類差別不大，包括黍、稷（粟、粱）、麥、菽、稻等等。黍就是黍子，去皮後叫黃米，有黏性，可作主食，也是古代釀酒的重要原料之一。稷是小米，耐乾寒，生長期短，高原瘠地也可種植，主要產於華北大平原和黃土高原，是北方人的主要糧食，或稱為「粟」，其中比較精良品種又稱作「粱」。黍、稷產地相當，古代文獻往往二者連稱，如《詩經·唐風·鴇羽》：「王事靡盬，不能藝稷黍。」（頁 225）麥有大麥、小麥之分，小麥又有冬小麥、春小麥之分；冬小麥在仲秋播種，到孟夏收穫，春小麥在春季播種，到秋季收穫。西周時期，周人種植的麥種一般是春小麥；春秋時期，秦、齊、魯諸國仍然種春小麥，而晉國和陳、周之溫地等，已開始種植冬小麥。《左傳·成公十年》記載：「六月丙午，晉侯

〔註 22〕《呂氏春秋校釋·審時》，頁 1780～1781。

（晉景公）欲麥，使甸人獻麥。」（頁 405）周曆六月，相當於夏曆四月，四月能收穫的小麥無疑是冬小麥。戰國以後，冬小麥在黃河流域和長江流域已經普遍種植。「菽」就是豆，有大菽、小菽之分。戰國以前，豆都稱作「菽」。豆類含大量蛋白質和脂肪，是中國人攝取營養的重要保健品。山西侯馬牛村古城南東周遺址發現的窖穴中，還保存有完好的黃豆粒〔註23〕，這就是當時的「菽」。大豆可以在春、夏兩季播種，在不同氣候和不同土壤條件下都可生長，抗旱力強；又可利用高地山溝和其他空隙地方播種，產量較多，因此在戰國時期是一般庶民的主食，以豆做飯、以葉爲羹，如《戰國策・韓策一・張儀爲秦連橫說韓王》所言：「民之所食，大抵豆飯藿（豆葉）羹。」（頁934）可證。稻的生長需要氣候溫暖、雨水多的條件，今日種植於長江流域以南，是南方人的主食，北方生產較少。但在春秋時期，晉地也可植稻。《詩經・唐風・鴇羽》明言：「王事靡盬，不能藝稻梁。」（頁 225）戰國時期，魏地大梁和韓都新鄭一帶，都是農業發達之區，可以生產稻米；魏國引漳水灌溉鄴地，《呂氏春秋・樂成篇》曰：「終古斥鹵兮生稻梁」（頁 991），連鹽鹼地也可植稻，可見當時北方產稻區域遠較現在爲廣。韓國上黨和河南西部山區之地則較貧瘠，《戰國策・韓策一・張儀爲秦連橫說韓王》曰：「韓地險惡，山居，五穀所生，非麥而豆。」（頁 934）大部份山居之地只能種植麥、豆等耐寒抗旱的種類。

3. 園圃作物與經濟作物

（1）果園

春秋之時，晉地已出現人工經營園圃、栽種木本果實的實況。《詩經・魏風・園有桃》篇說：「園有桃，其實之殽。」「園有棘（即棗），其實之食。」這是古魏國之地存在園圃栽培果樹的明證。《竹書紀年》記載，晉幽公十年（西元前 428 年）九月有「桃李實」的災異（頁 400），山西侯馬牛村古城南東周遺址窖穴中也發現棗、杏的核和甜瓜子〔註 24〕，說明晉人栽培的果實作物至少有桃、杏、棗、甜瓜等。隨著商品經濟和城鎮的拓展，農（大面積農作）、圃（園藝）大約在春秋戰國時期已然分工。故孔子自言：「吾不如老圃」、「吾不如老農」（《論語・子路》，頁 116），是當時種莊稼的「農」和種菜的「圃」

〔註23〕見〈1959 年侯馬"牛村古城"南東周遺址發掘簡報〉，載於《文物》1960 年
八～九期。
〔註24〕同前註。

分工的寫照。

（2）植桑養蠶

晉地可以栽種的經濟作物除了果樹，最重要的是桑樹。植桑養蠶的技術，在先晉文明已經出現。1926 年山西夏縣西陰村的仰韶文化遺址已發現過一個繭殼，經過專家鑑定，就是蠶繭〔註25〕。《詩經·魏風》、《唐風》諸多詩篇都反映了春秋時期山西西部大片植桑的情景〔註26〕。《孟子·梁惠王上》載孟子對梁惠王言：「五畝之宅，樹之以桑，五十者可以衣帛矣。」（頁 12）顯示戰國時期的魏國有桑蠶事業發達的條件。

（3）漆樹

漆樹的栽培也在逐漸推廣。《詩經·唐風·山有樞》曰：「山有漆」（頁218），證實春秋中期以前晉地漆樹雖宜生長，但尚未有人工種植，而是野生的山區。戰國以後，各地對漆樹的需求大增，漆器應用日廣，漆樹種植有進一步發展。《禹貢》說豫州貢品「漆枲絺紵」，以漆為第一位；《周禮·地官·載師》說一般「園廛」只徵收「二十而一」的稅。「唯有漆林之征，二十而五。」（頁 201）漆園徵收四分之一的稅，其重可知。魏國大商人白圭採用「歲熟取穀，予之絲漆」（《史記·貨殖列傳》，頁 3259）的辦法，將絲、漆和穀糧作物同樣作為囤積買賣投機的對象，可見此時漆又是重要的流通商品，經濟價值很高。

（4）麻、葛

《尚書·禹貢》說豫州貢品有「枲、絺、紵」（頁 85），「枲、紵」都是麻的一種，「絺」是細葛布。麻和葛皆是古人利用其纖維做衣服的植物種類。《詩經·魏風·葛屨》曰：「糾糾葛屨，可以履霜。摻摻女手，可以縫裳。」（頁206）「葛屨」是用葛纖維製成的鞋。葛是一種野外蔓生的植物，通常不須要人工特別栽種，取得方便，因此成為一般庶民製造衣飾良好的天然材料。麻也是具有長纖維、適宜製作服飾的植物；中國喪服都以麻布製作，麻布上衣叫「縗」，麻帶子叫「絰」，所以「縗絰」成為喪服的代稱。魏、韓所在之豫州以產枲、絺、紵之麻布、葛布聞名，可見麻、葛的種植在這一帶比較興盛。

〔註25〕陳維稷：《中國紡織科學技術史》古代部分，北京：科學出版社，1984 年。

〔註26〕如〈魏風·汾沮洳〉：「言采其桑」（頁 208），〈魏風·十畝之間〉：「桑者閑閑兮」（頁 209）、「桑者泄泄兮」（頁 210），〈唐風·鴇羽〉：「集于苞桑」（頁 225）等詩句。

二、土地制度與稅制

與農業生產關係最密切的制度是土地制度，而土地制度的變化又牽引著賦稅制度的變革。賦稅制度包含賦與稅兩個部分。「賦」指軍賦，「稅」有土地稅、關稅、市稅、山澤之稅等內容〔註27〕。軍賦的部分已見第三章說明，不再贅述。「稅」制部分，土地稅徵收和土地制度密不可分，又是周代國家經濟最重要的來源，故於本節詳細介紹；關稅、市稅是屬於商業經濟的收入，故併入下一節說明；山澤之稅除了《周禮》的間接參考資料，目前尚未出現更具體的相關資料，故於此從略。

（一）春秋中期以前的晉國土地制度和稅制

春秋中期以前，晉國實行何種土地制度和稅制，文獻記載並不明確。按照封建宗法制度的規定。配合後代典籍的陳述與研究，一般學者多以為西周春秋時期，周朝確實推行過采邑制度與公田制度。天子將國土封予諸侯，諸位國君再分賜土地給卿大夫作為采邑，采邑內居民所能提供的勞動力與經濟力（即賦與稅）就是卿大夫軍事、經濟後盾的來源。換言之，此時的卿大夫權益應是直接控制著大片土地和人民。《國語・晉語八・叔向論憂德不憂貧》記載叔向論欒氏之儉約時說：「欒武子（欒書）一卒之田。」（頁 171）同卷〈叔向論均秦楚二公子之祿〉亦曾言：「大國之卿，一旅之田；上大夫，一卒之田。」（頁 170～171）韋昭注說：「五百人為旅，為田五百頃。」「百人為卒，為田百頃。」（頁 171）則一旅之田相當於五百頃田地，一卒之田相當於一百頃田地。這裡所謂「一旅之田」、「一卒之田」，顯然是卿大夫采邑中由卿大夫直接經營的土地。不過卿大夫不可能自己親自耕作生產，而是由其采邑領地內的居民來為其耕作。農產收穫按一定比例歸卿大夫所有。這些由庶民耕作，貴族獲益的土地，大概就是所謂的「公田」。國君居國皆在國都，近郊附近應該也擁有大片「公田」。《左傳・成公十年》記載晉景公欲食麥，使「甸人獻麥」，杜預說甸人是「主為公田者」（頁 450），晉侯自然也有公田，由國人負責耕作，國君只在春耕之前舉行象徵性的「籍田禮」，以勸民力耕，故天子或國君的「公田」，又稱為「籍田」。《詩經・小雅・大田》曰：「雨我公

〔註27〕《漢書・食貨志上》曰：「有賦有稅，稅謂公田什一及工商衡虞之入也。賦共車馬甲兵士徒之役，充實府庫賜予之用；稅給郊社宗廟百神之祀、天子奉養、百官祿食、庶事之費。」（頁 387）〈刑法志〉又云：「稅以足食，賦以足兵。」故賦、稅有別（頁 384）。

田，遂及我私。」（頁 473）《夏小正》曰：「初服於公田。古者有公田焉，古者先服公田而後服其田也。」〔註28〕這種由天子、諸侯、卿大夫等貴族直接經營佔有的「公田」，以國人或野人負責從事農業生產活動的模式，可能是晉國在春秋中葉以前，土地制度規劃存在的第一種方式。

公田之外，晉國可能存在的第二種土地形式是「私田」。《左傳・僖公二十三年》載重耳過五鹿，「乞食于野人」（頁 251）；《國語・晉語五・臼季舉冀缺》載，文公時臼季（胥臣）使秦歸，「舍於冀野。冀缺（郤成子）薅，其妻饁之。」（頁 141）冀缺是居於野的野人，大約能擁有一定的田產和財富，故而可以供食、娶妻。相傳周朝曾經推行過「井田制度」，「井田制度」其實是一種土地制度和賦稅制度的結合體。由戰國時人李悝、孟子、荀子諸人言論或戰國文獻《國語》、《呂氏春秋》、《周禮》……諸書來看，「井田制度」是一種整齊劃分田地，按家定期平均分配農田百畝的制度。「井田制度」規劃的土地有公田、私田之分，公田由各家集體耕作，私田為各家自行耕作；各家助耕「公田」的規定，文獻稱之為「助」、「藉」或「徹」，公田的收穫歸國家與貴族所有，等於繳納地稅，故私田不必另外繳稅。周初可能普遍採行公田、私田為 1：9 的比例，所以孟子說：「周人百畝而徹，其實皆什一也。」（《孟子・滕文公上》，頁 91）各家平均分配所得的百畝私田，不論國人或野人，並不能長期佔有，還必須依照土壤條件的差別每三年輪流交換一次，如何休所云：「三年一換土易居，財均力平。」（《公羊傳・宣公十五年》注引，頁 208）所以基本上國野居民並不擁有土地所有權，而只有使用權，土地是屬於國有的，由國家定期分配授田〔註29〕。晉國的土地制度在春秋中葉以前，雖大致可知有公田、私田的存在，但實際分配的土地稅賦制度如何，今已無從考證。

（二）春秋中期晉「作爰田」

晉國在西元前 645 年，即晉惠公六年、秦晉韓原之戰後，實行「作爰田」、「作州兵」的新政策（《左傳・僖公十五年》，頁 232）。「作州兵」是打破國、野義務的限制，開始讓野人承擔軍賦、兵役義務以擴大兵源的創舉，結果才能「甲兵益多」。「作爰田」，《左傳》言「作」，則有創制之意，杜預注曰：「分公

〔註28〕戴德：《大戴禮記》，台北：臺灣商務印書館，1965 年初版，頁 90。以下見引，皆據此本。

〔註29〕參見楊寬《西周史》，台北：臺灣商務印書館，1999 年，頁 177～187；及白壽彝主編：《中國通史（三）》，上海：人民出版社，1996 年，頁 805～814 之「井田制度」說明。

田之稅應入公者，爰之於所賞之眾。」（頁 232）；《國語・晉語三・呂甥逆惠
公於秦》書「作轅田」，韋昭注引賈逵說：「轅，易也，為易田之法，賞眾以
田。易者，易疆界也。」（頁 118）杜預之說，以為「作爰田」是廢除國君公田
之制，並將國君公田上的收穫分配給受賞的眾人，這裡受賞的眾人是指「國
人」，《左傳・僖公十五年》所謂「朝國人而以君命」（頁 232），《國語・晉語》
說「欲賞以悅眾」（頁 118，韋昭注語）即是。按井田之制，國人須負公田上
的生產活動，如果「作爰田」取消公田的獲益，國君豈不是沒有稅收？其實不
是，廢除公田後，晉國必定相應產生新的稅法。原來耕作公田等於國人繳納
的土地稅，現在不必耕作公田，只須耕作「私田」，故而每份「私田」可能須繳
納收穫量十分之一為稅。五十一年後魯國實行「初稅畝」制時（《左傳》宣公
十五年，頁 406），《穀梁傳・宣公十五年》曰：「古者什一，籍而不稅。」（頁
122）說的就是「初稅畝」破壞原來「公田」，採行「籍田」而非徵稅的制度。
晉國「作爰田」之制，很可能是最早廢除公田、取消籍田制的新土地政策。

　　至於賈逵解釋「轅田」制為：「易田之法，賞眾以田。易者，易疆界也。」
是什麼意思呢？《漢書・食貨志》曰：「民受田，上田夫百畝，中田夫二百畝，
下田夫三百畝。歲耕種者為不易上田，休一歲者為一易中田，休二歲者為再
易下田，三歲而耕之，自爰其處。」（頁 387）這是在自己使用的土地上輪換
耕種、「自爰其處」的田制，和原來「三年一換土易居」的定期換耕制度不同，
此即「轅田」。由於每家「自爰其處」，耕地可以長期使用，不必三年一易，
所以說「賞眾以田」；實行「爰田」後每家因土壤優劣不同，分配的耕地面積
就有一百、二百、三百畝之分，原來每家百畝的田界必須更動，所以要「易
其疆界」。

　　杜預和賈逵對「作爰田」的注解雖有不同，但並不矛盾，反而可以互相
補充。所謂「作爰田」最大的變革意義在於廢除公田制度，重新規劃田界，
確認耕作者擁有固定耕地的使用權。這是土地走向私有制的開端。由於耕地
固定，地稅徵收有一定的比例，耕地收穫愈多，耕者和國家都可獲得更豐厚
的收益，所以晉國在「作爰田」和「作州兵」不久，很快就富國強兵，稱霸
中原。「作爰田」可說是晉國土地制度和賦稅制度上第一次影響深遠的重大變
革。〔註30〕

〔註30〕對於「爰田」的解釋，楊寬先生在《戰國史》（1997 年增訂版）中還有一說：
　　　　「爰田就是肯定耕者原有耕地和新開墾田地的私有權，包括輪流休種的萊田

（三）春秋晚期六卿擴大畝制

　　春秋末年，晉國六卿專權，互相傾軋。為了爭取民眾支持，招攬民心，紛紛實行田制改革，推行擴大畝制。1972 年山東臨沂銀雀山漢墓出土《孫子兵法·吳問》殘簡中，有一段吳王闔廬和將軍孫武的對話，為春秋末年晉國六卿可能施行的田制改革提供了寶貴資料：

> 吳王問孫子曰：「六將軍分守晉國之地，孰先亡，孰固成？」孫子曰：
> 「范、中行是（氏）先亡。」「孰為之次？」「智是（氏）為次。」
> 「孰為之次？」「韓、魏為次。趙毋失其故法，晉國歸焉。」吳王曰：
> 「其說可得聞乎？」孫子曰：「可。范、中行是（氏）制田，以八十
> 步為莞（畹），以百六十步為昀（畝），而伍稅之。其□田陜（狹），
> 置士多，伍稅之，公家富。公家富，置士多，主喬（驕）臣奢，冀
> 功數戰，故曰先（亡）。……公家富，置士多，主喬臣奢，冀功數戰，
> 故為范、中行是次。韓、巍（魏）制田，以百步為莞，以二百步為
> 昀，而伍稅（之），其□田陜，其置士多，伍稅之，公家富。公家富，
> 置士多，主喬臣奢，冀功數戰，是故，故為智是次。趙是制田，以
> 百二十步為莞，以二百三十（四十）步為昀，公無稅焉。公家貧，
> 其置士少，主僉（斂）臣收，以御富民，故曰固國，晉國歸焉。」
> 吳王曰：「善。王者之道，□□厚受其民者也。」〔註31〕

由這段對話看出，春秋中晚期晉國六卿在其領地上都廢除步百為畝的舊田制，范氏、中行氏、智氏、韓氏、魏氏、趙氏，分別以一百六十步、一百六十步、一百八十步、二百步、二百步、二百四十步為「畝」的大畝制取代周代一夫百畝的小畝制。改小畝為大畝，必然要改變原來的「阡陌」，劃定新的「阡陌」。如此一來，舊時井田制度所劃定的「阡陌」勢必遭到破壞。並且，對應於擴大的田畝制，賦稅制度須按新畝制徵收實物稅，除趙氏不收稅外，其餘五家皆「伍稅之」，就是徵收五分之一、十分之二的稅。《論語·顏淵》篇記載魯哀公問有若曰：「年飢，用不足，如之何？」有若對曰：「盍徹乎？」魯公又說：「二，吾猶不足，如之何其徹乎？」（頁 107）「徹」為十分之一的稅制。哀公的話顯示春秋中晚期魯國取消公田，行「稅畝」（《左傳·宣公十五年》）後，也曾採取十分之二的稅率制度。其他如楚國「量入修賦」（《左傳·

　　　在內。」，頁 161。此即以「作爰田」為土地私有的開始。
〔註31〕參見〈臨沂銀雀山漢墓出土《孫子兵法》殘簡釋文〉，載於《文物》1974 年十二期。

襄公二十五年》，頁624），鄭國「作丘賦」（《左傳・昭公四年》，頁732），都是在春秋後期推行的新土地制度和賦稅制度。自晉國「作爰田」起，推行土地稅制改革成爲新的政策潮流，晉卿在各自領地上實施擴大畝制，中原各國也陸續推行土地賦稅制的變革，到了戰國，這股新一波的土地稅制改革，最終遍行諸國，成爲戰國以後各國推行的田稅制主流。

（四）戰國時期授田制和土地私有並行

戰國時期，魏國實施按戶籍身份授田的制度。1975年湖北雲夢睡虎地秦墓出土的《魏戶律》竹簡內，載魏安釐王二十五年魏王給相邦的命令有：「叚門、逆旅、贅婿、後父，勿令爲戶，勿鼠（予）田宇。」〔註32〕的規定，證明戰國末年魏國按戶授田制度仍然存在。在授田制下，土地所有權應屬於國家，戶民對土地則有使用權。國家按戶籍登記來徵收田稅、力役、軍賦等賦稅。《漢書・食貨志》引李悝講述戰國初年魏國農夫的生活狀況說：

> 今一夫挾五口，治田百畝，歲收畝一石半，爲粟百五十石，除什一之稅十五石，餘百三十五石。食，人日一石半，五人終歲爲粟九十石，餘有四十五石。石三十，爲錢千三百五十，除社閭嘗新、春秋之祠用錢三百，餘千五十。衣，人率用錢三百，五人終歲用千五百，不足四百五十。不幸疾病死喪之費及上賦斂，又未與此。此農夫以常困，有不勤耕之心。（頁387）

當時魏國一個五口之家的農夫種田百畝，每年收粟一百五十石，十分之一的十五石繳納田稅，其他的賦斂還不算在內，這應該是按戶授田、按畝徵稅的制度反映，十分之一的田稅是此時施行的稅制。魏惠王的相國白圭曾經想要推行「二十而取一」的稅率，孟子不贊同，以爲是「貉道」（《孟子・告子下》，頁221）。大約十分之一是當時最理想的田租稅率，故《公羊傳・宣公十五年》曰：「什一者，天下之中正也。多乎什一，大桀小桀；寡乎什一，大貉小貉。什一者，天下之中正也。什一行而頌聲作矣。」（頁208）

韓、趙兩國可能也施行按戶籍授田的制度。如《商君書・徠民》說三晉地區地少人多，有「寡萌賈息民，上無通名（在官府無戶籍），下無田宅，而恃奸務末作以處。」〔註33〕顯然正常情況之下，三晉地區凡有戶籍者，皆有

〔註32〕見《睡虎地秦墓竹簡》釋文第七冊，北京：文物出版社，1997年第一版，頁176。
〔註33〕姜濤：《中國經典欣賞全集》，台北：莊嚴出版社，1984年初版，頁171。

田宅、耕地。

　　一般編籍在冊的農民由國家授田，則土地所有權本屬國家擁有，但文獻資料又顯示，此時確實存在土地自由買賣的事實。《韓非子，外儲說左上》記載，趙襄子因中牟令王登的推薦，「一日而見二中大夫，予以田宅，中牟之人棄其田耘，賣宅圃而隨文學者邑之半。」（頁 652）中牟原是趙國首都，所謂「中牟之人」，就是那裡的「國人」，中牟國人「棄田耘」、「賣宅圃」，耕地和住屋應是連帶買賣的，這是春秋末年、戰國初年的事，「國人」可買賣田宅，則土地私有制已經存在。《史記·廉頗藺相如列傳》記秦、趙長平之戰前，「（趙）括將行，其母上書言於王曰：『……王所賜錦，歸藏於家，而日視便利田宅可買者買之。』」（頁 2447）則戰國後期田宅可以自由買賣已成習慣，授田制和土地私有並存，應是戰國時期三晉土地制度的實況。授田制和土地私有的情況並行，兩者其實沒有衝突，因為此時的授田制度是固定的，凡經國家授田，被授田者即可一直在這塊土地耕作，實質意義上等於是土地的所有權人。在戰國時期，一般農民賦稅負擔相當沈重，許多原來接受授田的農夫為了逃避賦稅，不得不出賣土地成為「無立錐之地」（《呂氏春秋·為欲》，頁 1293～1295）的貧民。因此富者、貴者經過土地買賣，擁有的土地愈來愈多，造成富者愈富，貧者愈貧，貧富差距加大的社會現象。

　　再者，因軍功、事功賞田的制度盛行，以及封君食封制度的存在，也影響戰國時期土地制度和賦稅制度的發展。因軍功賞田在春秋末年的晉國已經出現，趙簡子討伐范氏、中行氏時誓師說：「克敵者上大夫受縣，下大夫受郡，士田十萬。」（《左傳·哀公二年》，頁 994～995）這就帶有軍功賞田的性質。《戰國策·魏策一·魏公孫痤為魏將》記載西元前 362 年，魏將公孫痤戰勝趙、韓，魏惠王欲賞以田百萬，公孫痤辭謝，認為這是由於「吳起餘教」，於是魏王賞吳起的後代田二十萬（巴寧、爨襄各田十萬），賞給公孫痤田一百四十萬，共賞田一百六十萬（頁 784～785）。《韓非子·內儲說上》載吳起為西河郡守時，為攻克秦的小亭，曾懸賞「有能先登者，仕之國大夫，賜之上田上宅。」（頁 551）此亦因軍功賜爵位、田宅之例。《史記·扁鵲倉公列傳》還有扁鵲因視趙簡子之病而「賜扁鵲田四萬畝」（頁 2787）的記錄。這些賞田，就是劃定某些範圍的土地為受賜者個人名義所有，因此賞田範圍內原來由國家分配耕地，向政府繳納田稅的農夫，必須轉而向受賞的地主繳納田地租稅，地主則按照佔有田畝的數量向政府繳納法定的田稅。封君的情況也一樣，享

有封邑內衣食、租稅收入的權益，同時應繳納田稅給國家。《史記・廉頗藺相如列傳》附趙奢傳曰：「趙奢者，趙之田部吏也。收租稅而平原君家不肯出租，奢以法治之，殺平原君用事者九人。」（頁 2444）平原君的家臣憑藉權勢不肯繳納田稅，趙奢擔任徵收田稅的「田部吏」，因而依法查辦了平原君家的用事者。賞田與食封制度的盛行，形成戰國時期大戶地主的存在，依附這些大地主的小耕農，一方面要負擔繳納於地主的地租，另一方面要應付來自於政府其他各項賦稅，往往因家貧而鬻妻賣子，或淪爲逃民、庸工，耕地自然棄耕或變賣，這也是戰國社會貧富差距日益懸殊、土地兼併相形激烈的因素之一。同時，土地私有制度的出現，逐漸形成賦稅和地租分離的事實，從而改變了原來賦稅、地稅合一的經濟形式。〔註34〕

第二節　商　業

　　商業活動是社會經濟活動的範疇。它處於社會再生產的中介地位，是工業與農業、城市與鄉村、地區與地區、生產與消費之間的橋梁和紐帶。一個國家或地區的商業發展變化，受到當地社會經濟發展變化的制約，同時，商業經濟活動也必然會對地區社會生活、國家政策產生強烈的作用。本節將從三晉地區商品經濟活動的發展歷史切入，逐一考察城市、交通、商業稅、貨幣制度等各項攸關商業經濟發展的因素，經由綜合研究、微觀分析，重塑西周至春秋戰國這段時間內，三晉文化區域商業經濟歷史發展的軌跡，並由此串連三晉文化之社會變革、社會進步、社會生活異動的部分成因。

一、商品經濟的發展

（一）西周時期的商業活動

　　商業是在生產力發展到一定水平，有了社會分工和生產物的剩餘之後才逐漸產生的，其初始的萌芽狀態是生產者之間直接的物物交換。相傳神農氏時，「日中爲市，致天下之民，聚天下之貨，交易而退，各得其所。」（《十三經注疏》本，《易經・繫辭下》，頁 167）表示這時交換活動比較平常，並且有固定的時間和場所。但嚴格地說，生產者之間直接的物物交換還不能算是

〔註34〕以上資料，主要參見楊寬：《戰國史》（1997 年增訂版），頁 160～167；白壽彝主編：《中國通史》，上海：人民出版社，1996 年，頁 827～830；楊生民：《中國春秋戰國經濟史》，北京：人民出版社，1994 年，頁 84～99 等內容。

商業。當交換日益頻繁，交換地區不斷擴大，生產者和需要者無法直接見面交換時，有一部分人從社會上游離出來，專門買進、賣出，充作產需雙方的中間人，專門從事交換成了他們的職業，這種社會分工的確立，才是商人和商業正式的誕生。殷商族人就是以善於交換出名，所以後來就把以買賣為業的人叫「商人」，出售的生產物叫「商品」，專門以從事交換的行業叫「商業」。最遲在夏、商之時，中國境內商品買賣交換活動就已經相當發達。周人代商而治天下之後，科技文明、農業生產、各種手工業技藝都有更突出的發展，和其他地區的商品流通、貿易往來也較以前頻繁。故整體而言，西周時期的商業活動會比商朝時期更加活躍。

這個時期的晉國還是個百里小國，國內能夠外銷的產品有限，對國外產品的需求量也不多。所以商業活動的範圍狹窄，交換額低，貨幣流通量不大，物物交流仍佔較大的比重。官、私商賈同時存在，大約是這個階段的商業活動概況。

（二）春秋時期的商業和商品流通

1.商業發展

晉國的商業發展，在春秋時期約可分成三個階段來看：第一個階段是春秋初期至春秋中期，晉文公即位以前，晉國的商業政策和商業活動大抵和西周時期相同，仍在萌芽時期。第二個階段是晉文公即位到晉悼公即位六十餘年間，晉國商業開始擴展。晉文公於西元前 636 年即位後，為了加強公室權力，首先頒佈國家壟斷性的「工商食官」政策（《國語・晉語四・文王修內政納襄王》，頁133），此後官商發展起來。為了吸引列國商人入晉貨殖，鼓勵本國商人把國內剩餘產品拋向「國際市場」，又實行「輕關易道」（《國語・晉語四・文王修內政納襄王》，頁133）的惠商政策，晉國的商品流通量自然加大。第三個階段是晉悼公即位後，由於私家勢力壯大，公室衰微，官商獨享商業利潤的局面無法維持，於是實行改革，宣布「公無禁利」（《左傳・襄公九年》，頁530），於是私商和私營手工業主，或一身兼二職的私營工商業者迅速增加，眾民趨利若鶩，私商很快取代了官商地位，晉國商業遂在春秋晚期出現空前的繁榮。如《國語・晉語八・叔向均秦楚二公子之祿》文中提及晉國都城絳邑出現「金玉其車，文錯其服」、「能行諸臣之賄」（頁171）那樣的富商巨賈，他們遠涉江河，攜帶各地特有物產、寶貨珍奇，往來於大都小邑之間，使得原來作為政治、軍事中心的城邑，逐漸轉變成商品集散的商業都會，商品經

濟呈現空前驚人的發展。

2. 商品流通

商業活動的頻繁促使商品流通激增。由於這時的水陸交通已經發達，各地許多土特產品和商業產品通過直接和轉手交易，往往轉輸產地數千里之外。據文獻資料顯示，此時晉國流通的重要商品至少有下列數種：

（1）糧食

《左傳・僖公十三年》（西元前 647 年）記載晉國因為饑荒，嚴重缺糧，請求秦國輸粟，秦人以船乘載粟穀順滑水東下，溯河北上汾河，史稱「泛舟之役」（頁 223～224）。秦國的輸粟之舉自然不會是毫無代價的救賑饑乏，而是典型的糧食貿易。晉國與鄰邦進行糧食貿易當時應該是很普遍的，如《左傳・昭公二十二年》（西元前 520 年）記載，晉卿荀吳偷襲白狄鼓國時，「使師偽糴者負甲以息於昔陽之門外，遂襲鼓滅之。」（頁 873）要讓戰士偽裝成賣糧的商人偷襲鼓人，可見晉商糴糧於鼓是經常性行為，鼓人不以為怪，才能出奇制勝。此外，晉國國內也有糧食買賣的情形。如西元前 564 年，晉悼公採納魏絳的建議：「輸積聚以貸，自公以下苟有積者盡出之。國無滯之，亦無困人。」（《左傳・襄公九年》，頁 530）這些「積聚」之貨，主要就是指糧食。

（2）土地

《左傳・襄公四年》載，魏絳說晉悼公和戎政策之五利，第一利為「戎狄荐（聚也）居，貴貨易土，土可賈焉。」（頁 508）換言之，晉人可和戎狄經由「貴貨易土」的辦法收購土地，即可用以物易物的方式獲得土地。當時的貿易形式，以物易物顯然仍是重要手段，所以《國語・齊語》說商人「服牛輅馬，以周四方。以其所有，易其所無。」（頁 79）正反映這種貿易形式的存在非常長久。

（3）羽毛、齒革、木材

《左傳・僖公二十三年》記載，重耳流亡至楚國時曾對楚成王說：「子女玉帛，則君有之；羽毛齒革，則君地生焉。其波及晉國者，君之餘也。……」（頁 252）所謂「子女玉帛」、「羽毛齒革」，包括男女奴隸、玉、帛、羽毛、旄牛角、象齒、犀皮革等物〔註 35〕。重耳之言，意謂楚地珍貴商品也會流入

〔註35〕見楊伯峻：《春秋左傳注》，頁 409。

晉國，尤其後四樣物產，是楚地特產，顯然晉、楚之間的貿易活動相當頻繁。《左傳·襄公二十六年》也記錄楚國令尹子木和大夫聲子之間的對談，聲子使晉後的觀察結果是：「杞梓皮革，自楚往也，雖楚有材，晉實用之。」（頁635）進一步說明，除了用於軍事和宮廷儀仗器械材料的羽毛齒革外，南方木材北運，「楚材晉用」的情形，在春秋時期已然普遍。

（4）貴重金屬

主要是指鉛、錫和金。鉛、錫是青銅合金必不可缺的材料，晉國在春秋時期曾鑄造大量的青銅器具，光是侯馬鑄銅遺址和晉地已出土墓葬的青銅器數量就很可觀，而鑄造這些器具必須使用的鉛、錫數量自然也不少。據古代文獻記載，鉛與錫只產於荊、揚地區，那麼晉國所用鉛、錫來源並非自產，除了部分經由戰爭掠奪，部分經由四方貢納，必然也有作為商品購買而來的。此外，晉國也不產黃金，黃金是江南特產（《史記·貨殖列傳》，頁3253）。不過已見的春秋晉器如欒書缶、長治分水嶺十二號墓出土的流金銅匜、上馬村墓地發現的包金銅貝等，皆使用黃金嵌鑲。既然以儉約著稱的欒氏尚且珍藏錯金銅器，可見整個晉國上流社會的用金需求量不低。戰國以後，三晉國家出土器物中的黃金飾品更為精巧細緻，用量更多，而黃金的來源，恐怕大部分需仰賴商旅轉輸了。

（5）珠玉珍玩

《左傳·昭公十六年》內文提及，當時天下有一雙名環，其一為韓宣子（韓起）所得，另一只收藏於鄭商之手。韓宣子利用出使鄭國的機會，企圖透過鄭國執政大臣子產購買鄭商之環，子產以鄭國先君與商人世有盟誓：「爾無我叛，我無強賈。毋或丐奪；爾有利市寶賄，我勿與知。」（頁828）為由，婉拒韓宣子的要求。韓宣子之舉，可以說明晉國公室和貴族追求珠玉珍玩、奇寶異物之商品，是必然的時尚。

春秋時期的商業活動已經和農、工並重，其興盛與否還是評斷一國國力強弱的標準之一。晉景公在西元前597年欲攻楚國，隨武子以楚國之「商農工賈不敗其業」為由勸阻（《左傳·宣公十二年》，頁389～390）；西元前564年，秦國子囊進諫秦景公不要聯楚伐晉，其理由之一也是晉國「其士競於教，其庶人力於農穡，商工皁隸不知遷業。」（《左傳·襄公九年》，頁527）。士、農、工、商並舉，四民分業不遷，此時商業不僅作為一個重要的經濟部門，其盛衰和國家的強弱也息息相關。

（三）戰國時期的商業發展與巨商富賈

　　商業活動自春秋晚期在晉國社會生活中的地位即日益重要，並且引起晉
國執政者的高度重視。隨著社會經濟條件建立，如農業、手工業大幅發展，
人口增加，城市擴大，交通運輸便利，私人工商業者廣泛出現等原因，戰國
的商業出現急速發展的景象。各國和各經濟區間的經濟聯繫日漸加強，地區
之間的物資交流空前活躍。荀子曾說，由於四海之內「通流財物粟無有滯留，
使相歸移」，無不豐足，所以「四海之內若一家」（《荀子・王制》，頁 102）。
司馬遷也說：

> 夫山西饒材，竹、穀、纑（紵屬）、旄、玉石；山東多魚、鹽、漆、
> 絲、聲色；江南出枏、梓、薑、桂、金、錫、連（鉛）、丹沙、犀、
> 瑇瑁、珠璣、齒革；龍行、碣石北多馬、牛、羊、旃裘、筋角；銅、
> 鐵則千里往往山出刀置，此其大較也。皆中國人民所喜好，謀俗被
> 服飲食養生送死之具也。故待農而食之，虞而出之，工而成之，商
> 而通之。……此四者，民所衣食之原也。（《史記・貨殖列傳》，頁
> 3253）

中國四境所出產的這些物產，「皆中國人民所喜好」，是不可缺少的「被服飲
食養生送死之具」，它們都是通過商品交換而來，生動說明當時中國境內各地
經濟聯繫的頻繁和物資交流的擴展。

　　戰國時期商業發展躍進的另一項標誌，是當時竄起一批經營商品生產的
巨商富賈。據《史記・貨殖列傳》所記，魏惠王之相國白圭就是天下號稱
「治生祖」的大商人；魯人猗頓則因至西河（魏地）經營河東鹽業而成巨
富；趙國邯鄲郭縱，「以鐵冶成業，與王者埒富。」（頁 3259）；趙人常氏之
先，梁（魏）人宛孔氏之先，都是用鐵致富，冶鐵為業，後代遂成巨富者。
其他如秦國烏氏倮以畜牧致富封君，巴寡婦清採丹砂利數世；商人呂不韋以
「陽翟（韓地）大賈」身份將商業上的投機方法用到政治上，最後出任秦國
宰相，封文信侯，一度掌握秦國大權。這些富商「大者傾郡，中者傾縣，下
者傾鄉里」（《史記・貨殖列傳》，頁 3282），他們多數經營大規模的工礦業生
產，壟斷貨源，操縱市場，生產利潤和商業利潤驚人，擁有的雄厚資本，對
於整個經濟體系的影響極為深遠。連當時的諺語都有「用貧求富，農不如
工，工不如商。」（《史記・貨殖列傳》，頁 3274）的流傳，放棄傳統的農業生
產，從事手工商業小本經營的「販夫販婦」，雖然經營不見得穩定，但經商確

實比耕戰容易獲利，因此戰國時期出現大批小本經營的自由商人，戰國社會結構的比例也因而改變。一方面富商巨賈大肆購買家奴田宅，加速土地兼併；另一方面，小本經營的自由商人迅速擴增成一個新興階級，促成戰國社會經濟變動。可以說，戰國時期三晉或各國的經濟發展，都邁入中國商業發展的另一個新階段；同時，這個階段的經濟活動，還下開秦漢商業和商品經濟發展的基礎。

二、城市興起和交通發達

（一）城市的興起與擴大

西周至春秋初年，國君所在之都城（稱爲國）和卿大夫封地（都邑）的規模都比較小，按照周禮規定：「大都不過參國之一；中，五之一；小，九之一。」（《左傳・隱公元年》，頁 36）而諸侯之「國」只不過三百雉（約合今尺 2052 公尺）。當時晉國境內夯築較早的城邑，基本上與這個規定不相上下，如侯馬牛村古城遺址，約 1400×1200 公尺見方〔註36〕；春秋初期被晉國兼併的魏國古城遺址周長約 4500 公尺〔註37〕。春秋末、戰國初之際，晉國勢力較大的幾家卿大夫極力擴張領地，紛紛營建自己的據點。與此同時，私營工商業開始蓬勃興起，富商巨賈乃至小商列販也向熱鬧的大都邑湧進，嚴格意義上的城市從此時逐漸形成。於是各國除了政治、經濟中心所在的國都外，地方上也出現了許多「萬家之邑」、「萬家之縣」的新都會。如西元前 453 年，智伯瑤向韓、魏、趙三家索地，韓、魏皆予「萬家之邑」（《戰國策・趙一・知伯帥趙韓魏而伐范中行氏》，頁 587），獨趙襄子不給，所以智伯聯合韓、魏圍救趙氏晉陽，這時「萬家之邑」的城市規模似乎常見，而能容納萬家居住的城邑必然已突破周代禮制規定。據 1961 年晉陽古城的勘察結果，連接現存於地上和地下的城垣遺跡，估計此城光南北的長度就已達 4500 公尺左右〔註38〕；晉國後期的都城——新田的出土規模，也大大超過文獻記錄的舊制規定。

戰國時期各國首都與重要城市的規模普遍擴大。《戰國策・趙三・趙惠文

〔註36〕楊富斗：〈侯馬西新發現一座古城遺址〉，載於《文物參考資料》1957 年第十期。

〔註37〕陶正剛、葉學明：〈古魏城和禹王城調查簡報〉，載於《文物》1962 年四～五期。

〔註38〕謝元璐、張頷：〈晉陽古城勘察記〉，載於《文物》1962 年四～五期。

王三十年》記載趙奢之語曰：「且古者，四海之內。分爲萬國。城雖大，無過
三百丈者；人雖眾，無過三千家者。……今千丈之城，萬家之邑相望也。」（頁
678）就是說，此時不但城市的數目增多，城市規模也擴大了。除了各國國都
是政治、軍事以及經濟、商業的中心外，各國逐漸普遍的郡縣組織也會設城，
因此一國之內，星羅棋布地存在著許多大大小小的城市。例如當時三晉的名
都至少有魏的溫（今河南安邑）、軹（今河南濟源）、大梁（河南開封）、安邑
（山西夏縣）；韓的滎陽（河南滎陽縣）、宜陽（河南宜陽）、鄭（河南新鄭）、
陽翟（河南禹縣）、屯留（山西屯留）、長子（山西長子）；趙的藺（中西离石）、
離石（山西离石）、邯鄲等等〔註39〕，皆是富冠海內或居於交通要衝的名都商
城。這時不論都城或工商業性質的城市，大多採取小城連結大郭的布局，「城」
和「郭」常設有手工業作坊集中區和進行商業交換的「市」區。有的手工業
作坊可能製作兼及買賣。《呂氏春秋·召類篇》內記載宋國司城子罕住所南面
有一個「恃爲鞔（皮鞋）以食三世」的工人，因爲他家的牆突出到子罕的「宮」
內，子罕想要他搬家，但這個工人明白地說，如果我搬家了，宋國求鞔者就
不知我的住所，我就沒飯吃了〔註40〕。在大城市裏，類似宋國爲鞔工人這樣
的小型家庭手工業者大概很多，冶金工、車工、陶工、木工、皮革工、漆工
等等，可以在居家住所製造產品兼營販賣。其實城市內還設有固定商品交易
的場所叫「市」，「市」是封閉型的場所，市區四周有「市門」，政府設有專門
管理的官員。「市」內列肆成行，分置不同種類商品，各種手工業製品、生活
器具、武器、酒食、牲畜等等，都可在「市」上販售，相當繁榮。市區營業
時間則有限制，市門朝開夕閉，交易時間主要在上午，過午則漸散，至夕而
罷〔註41〕。《韓非子·外儲說左一》中有一則故事，說鄭國有一個人要買鞋，
在家先量好尺寸，卻忘記帶到市上，便回家去取鞋樣再到市上，結果已經罷
市，所以買不到鞋子〔註42〕。雖然這只是一個比喻，但正可反映「市朝則滿，

〔註39〕　參見《史記·貨殖列傳》（頁 3264）及桓寬：《鹽鐵論·通有篇》，台北：臺灣
　　　　　商務印書館，1965 年初版，頁 5。
〔註40〕　《呂氏春秋·召類》：「司城子罕曰：『南家，工人也，爲鞔者也。吾將徙之。』
　　　　　其父曰：『吾恃爲鞔以食三世矣。今徙之，是宋國之求鞔者不知吾處也。吾將
　　　　　不食。願相國之憂吾不食也。』」見《呂氏春秋校釋》，頁 1361。
〔註41〕　《呂氏春秋校釋·召類》，頁 1361。
〔註42〕　《韓非子·外儲說左上》：「鄭人有欲買履者，先自度其足，而置之其坐。至
　　　　　之市，而忘操之。已得履，乃曰：『吾忘持度，反歸取之。』及反，市罷，遂
　　　　　不得履。」（頁 651～652）

夕則虛」的市場交易情景。

除了各個城邑固定的市區及自行經營買賣的手工製造業者外，戰國還有一種特別為駐軍士兵方便購買日用消費品而設置的臨時「軍市」。《戰國策‧齊策五‧蘇秦說齊閔王》載蘇秦言：「士聞戰則輸私財而富軍市，輸飲食而待死士。」（頁 435～436）《史記‧馮唐列傳》也說：「李牧為趙將，居邊，軍市之租（市稅）皆自用饗士，賞賜決於外。」（頁 2758）顯見各國邊地的「軍市」，由於駐軍數量龐大，市場繁榮，「軍市之租」也比較多，便是駐軍將領的重要收入之一。

綜觀春秋戰國城市工商業的發展，可以看出大大小小的城市不僅是政治、軍事的中心，同時也是各國經濟的中心。社會分工的擴大，生產品交換的擴大，清楚反映這段時期城市興起和擴大工商繁榮的歷史進展。

（二）交通的發展與發達

商業的發達，貨品的流通，先決條件是要有便利的交通道路。晉國南部是中國文明發祥較早的地區。開發較早，交通自然發達。不過西周時期晉國對外交通的要道，文獻所載資料不詳。由周王室先後在河東建立封國，例如魏、虞、虢、韓、郇、耿、霍、晉等，大多傍河而建，呈明顯的帶狀分布，說明此時必有一條循河谷上下的南北通道存在。春秋以後，晉國交通要道漸多，故能四方征戰，稱霸中原。戰國時期，三晉地區交通開發更為突飛猛進，傳驛制度的確立、完善，交通工具的進步、運河的開鑿等，促使對外交通便利，通達四方。《戰國策‧魏一‧張儀為秦連橫說魏王》曰：「魏地方不至千里……諸侯四通，條達輻湊，無有名山大川之阻。從鄭至梁，不過百里；從陳至梁，二百餘里。馬馳人趨，不待倦而至梁。」（頁 792）所謂「韓，天下之咽喉；魏，天下之胸腹。」，趙乃「四戰之國」等評述，無疑指出三晉地理位置適中，內外交通發達的優越條件。綜合文獻記載與學者研究，可逐一列舉春秋晉國、戰國三晉地域的交通陸路與水路要道，由此即能清楚觀察到春秋至戰國時期，三晉文化區域交通發展與發達的軌跡。

1.春秋時期晉國的內外交通道路

（1）初期交通——山西南部

春秋時期晉國國內交通的發達，從戰爭的不時發生和晉人活動範圍的廣泛，可以窺見一斑。春秋初年，「曲沃莊伯以鄭人、邢人伐翼，王使尹氏武

氏助之翼侯奔隨。」（《左傳・隱公五年》，頁 60）「翼九宗、五正、頃父之子嘉父逆晉侯於隨，納諸鄂。」（《左傳・隱公六年》，頁70）隨，當今山西介休縣；鄂，當今山西鄉寧縣南。晉獻公在位，好於征戰，併吞魏、耿，北入霍山滅霍，南過中條山伐虢、虞。《韓非子・難言二》說晉獻公併國十七，勝國三十八，於是晉「西有河西，東至河內。」（頁818～869）由此確知春秋初期，晉人在澮河、涑水河流域及中條山南北活動，交通已至為便利。

（2）絳都——太行——南陽線（東南線）

春秋中期，諸侯爭霸，為了適應急迫的政治需求和軍事需要，都不遺餘力在各自的轄境開闢道路，修建橋梁，以便行旅往來，軍隊征行。晉文公掌國後，勵精圖治，銳意開發交通，成就霸業，既實施「輕關易道，通商寬農。」政策（《國語・晉語四・文公修內政納襄王》，頁 133），又新開發出一條重要的交通路線，即絳都——太行——南陽線（圖 4-4）。據《史記・晉世家》載，文公二年，「三月甲辰，晉乃發兵至陽樊，圍溫，入襄王於周。周襄王賜河內，陽樊之地。」《國語・晉語四・文公出陽人》則說：「賜公南陽陽樊、溫、原、州、陘、絺、組、攢茅之田。」（頁 134）「南陽」包括太行山以南、黃河以北的廣泛區域。由《左傳・僖公二十五年》：「晉，于是年始啓南陽」（頁 263）之語可知，絳都——太行——南陽一線在晉文公獲賜南陽之田以前尚未開通，所以晉國勤王時，還要「行賂于草中之戎與麗土之狄」（《國語・晉語四・文公修內政納襄王》，頁 133）。在這之前十五年，齊桓公「西伐大夏」，必須「束馬懸車登太行，至卑耳山（當今平陸）。」（《史記・齊世家》，頁 1491）齊國伐大夏之途須跨過太行山南麓，沿河西進，由平陸到達汾河流域，路途至為險峻。自晉文公開闢出絳都——太行——南陽線後，晉國與中原列國往來最理想的路線即由絳都南行，再繞行太行山西南，由河南溫縣濟河到達於當時東周政治中心——成周。這條大道的打通，不僅為晉人出兵中原、稱霸諸侯做好準備，也為列國使臣、商旅往來帶來極大的方便。晉由南陽入東周以交通列國，南經鄭國可入楚，或經鄭國東達於魯、吳，或由南陽過衛入於齊。如歷史上著名的晉楚城濮之戰（西元前 632 年）、晉楚邲之戰（西元前 597 年）、晉齊鞌之戰（西元前 589 年）、晉楚鄢陵之戰（西元前 575 年）、平丘之會（西元前 529 年）等，無一不出此途。此道的開通，對晉國勢力的擴展有重大助益。

圖 4-4：晉國交通路線圖

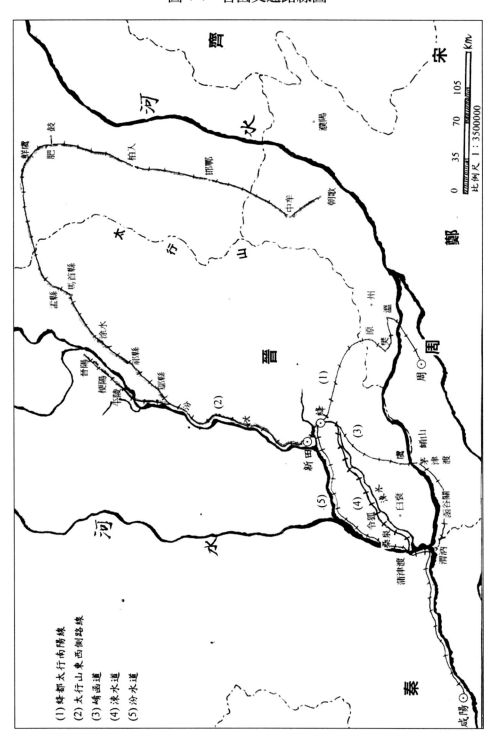

（3）太行山東西側路線

春秋後期，晉國的勢力漸及於山西中部。西元前 541 年，晉軍在太原大敗無終及群狄，此後晉人在太原盆地的活動漸盛。晉頃公時，在今晉中設置梗陽（清徐）、馬首（今縣）、鄔縣（介休）、盂縣（陽曲）、涂水（榆次）、平陵（文水）等縣（《左傳・昭公二十八年》，頁 912），一般說來，縣邑所在即大道所在。在新開發的邊遠之地，為了便於聯繫和統治，應當如此。據此可知，晉國通往北方諸戎道路，有一條是在太行山以西，沿著汾河河谷北上的通道。

另一條晉國聯繫北方諸戎的道路，應是由山西中部越過太行山，入河北境內抵達鮮虞、肥、鼓諸戎所在的東線。《左傳・昭公十二年》載：「（晉）假道於鮮虞，遂入昔陽。秋八月壬午，滅肥。」（頁 790）十三年，「晉荀吳自著雍以上軍侵鮮虞及中人駟衝競，大獲而歸。」（頁 814）順此線入於河北境內，還可南通衛、齊，北達於燕。西元前 497 年，晉國范氏、中行氏叛亂，佔據原來的商都朝歌（河南）、中牟、邯鄲、柏人、中人（皆在河北）等地，趙鞅在此線上作戰七、八年之久，才把范氏、中行氏趕出晉國，使其逃往齊國為羈旅之臣。

（4）晉秦之間的通道

晉國在較長的時間內轄有河西之地，故晉、秦、黃河西岸水道過往頻繁。兩國往來通道主要有三：

一為黃河南道，即著名的崤函道。周室東遷曾循此途。由汾、涑流域南經虞、虢道（穿過中條山），至今之平陸茅津渡渡河，西行至崤函道，是晉、秦之間的首條要道。秦晉崤之戰，晉軍就是從汾、澮間南向斷絕崤函道攔擊秦師，大獲全勝。另外晉人在茅津渡河，除了西向可至秦國，其實還可折東到達成周，並南向經汝水之濱抵達鄭、宋諸國。

二為涑水道。「晉惠公十五年，秦穆公率師送公子重耳，涉自河曲。」（《竹書紀年》卷四，頁 6），《左傳・僖公二十四年》載秦晉令狐之役：「（秦軍）濟河，圍令狐，入桑泉，取臼衰。」（頁 253）令狐；當今臨猗縣西，臼衰（運城）、桑泉（臨猗）均在涑水河沿岸。觀文公回國所行路線，當是在河曲（永濟縣西南）蒲津渡渡河，逆涑水東北而行入晉之腹地。

三為順澮、汾而下入黃河、轉渭河的汾水道：西元前 647 年，秦國輸粟於晉，史稱「泛舟之役」事件，走的就是這條水道。由秦都雍城順流東下，

在渭汭進入黃河，然後逆河北上，再由汾河、黃河的交匯處溯汾水到達絳邑。當時這條通道的水量充沛，漕運發達，由秦國運糧船隊的龐大規模可以窺見。〔註43〕

由上述情況來看，晉國交通不論國內或國外交通，東、南、西、北四方都已通達，尤其在春秋中期以後，這些交通要道主要見載於戰爭路線。當時的作戰方式以車戰為主，要方便戰車通行的內外通道，絕非羊腸小道，而是通途大道，可見這時交通建設已經發達。

2. 戰國時期三晉地區的內外通道

戰國時期，社會經濟文化的開展，政治軍事戰爭規模的擴大，促使各地交通突飛猛進，道路八方通達。三晉國家地處中原國家中心地帶，西通強秦，南達盛楚，東交魯、宋、富齊諸國，北接中山、樓煩、林胡，毗鄰於燕。強秦東進，盛楚北伐，富齊西霸，第一個面臨的目標皆是三晉，因此三晉與四方強國的戰爭頻仍，軍旅行役繁盛。此時商品經濟又空前發達，各地貨產交換普遍，不論南運、北送，商旅往來，無不經由三晉地區轉送運輸，三晉國家對外交通之發達可想而知。由文獻所載，大抵可歸納出趙、魏、韓重要的交通通道如下（圖 4-5）：

（1）趙國交通要道

春秋時期，晉人已在山西中部設縣，有交通之實，但尚未進一步向北發展。戰國以來，趙國北略胡地，先後在山西北部設雁門郡、代郡統轄，山西北部的交通也逐漸開發。1963 年山西北端陽高縣出土一批戰國布幣，其中「茲氏」幣數量甚多〔註44〕。茲氏位在今山西汾陽（屬趙地），距陽高縣有千里之遙，茲氏幣要流通到陽高，證明當時有一條由內地北行的山路要道存在。其次，山西北部又有一條橫向溝通河北的大道。《史記·趙世家》記載蘇厲之言：「（秦人）逾句注，斬常山而守之，三百里通於燕，代馬、胡犬不東下，昆山之玉不出。」（頁 1818）句注、常山（恆山）位在山西北部與河北之間，可知由山西北部循恆山可東下入河北。趙惠文王遷中山於膚施（今陝西綏德，《史記·趙世家》，頁 1813），亦當經由此道而行。至於西向的趙、秦交通情形，

〔註43〕以上交通資料，主要參考《晉國史綱要》，頁 198～204；以及李廣潔：〈先秦時期山西交通述略〉，載於《晉陽學刊》1985 年第四期。

〔註44〕山西省文物管理委員會：〈山西陽高天橋出土的戰國貨幣〉，載於《考古》1965 年第四期。

由離石（今縣）、藺邑（柳林北）入太原也堪稱便利。趙武靈王十二年，秦拔趙藺邑；趙惠文王十一年，秦取趙梗陽；十四年，秦、趙會於中陽；十八年，秦攻離石（《史記‧趙世家》，頁 1820）。大抵秦軍攻入趙太原郡所走的路線，均由離石——藺邑大道而進。

圖 4-5：趙魏韓交通路線圖

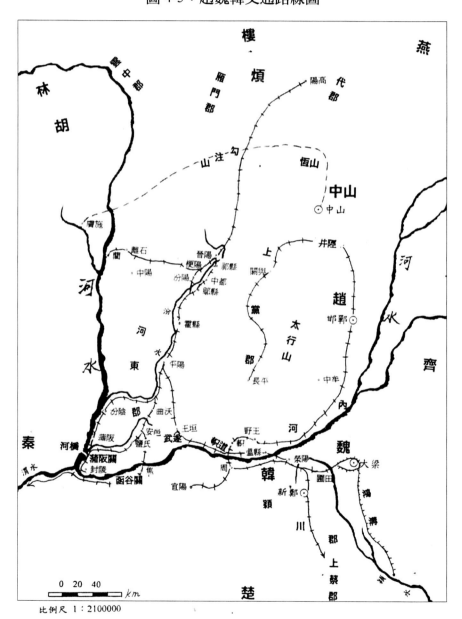

至於趙、魏、韓領地相交之太行山兩側，也有繁密的交通。西元前 270 年，秦、趙閼與（今山西和順）之戰，史書雖未明言秦軍北上路線，但由《史記・魏世家》記載信陵君對魏王之言：「夫越山逾河，絕韓上黨，是復閼與之事，秦必不爲也。」（頁 1857）可知秦軍是經由山西東南北上至閼與。西元前 262 年，因爲秦伐韓，拔野王（河南沁陽），切斷了韓上黨郡與韓國南部鄭都本土的聯繫，上黨郡降趙，趙國發兵進駐長平（今高平）拒秦，雙方爆開了戰國史上激烈的長平之戰。長平戰役前，廉頗由邯鄲率軍進駐上黨、長平，其具體路線可能是由都城邯鄲西上，逾太行陘口入上黨，折西南而行，入長平戰區〔註 45〕。大約在戰國時期，太行山東部南北布列的中間盆地，其交通道路已初具規模。秦始皇十八年，秦將王翦率大軍攻趙，也是走「下井陘」（《史記・秦本紀》）的路線，《呂氏春秋・有始覽》列井陘（今河北井陘縣西）爲天下九塞之一（頁 659），此通道的地位重要，當時十分引人注目。西元前 240 年（趙悼襄王五年），趙國派「慶舍將東陽，河外師守河梁。」（《史記・趙世家》，頁 1831），河之梁，可能是指搭建於黃河之上的浮橋，利用浮橋便利渡河，可溝通東陽與河外的交通。

（2）魏國交通要道

魏國交通，最富盛名的是鴻溝的水運。魏惠王先後引鑿圃田、黃河之水相通，使黃河、淮河水域可以交通。鴻溝又可下通邗溝（吳王夫差修築），聯結淮河入長江水域，於是鴻溝、邗溝串連，將黃河流域、長江流域聯繫起來，這是魏國南北向的水路要道。當然，魏國踞黃河東西向貿易水道要衝，與秦地之間的輾轉往返，自春秋以來即絡繹不絕。西元前 257 年，秦國「初作河橋」（《史記・秦本紀》，頁 214），爲戰爭需要，秦國在今蒲州黃河上架設一座大型浮橋，便利河西、河東來往，秦、晉之間的交通更趨便利，這也是後世蒲津橋的起源。

魏國的陸路交通最繁盛的地區還是在山西中南部地區。文獻記載，晉陽、梗陽、祁、中都（中遙）、平周（介休）、平陽（臨汾）、曲沃、安邑、鹽氏（運城）、蒲板（永濟西）、封陵（風陵渡）、汾陰（萬榮）、皮氏（河津）等地，經常有戰事發生。戰爭之時兵士雲集，車馬擁塞，沿著汾、涑谷地，或順水道，或行陸道，可以想見當時交通應當非常便利。

〔註 45〕 《黃河文化論壇》第一輯，靳生禾、謝鴻喜：《長平之戰與長平古戰場考察報告》，北岳文藝出版社，1998 年，頁 25。

（3）韓國交通要道

上文提及，韓國鄭都所在之區與上黨區之間可由溫（武陵）西經野王北上上黨，秦軍攻韓上黨，即由此道通行。不過韓地南北兩區之間的交通，還有一條名道叫「軹道」。「軹道」即自王垣（垣曲）東南逾王屋山經軹（山西濟源）、溫渡河南下，可達韓都新鄭。《戰國策・趙二・蘇秦從燕之趙始合從》曰：「秦下軹道則南陽動。」（頁 637）此道爲韓國南北二區連繫的便捷之途，連魏國河東地區與河內大梁一帶的溝通，也憑藉此道，其重要性可知。韓國還有一條南北向要道叫「武遂」（山西垣曲東南），靠黃河北岸。武遂是穿鑿山嶺地帶而成，貫通韓國在黃河南北兩區，並具有關塞性質。由武遂北上，可直達韓的故都平陽（今山西臨汾市西南）；南下渡河，可直達韓的大縣宜陽。連接武遂與軹道，則韓之北都平陽至南都新鄭就可交通，暢行無礙。

綜觀戰國時期三晉地區的陸路、水路交通情況，其開拓與修建，皆比西周、春秋時期有長足進步。不但滿足了軍事、政治的要求，更有力地推動了各國商業運輸、商品交換的經濟發展；最重要的是，交通的便利發達，爲三晉地區和其他地區的文化交流也帶來勃蓬熱鬧的發展。

三、關稅和市稅

在兩國交界或內地渡口、關隘設關置吏，監控往來，凡行商逆旅過關，皆須徵收過境稅，這就是「關稅」。至於商品貨物在市場上列肆陳賣，則須繳交屋舍倉場租金以及販賣交易額度按比例抽成的營業稅，此即「市稅」。「關稅」和「市稅」是先秦商業稅的主要種類。

最遲在春秋時期，晉國已有關稅和市稅的徵收。晉文公即位後，爲招來商旅，曾以「輕關易道」爲口號。所謂「輕關易道」，應當是關卡通行便利，關稅稅率較低的意思，這顯示此時的關稅收入在國家稅收比例中還不重要。相對來看，市稅的徵收則已爲數不少。如春秋後期晉平公門下食客就靠市稅收入來供養。《韓詩外傳》卷六曰：「（平公）食客門左千人，門右千人，朝食不足，夕收市賦；暮食不足，朝收市賦。」〔註46〕每天靠市稅供養兩千人，可見商品交易額徵收的營業相當可觀，反映此時商業活動的熱絡。

〔註46〕《景印文淵閣四庫全書》經部，八十三冊，台北：臺灣商務印書館，1983 年，頁 828。

　　戰國以後，隨著商業發達，商品流通的發展，各國關稅、市稅的收入已成為政府經濟收入的重要來源。《戰國策·魏三·魏將與秦攻韓》記載朱己（即信陵君魏無忌）謂魏王曰：「夫存韓安魏而利天下，此亦王之大時已。通韓之上黨於共、莫，使道已通，因而關之，出入者賦，是魏重質韓以其上黨也。共有其賦，足以富國，韓必德魏、愛魏、重魏、畏魏，韓必不敢反魏。」（頁877）信陵君建議魏王開共、莫二地，使韓的上黨通行，再設關收稅，二國共享。這些關稅竟可「富國」，說明關稅的收入相當豐厚。市稅方面，由於戰國工商業城市興起，大大小小城邑皆設有專門進行商品交易的「市」，市稅的徵收自然大幅超過春秋以前的利潤。不僅普通城市，連邊防軍隊駐軍所在的軍市也徵收市稅。相傳李牧為趙將，將「軍市之租」皆用以「饗士」（《史記·馮唐列傳》，頁2758），軍市的市稅亦頗為可觀。

　　春秋戰國時期，三晉徵收的關稅、市稅比例為何，文獻沒有明確記載。《管子·幼官》載齊桓公：「三會諸侯，令曰：田租百取五，市賦百取二，關賦百取一。」（頁39）則春秋初期，齊國市稅徵收稅率為百分之二，關稅徵收率為百分之一。這條法令也針對會盟的諸侯國制定。但《管子·大匡》又載：「桓公踐位十九年，弛關市之征，五十而取一。」（頁110）五十取一，即百分之二，桓公之世，關稅已從百分之一增加到百分之二，可以想見，關稅的稅率成長，速度驚人。《孟子·滕文公下》記宋國大夫戴盈子之言：「什一，去關市之征，今茲未能，請輕之，以待來年，然後已，何如？」（頁116）意思是說，稅率十分抽一，免除關稅和市稅，今年還無法做到，暫時先減輕一些，等明年再完全實行，怎麼樣？顯示孟子生活的時代，宋國的關稅、市稅稅率都已超過十分之一，所以戴盈子企圖用抽商品十分之一稅率的辦法取代關稅、市稅，可見十分之一的稅率在當時已經算是比較輕的。由春秋的百分之一、百分之二到戰國的百分之十以上，商業稅的增加幅度很大。大體說來，戰國關、市稅徵收苛重應是普通現象，三晉也不例外。《荀子·富國》曰：「今之世而不然。厚刀布之斂以奪之財，重田野之稅以奪之食，苛關市之征以難其事。」（頁118）《孟子·公孫丑上》云：「市廛（房租）而不征，法而不廛，則天下之商皆悅而願藏於其市矣；關，譏而不征，則天下之旅皆悅而願出於其路矣！」（頁64）透露當時商旅市、關稅重，不堪負荷的心聲。

四、貨幣制度

（一）晉國貨幣概況

1. 海貝和銅仿貝

西周時期，晉國在商品交換中曾經使用過的貨幣種類可能很多，如龜貝珠玉和金屬工具等等。但目前根據考古發現，可以確定爲西周晉人採用的貨幣只有兩種：一爲海貝；一爲原始布。

天然海貝做爲貨幣使用，可能在夏代出現，到商代，貝幣使用的記載和實物出土已相當普遍。進入西周時期，文獻和金文內容，在在顯示周人持續使用貝幣有很長一段時間。

周初的貝幣單位叫「朋」，朋是用繩穿起來的貝幣。一朋大約有十個或二十個貝幣，它的價值，由周成王時期的「遽伯睘卣」銘文：「遽伯睘乍（作）寶彝，用貝十朋又三（四）朋。」顯示，鑄作一件青銅寶器須使用十四朋，一朋的價值不菲。1975 年陝西省岐山縣董家村西周銅器窖穴出土周恭王時「裘衛盉」，其銘曰：「矩伯庶人取堇（瑾）章（璋）於裘衛，才八十朋，氒（厥）賈，其舍田十田。矩或（又）取赤虎兩，麀賁（韐）兩、𩰂韐一，才廿朋，其舍田三田。」〔註 47〕大意是說，矩伯用十塊田換取裘衛用於朝覲之價值八十朋的玉璋；又用三塊田換取價值二十朋的兩張赤色虎皮、兩件麀皮蔽膝和一件雜色蔽膝。這條資料明確指出田地、虎皮、麀皮、蔽膝等物價值的朋數，也證明貝幣的流通。1958 年山西長子縣西旺村西周墓曾經出現五十枚海貝〔註 48〕。這批海貝出土時盛在一個銅鼎之中，顯然是作爲財富象徵而被陪葬的。由於貝多產於濱海地區，內地不易獲得，因此隨著商業活動頻繁，交換額擴大，海貝遂不足以應付人們的需求，於是人們便使用玉石、骨、銅等材料製成仿貝，共同承擔商品交換媒介的功能。尤其是銅仿貝的出現，有經久耐磨、便於攜帶、保藏的優越性，西周中期以後，銅貝幣的使用就逐漸增多。它的計算單位是「寽」（重量單位），如周穆王時「𧸣卣」銘：「易貝卅寽」，周厲王時「揚殷」銘：「取賈五寽」，周宣王時「毛公鼎」銘：「取賈卅寽」等，都是銅貝幣流通使用的記載〔註 49〕。在晉墓中也曾出現過銅仿貝。1961

〔註47〕〈陝西省岐山縣董家村西周銅器窖穴發掘簡報〉，《文物》1976 年第五期。

〔註48〕〈中西長子殷周文化遺存〉，載於《文物》1959 年第二期。

〔註49〕見郭沫若：《兩周金文辭大系圖錄考釋（二）》，收錄於《郭沫若全集》考古編第八卷，北京：科學出版社，2002 年，頁 60、118、135。

年侯馬上馬村墓 13，一次就出土銅仿貝達一千六百枚之多，一起出土的還有三十一枚包金貝〔註 50〕，雖然它們是東周時期的墓葬出土品，但這些仿貝製造相當精細逼真，被成堆置放於墓槨中，在春秋青銅還是貴重金屬的時代，恐怕只以「馬飾」來推測它的用途會過於草率，特別是包金貝的製作，或許還有更特殊的使用意義待考。

天然海貝的貨幣地位，大約在西周末、春秋初就逐漸被銅貝和金屬銅塊的流通所取代。春秋以後，銅鑄幣使用漸廣，到戰國時期成為最主要的貨幣形態，因此銅仿貝、天然貝、骨貝、石貝等早期幣值，就從商品交換的活動中被淘汰。即使在此時的墓葬中有所發現，也應是作為冥幣下葬，而非實質財富。如山西長治分水嶺第九、十、十二號墓出土的海貝九十九枚、骨仿貝九十八枚〔註51〕，大約都是如此。

2. 原始布

西周時，除了海貝、銅仿貝外，晉國可能還通行另一種金屬貨幣——原始布。「原始布」的名稱是現代古錢幣學者命名的，它的形狀可能是從農具中的「鏟」形器演變而來。在西周文獻中，鏟形器稱為「鎛」或「錢」，「鎛」與「布」同音，所以又叫「布」。鏟形器上方頭部圓空，可裝木柄（銎）；中間厚重，不易斷折；下面足部尖薄，適宜鋤草、掘溝等農作。這種形制的器具在商代遺址中已經出現，如 1953 年河南安陽大司空村出土的商代銅鏟，通長長 22.3 公分，身長 15.5 公分，銎長 6.8 公分〔註52〕，與真正的農具相差無幾。據西周金文顯示，「布」已不是單純的生產工具，而是具備經濟意義的物品。「睘卣」銘曰：「尸白賓睘貝布……用乍（作）文考癸寶障器。」〔註53〕可以為證。

到目前為止，晉地出土的「原始布」只有三件：第一件為 1964 年山西省文物工作者在古代文物中揀選珍品時，發現了一件晉南出土的西周原始布〔註 54〕。此布有略呈長方體的銎，銎中空可以裝柄，銎的中部兩面穿孔，可以用釘固定木柄，銎一直伸進布面，中間有隆起的一道棱脊。布面為圓肩平刃，平刃上有明顯使用過的痕跡，右下角略殘，通長 13.2 公分，腹寬 9 公

〔註50〕 王克林：〈山西侯馬上馬村東周墓葬〉，載於《考古》1963 年第五期。
〔註51〕 〈山西長治分水嶺古墓的清理〉，載於《考古學報》1957 年第一期。
〔註52〕 〈鄭州市發現的一處商代居住與鑄銅器遺址簡介〉，《文物參考資料》1957 年第六期。
〔註53〕 《兩周金文辭大系圖錄考釋（二）》，頁 14。
〔註54〕 吳連城：〈山西省揀選到珍貴文物——西周鏟幣〉，載於《文物》1965 年第五期。

分，銎長 6 公分、寬 2.5 公分，壁厚 1.3 公分，布面厚 0.25 公分，無文字紋飾，重達 191.5 公克。第二件爲山西聞喜縣文化館收藏，形制與上件原始布酷似〔註55〕，唯形體較小。第三件是 1961 年侯馬上馬村東周墓十一號出土物，銎內尙存殘木，通長 13 公分，刃寬 10 公分，大小與第一件略等，形狀相似。〔註56〕

　　晉國發現的三件原始布，有實際使用於勞動的痕跡，但形體已小於商鏟，很可能是處於農具兼爲物品貨幣流通的時代產物。基本上原始布體大厚重，作爲貨幣攜帶和進行交換有諸多不便，因此在春秋時期逐漸朝向進一步小型化、輕量化的方向發展，從原始布演化成「空首布」。

3. 空首布

　　晉國空首布的使用時代大約上起春秋，下至戰國。從形制來看，它的作用已經完全從生產工具中分離出來，不具實用價值，單純成爲商品交換的媒介。空首布的形制雖然和原始布一樣有中空的銎，仍具鏟形，但銎變得很長，納柄的空心銎一般不再延伸到布身腹部，而截止於布肩，隆起的棱脊消失，布體變得微小輕薄，背面常常有鑄文，註明鑄地。春秋時期的空首布出土地點主要在黃河中游的關、洛、三晉地區，顯示當時的流通範圍主要是周、鄭、晉、衛等國。

　　考古發掘出土的證明，例如 1959 年山西侯馬晉都新田遺址中出土十二枚聳肩尖足的空首布，一般通長十三公分，素而無文，背面有三條垂針紋飾，其中一枚有「新晉共黃釿」五字（圖 4-6）〔註57〕。尤其值得注意的是，與空首布同時出土的還有大量鑄造空首布用的內範，顯然這是一處鑄造空首布的工場遺址。1957～1958 年侯馬上馬村修水渠發現三十多枚；1963 年牛村古城遺址發現一枚，有鑄文爲「厶金」（或邑金）二字。特別是侯馬鑄銅遺址上發現十萬件以上的空首布蕊（陶範），有的還帶有空首布錢。1981 年山西稷山縣吳城村又出土二十三枚空

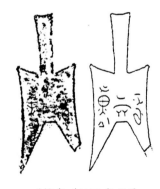

圖 4-6：晉國空首布

（採自〈1959 年侯馬"牛村古城"南東周遺址發掘簡報〉）

〔註55〕同前註。
〔註56〕同註47。
〔註57〕張守中：〈1959 年侯馬"牛村古城"南東周遺址發掘簡報〉，載於《文物》1960 年第八～九期。

首布，鑄文爲「甘丹」，相傳爲邯鄲所鑄﹝註58﹞。空首布在晉國遺址上大量出土，以及空首布鑄造坊的發現，證實春秋時期，晉國確實已是使用布幣的重要流通區，這同時標誌著此時晉國商業之發達。

綜觀晉國貨幣流通的概況而論，最早海貝可能曾在晉國行使過一個階段，隨著銅仿貝和原始布鑄造量的增加，海貝和一切非金屬的仿具逐漸退出流通領域，變爲裝飾品或冥幣。春秋以後，原始布演化成空首布，成爲專供商品交換的流通貨布，與銅貝共同使用很長一段時間。進入戰國，由於社會經濟迅速發展，金屬貨幣的鑄造呈現一片繁榮景象，趙、魏、韓在晉國貨幣以布幣爲主的共同基礎上發展，又各自演化出不同的布形，或因與鄰國貿易往來的需求，而兼用其他金屬貨幣體系，終於形成一個同中有異、異中有同的經濟文化區。

（二）戰國三晉貨幣概況

1.各國流通概況

戰國時期的貨幣制度已進入金屬鑄幣全面流通的時代。這時貴重金屬如金、銀，以及實物貨幣如珠玉、穀、帛等雖也並行，但各國大量銅鑄幣的鑄造使用，才是貨幣主流。當時各國民間通行的銅鑄幣，按照形制差別可概分爲四個貨幣體系，包括布幣、刀貨、圓錢和蟻鼻錢（銅貝）。大體說來，趙、魏、韓三晉地區是布幣區，齊、燕爲刀貨區，楚國是蟻鼻錢區，秦國和西周、東周是圓錢區。不過爲了與鄰國商業往來的便利，多數國家也會出現異國貨幣形制，如魏國布幣區出現圓錢，趙國布幣區出現刀貨和圓錢，齊國刀貨區出現圓錢，燕國刀貨區出現布幣和圓錢，楚國蟻鼻錢區出現布幣等等。將此時諸國個別流通的金屬鑄幣以簡表方式歸納，可得表4-1：

表4-1：戰國時期各國流通銅鑄幣概況表

幣形 ＼ 國別	趙	魏	韓	齊	燕	秦	西周東周	楚
布　幣	✓	✓	✓		✓		✓	✓
圓　錢	✓	✓		✓	✓	✓	✓	
刀　貨	✓			✓	✓			
								蟻鼻錢（銅貝）
								爰金（黃金）

﹝註58﹞ 朱華：〈稷山縣出土"甘丹"空首布〉，載於《中國錢幣》1984年第二期。

　　由表4-1大體看來，燕、趙流通銅幣形制較多，韓、秦比較單純，楚國貨幣制度獨幟一格，和中原地區有較大差異。幣制中以布幣和圓錢流通範圍最廣，刀貨較狹，蟻鼻錢、爰金僅限於楚地。布幣在春秋時期已經普遍使用於陝西、山西、河南地區，戰國以後獲得更廣泛的流通並不意外。但圓錢的出現較遲，且在戰國後期逐漸爲多國接受使用，取代布幣的流通，背後的成因頗值得留意探討。

2. 趙國貨幣

　　趙國的幣制主要實行布幣，同時有刀貨和圓錢的鑄造、流通。

（1）布幣

　　戰國布幣是從春秋空首布蛻變而來，最大的變化是原先空首布頭部圓空的鋬變爲扁平堅實的板片狀，所以稱爲平首布或空首布。

　　趙國布幣的形式主要有尖足布、方足布兩類（圖4-7）。從出土鑄幣的幣文可知，尖足幣鑄地有趙都邯鄲（作「甘丹」）、晉陽（今山西太原）、閔（藺，今山西離石縣西）、離石（今山西離石）、武安（今河北武安縣西南）、中陽（今山西中陽縣）、武平（今河北霸縣北）、安平（今河北安平縣）、榆即（榆次，今山西榆次縣境）、茲氏（山西汾陽縣境）、平鳳（平匋，山西文水縣平陶林）、文陽（山西文水縣境）、

圖4-7：趙尖足布（左）方足布（右）

易（陽）曲　　　陽文

（採自《三晉貨幣》，頁52、73）

平州（山西介休縣西）、壽陰（山西壽陽縣境）、北茲釿（山西汾陽縣北）、新城（山西朔縣南）、辛城（山西朔縣南）、陽曲（太原市東北陽曲縣）、藿人（山西繁峙縣境）、慮虒（山西五台縣古城村）等。其中晉陽、藺、離石所鑄，也有圓肩、圓足布的布形，大體可視爲尖足布的變化。

　　方足布的鑄地有安陽（今內蒙古包頭市）、咎奴（太原市附近）、剃城（隰城、山西離石縣西西穆村）土匀（土軍，山西石離縣境）、陽邑（山西太谷縣阻邑村）、祁（山西祁縣古縣村）、鄔（山西介休縣鄔城店）、中都（山西平遙縣西南）、平原（山東東武城西）、鄣氏（山西沁水縣端氏）、榆即（山西榆次縣境）、戈邑（代邑，河北蔚縣）、張安（長安，地不詳）等〔註59〕。三晉布

〔註59〕　本節三晉銅幣鑄地，主要參照朱華：《三晉貨幣》一欄表，山西人民出版社，

幣的計量單位都是「釿」，不過趙國布幣大多省去「釿」字，只記地名和幣值，如茲布銘有「茲」、「茲氏半」、「茲釿」，藺布有「藺」、「藺半」等。「半」為「半釿」之意，省去「釿」字，大概因為「釿」作貨幣單位習用已久，大家已知布幣的幣值而省鑄了。

（2）刀幣

刀幣是由古代一種叫「削」的銅製漁獵和手工業用刀演化而來的。形制類似帶柄的刀。柄身有裂溝，柄端有穿繩圓孔。刀幣為燕、齊地區主要的流通貨幣，趙國則在靠近燕國的地區也有使用，但齊刀、燕刀、趙刀的形制稍別。齊刀的體型較大，重約四十七克，又稱「大刀」，刀端較尖，刀背呈弧形，刃凹，幣面都鑄有銘文，必有「齊法化」三字，意思是齊國標準貨幣。燕刀主要是鑄有「明」字的「明刀」，重約十二到十九克，楊寬先生以為「明」字當是「匽」字之省，即燕國銅器銘文自稱的「匽」或「郾」，前人誤識為「明」字而稱為「明刀」〔註60〕。趙刀的體形較小，特徵是刀身前端比較平或呈圓形，刀身平直薄小而有彈力，又稱作圓首刀、平首刀或直刀（圖 4-8）。鑄地有「甘丹」（邯鄲）、白人（柏人，今河北臨城縣東南）、藺等。「甘丹」直刀

圖4-8：趙刀、齊刀、燕刀（由左而右）

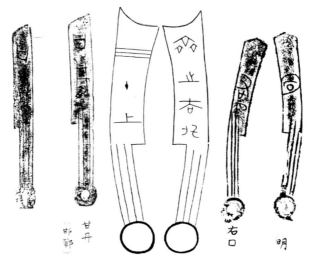

（採自《三晉貨幣》，頁140、4、142）

〔註60〕見《戰國史》，頁137。

大小長短不同，最大的長 14 公分、寬 1.6 公分，最小的長 12.3 公分，寬 1.1 公分。「白人」直刀與「甘丹」直刀相同，但背文有數字一、五、二十一、二十三等字，或銘有單字。藺直刀刀體略是弧形，長 11.6 公分，寬 1 公分。刀幣以「化」（即「貨」）爲單位，趙刀一般約重十克左右。後來又鑄更小的晉陽刀，幣名有「晉陽化」、「晉陽新化」、「晉化」三種，刀體平直薄小，重約七克。一般長 10.5 公分，寬 1.2 公分，但鑄造較粗劣。〔註61〕

（3）圜錢

圜錢的由來可能是從紡輪或玉璧演化而成。它的形體由三個部分組成，包括錢中間的孔叫「好」，有圓孔、方孔兩種；錢的邊緣叫「廓」，分有廓、無廓兩種（有廓是在錢周圍加厚以增強錢布的耐磨力）；從孔到廓間的實體叫「肉」。圜錢的形制比較簡單，不似布、刀複雜。

趙國圜錢量較少，形制是圓孔有廓，有「藺」、「離石」鑄造兩種。由於藺城、離石城位於趙國西部靠近黃河地區，臨近秦國，圜錢的鑄造可能是受秦國貨幣的影響而使用的。

3. 魏國貨幣

魏國使用的貨幣以布幣爲主，少數地區也有圜錢流通。

（1）布幣

魏國流行的布形有三類：第一類圓肩、方足、圓跨的布（圖 4-9），國都大梁、舊都安邑、蒲阪（今山西永濟縣西）、晉陽（今山西省永濟縣西南）、共（今河南輝縣）、山陽（河南焦作市東南）、虞（即吳，今山西平陸縣北）等城市所鑄。第二種方肩、方足、圓跨的布，陰晉（今陝西華陰縣東）所鑄。第三種方肩、尖足、圓跨的布，有垣（今山西省垣曲縣西南）、平周（今山西介縣西）、皮氏（今山西河津縣東）、高都（今山西省晉城縣）、宅陽（今河南鄭州市北）等地所鑄。

圖 4-9：
圜肩方足圓跨魏布

（採自《三晉貨幣》，
頁 136）

魏布的幣值比較複雜。首先，三晉通行的布幣記量單位「釿」，在魏布中呈現多等級制。如魏國前期國都安邑布有「安邑二釿」、「安邑一釿」、「安邑

〔註61〕 參見李祖德、劉精誠：《中國貨幣史》，台北：文津出版社，頁 51～52；陰法魯、許樹安：《中國古代文化史（三）》，北京：北京大學出版社，1989 年，頁 10～12。

半釿」三個等級，晉陽布、梁布、山陽布也是三級布幣制；虞布則有「虞一釿」、「虞半釿」二級制；「甫反（蒲阪）一釿」則爲一級幣制。大體上魏布二釿約重二十五克到二十九克，一釿布重十二克到十五克，半釿布重五到八克。在魏惠王遷都大梁後，大梁布幣鑄有另一種計量單位「爭」。梁布文有「梁正尚（當）百尚（當）爭」、「梁奇釿百尚（當）肘爭」、「梁半尚（當）二百尚（當）爭」、「梁奇釿五十尚（當）爭」四種。前兩種是百枚當一爭，第三種是二百枚當一爭，第四種是五十枚當一爭。一爭的重量大約在一千四百克到一千六百克之間，相當於一百釿。據測定，兩種「百當溺」布的重量即相當於一釿，可知所謂「五十當爭」、「百當爭」、「二百當爭」三種布值，實際上等於二釿、一釿、半釿的幣值。〔註62〕

（2）圜錢

魏國在沿黃河地區還有圜錢流通，形制是圓孔無廓，鑄造的城市主要有共、垣、長垣（今河南長垣縣東北）等城。共城所鑄圜錢有「共」、「共半釿」、「共屯赤金」（赤金爲銅）三種；垣所鑄有「垣」一種；長垣所鑄有「長垣一釿」、「長圜一釿」二種。魏國圜錢的貨幣計量單位與布幣相同，以「釿」爲單位。

4.韓國貨幣

韓國只流通布幣，在戰國諸國中，韓國幣制變化最小，也最簡單。韓布的形式主要是方肩、方足、方跨（圖4-10）。布幣銘文大多爲地名，如平陽（韓國舊都，今山西臨汾西南）、高都（今洛陽西南）、鄪（今河南蔡丘西）、陽城（今河南登封東南）、屯留（今山西屯留）、郖子（長子，今山西長子西）、許（今河南許昌東）、尹氏（今河南宜陽西北）、洮（今山西聞喜東北）、襱（今山西武鄉縣西北）、盧氏（今河南盧氏縣）、鄧（今河南孟縣西）、同是（銅鞮，今山西沁縣西南）、襄垣（山西襄垣縣北）、雺（潞，山西潞城縣東北）等地所鑄。

圖4-10：
方肩方足方跨韓布

高 都

（採自《三晉貨幣》，頁99）

〔註62〕另一有說，以爲「爭」即「爰」，爲楚國流通黃金的計重單位，所以「百當爭」、「釿五十當爭」是標明釿、爭兩者的比價。這種布幣是魏國爲了對以「爭」（爰）爲貨幣單位的楚國進行貿易而鑄造的。參見《中國貨幣史》，頁50。

韓布計量單位也是以「釿」爲單位。除了上述鑄有地名的布幣之外，也發現銘有「殷一釿」（殷，今河南澠池西），「泉二釿」、「泉一釿」、「泉半釿」（泉即潁，河南臨潁縣西北）、「鄒氏半釿」（鄒氏，今河南鞏縣南）等布文。從「泉」來看，是實行三級幣制。值得注意的是，韓布中還有保留空首布的鑄行。盧氏鑄有「盧氏」、「盧氏龍金」兩種空首布，形制保留春秋時期晉國布幣的形狀，只是相對較小。

5. 結 語

綜觀戰國貨幣的使用情況，值得注意的特點有四：

第一，此時銅鑄貨幣在民間的流通相當廣泛。據《漢書・食貨志》李悝「盡地力之教」（頁 387）內容來看，此時農民生產的主要農產品——粟的價格已用銅幣計算，一石粟價三十錢；衣服費用也用錢計算，農民每年衣服費用約三百錢。雇用臨時「庸客」耕田的工資也以錢布計，當時最低工資是每日八錢（《韓非子・外儲說上》，頁 638）。由於貨幣流通廣泛，所以也和糧食一樣被儲藏於窖穴，用作積蓄財富的手段。如 1956 年山西芮城發現窖藏出土四百六十多枚布幣，鑄地有魏、韓、趙、燕等國二十多處；1961 年在山西祁縣下王莊、1963 年山西陽高天橋村，都發現大量戰國貨幣〔註 63〕，中國貨幣制度此時已趨成熟。

第二，由三晉銅幣的鑄地來看，趙、魏、韓的錢幣鑄造權是同屬中央政權和各大商城的地方政權，因此幣制、幣值都不統一。當時齊、燕也是如此，但秦、楚則統一由中央政府鑄造。

第三，三晉幣制主要是流通布幣，但也交雜刀幣、圓錢的異國幣制。趙、魏沿黃河岸區出現圓錢，當是受秦幣影響；趙國接近燕國的地區出現刀貨，則受燕刀影響；魏國以「溺」爲幣制，可能是爲與楚國貿易之故。相對而言，燕國也受趙國影響流通布幣，楚國受魏國影響而鑄布幣。這些異國貨幣形式的出現，標誌著各國貨幣互相融合的趨勢，不論是燕國對趙國、趙國對燕國、魏國對楚國、楚國對三晉、齊國對燕國，爲了彼此之間的商品貿易，都紛紛鑄行與本國貨幣不同的異國貨幣，使戰國四大貨幣區出現了既相對獨立，又犬牙交錯的複雜局面。我們可以斷言，戰國時期的經濟不再是孤立的國別經

〔註 63〕 順見〈山西省芮城縣出土的戰國貨幣〉，載於《文物參考資料》1958 年第六期；〈祁縣下王莊出土的戰國布幣〉，載於《文物》1972 年第四期；以及〈山西陽高天橋出土的戰國貨幣〉，載於《考古》1965 年第四期諸文。

濟，而是形成彼此相互聯繫、交流密切的區域性經濟，區域內部以及各區之間的經濟空前繁盛。

第四，上述三晉貨幣和各國幣制都是針對銅鑄貨幣而言。不過銅鑄貨幣的流行一般會有一定國界和地域的限制，並非全區通行的幣制。從文獻記載來看，春秋戰國時期，唯一不受國家和地域限制的跨國貨幣其實只有黃金。黃金可作為價值尺度，是支付及衡量財產的貴重貨幣。如《史記‧孟嘗君列傳》載：「孟嘗君有一狐白裘，直千金。」（頁 2354）秦國買韓國美人價值「三千金」（《戰國策‧韓策三‧秦大國》，頁 1016）。黃金的計量單位為鎰或斤，一鎰重二十兩或二十四兩，一斤約合今二百五十克左右。《國語‧晉語二》載晉公子夷吾以「黃金四十鎰，白玉之珩六雙」（頁 110）送秦公子縶；《史記‧滑稽列傳》載齊威王派淳于髡使趙請求救兵，給「賷金百斤，車馬十駟。」「益賷黃金千溢，白璧十雙，車馬百駟。」（頁 3198）《史記‧魏公子列傳》也有秦國「乃行金萬斤於魏，求晉鄙客，令毀公子於魏王。」（頁 2384）的記載。黃金確實可行使於各個國家和地區。不過它明顯多用於上層統治階級的政治、娛樂活動中，而銅幣則為民間普遍流通的貨幣。銅幣和黃金的使用階層，基本上是有差異的。

（三）買賣憑證與借貸

春秋戰國時期，隨著商品經濟發展和貨幣廣泛流通，因應商業交易、商業資本運用的需求，出現了買賣使用憑證以及借貸償付高息的社會現象。買賣行為中，買主和賣方事先洽談好買賣事宜，如果買方不是馬上取貨，或賣方無法馬上出貨，雙方就把這椿買賣的價格、取貨日期等相關事宜寫在「券」上，以便取貨、付帳時有所憑證，這種類似買賣合同的「券」，一般都是用竹木製造的，有長短之分。大體上較大的買賣用較長的券，叫做「質」；較小的買賣用較短的券，叫做「劑」，所謂「大市以質，小市以劑。」（《周禮‧質人》，頁 226）。如果事後發生了爭執、糾紛，官府會根據質、劑的內容而加以判斷，即「聽賣買以質劑」（《周禮‧小宰》，頁 27）。使用上，當雙方將議定事項寫在「券」上後，就剖分為二，由買主執右券；賣主執左券。買主可執右券來責成賣主履行義務，即是所謂「操右券以責」（《史記‧平原君列傳》，頁 2365）。「券」的應用，等於為商業交易往來多開闢一個媒介，且具有合法效力。

「券」除了作買賣契約的憑證，也用為借貸時貸款憑證的借據。債權人

執右券，債務人執左券。債權人在訂債或索取利息時，可命債務人前來「合券」（《史記‧孟嘗君列傳》，頁 2360），這種債券或稱為「傅別」。「傅」（符）指合券，「別」指個別的右券或左券。《管子‧問篇》曰：「問邑之貧人債而食者幾何家？」「問人之貸粟有別券者幾何家？」（頁 147）所謂「別券」，就是指左券而言。債務發生糾紛時，官府會根據傅別判斷，所謂「聽稱責（債）以傅別」（《周禮‧大宰》，頁 27）。借貸關係中，「券」的功能等於實質貨幣的替身或使者，也是財富的一項標誌。春秋時期，晉國已經出現了賒貸業。如《國語‧晉語八》載叔向論欒桓子時，說他「驕泰奢侈，貪欲無藝，⋯⋯假貸行賄。」（頁 172）「假貸」就是放債取利、增殖財富的一種方法。戰國以來，由於商業經濟的發展，許多商人累積不少財富，大肆搜購土地；加上封君、賜田後的地主不少，因此以農民為主要賒貸對象的高利貸業逐漸興起。由於社會政策和經濟發展的結果，擁有土地權的地主可向只有使用權的農夫徵收高額租稅，農民雖然辛勤耕作，生活卻依然窮困，所謂「（農民）解凍而耕，暴背而耨，無積粟之實。」（《戰國策‧秦策四‧秦王欲見頓弱》，頁 238）。富商大賈家產巨萬，每當農民青黃不接、生活窮困之時，即放貸給農民與需要借貸的人，然後固定收取高額利息，如齊國孟嘗君的封邑薛，一次就能收「息錢十萬」（《史記‧孟嘗君列傳》，頁 2360），獲利之高，相當驚人。農民必須借貸度日，自然有不得已的原因。《管子‧治國》說：「凡農者，月不足而歲有餘者也，而上征暴急無時，則民倍貸以給上之征矣。耕耨者時，而澤不必足，則民倍貸以取庸矣。」（頁 262）一方面因為國家徭役賦稅重，逼得農民借貸；另一方面是耕耨有一定時間要求，所以農民也不得不「借貸取庸」。由於借貸者日多，利息又高，借貸者無償還能力，造成貧富懸殊日大的社會問題。《孟子‧滕文公上》說：「為民父母，使民盻盻然，將終歲勤動，不得以養其父母，又稱貸而益之，使老稚轉乎溝壑，惡在其為民父母也？」（頁 91）農民終年辛勤，卻連父母妻子也無法養活，最後紛紛賣田作庸，不再務農，這對整個社會結構、國家經濟產生極大影響。

綜觀三晉地區商業發展的歷程，可略分成三個階段：第一階段是西周到春秋初期。此時商業交易規模尚小，對外貿易也未開展，商業經濟雖較夏商時期進步，但還不發達。第二階段是春秋中晚期。由於晉國國勢開始強盛，又致力於交通建設的拓展，便利商旅；貨幣制度確立，幫助商品流通；國土拓展，城邑開發，手工業分工愈細，促成商品交換熱絡，商業經濟形成。第

三個階段是戰國時期。鐵器製造的技術改良帶來農業生產的激增，在這個基礎上，社會分工、城鄉分工、商品流通進一步擴大。貨幣經濟發展，工商業城市興起，溝通各國的交通網出現，三晉與各國的商業發展都達到空前盛況，社會經濟也因而產生重大變革。

第三節　工　業

民生日用各種器具，來自於工業（含手工業）生產，它是人類生存的一項客觀需求。西周時期晉國工業生產的情況怎樣，無從稽考。春秋自晉文公起，生產規模日益擴大，分工益細。晉文公即位後，以「工商食官」政策整飭生產，由官營製造業，官供膳食，以大司空組織和監督控制「工」、「百工」或「匠人」從事生產，工人職業世代相襲，父死子繼，不斷累積豐富的生產經驗，製造國家戰爭所需的兵器、兵車、鎧甲、旗鼓，和公室貴族生活所需的禮器、食器、衣服、圭幣等物；至於建築城郭、宮室、宗廟、社稷、修築道路等工程，也少不了工匠。春秋後期，可能官營工業逐漸衰落，晉悼公於是頒布「公無禁利」政策，部分庶民開始放棄農耕，從事工業生產。又因商業經濟的發展，製造兼販賣、工商合一的生產銷售模式逐漸形成，至戰國時期，一般農戶兼營家庭工業或手工業的情形普遍。《墨子‧非樂上》說：「農夫早出暮入，耕稼樹藝，多聚升粟，此其分事也。婦人夙興夜寐，紡績織紝，多治麻絲葛緒細布紵，此其分事也。」（頁 233）似乎一家一戶耕織結合，是社會生產的基本單位，農業和紡織業結合，成爲整個社會重要的一種工業生產形態。此外，「工商食官」的格局已經打破，自由商人和獨立小型工業者廣泛出現。例如《呂氏春秋‧召類》（頁 1360～1362）所載司城子罕家南的「爲鞈」工人，家中從事製履之業已有三代，經營上採居家和作坊結合的方式，一面生產，一面銷售。如果經營得宜，獲利會比農夫要好，所以有許多農夫紛紛轉業投入手工製造行列。還有一部分大型工礦業，例如鹽、鐵、丹砂的開採及製造，採用私人經營、官府收稅的辦法，因而造就一批富商巨賈。如戰國初年的猗頓，是以經營鹽業起家，與王者埒富，趙國郭縱、卓氏以及魏人宛氏，皆冶鐵致富〔註64〕。這些大型工礦業的開採經營，需要大量勞動力，大批庸工於是應運而生。

〔註64〕《史記‧貨殖列傳》曰：「猗頓用鹽鹽起，而邯鄲郭縱以鐵冶成業，與王者埒富。」（頁 3259）

　　大約成書於戰國時期的《考工記》記載工業生產的三十個工種，配合各
種文獻和出土器物來看，晉國與三晉國家的工業部門，主要可區分成冶金業、
製陶業、製革業、紡織業、木工製造業、製鹽業、玉石骨蚌製造業等七種行
業，以下分別敘述其發展要點。

一、冶金業

　　冶煉鑄造金屬的冶金業，包括青銅器鑄造和鐵器鑄造兩類。

（一）青銅業

　　中國開始用銅的時期可以追溯得很早。從考古發掘看，新石器時代中國
已進入銅器濫觴期；夏商兩代，青銅冶鑄製造已具相當規模，由商代遺址出
土的大量銅鑄重器可證明此點；西周至春秋，青銅冶煉鑄造工藝不斷提高，
在社會生活中居重要地位；進入春秋戰國，銅的采煉、鑄造更為突飛猛進，
迅速發展，青銅工藝的高度造詣，留下許多傲人的文化資產。

1.鑄造步驟與技術

（1）採礦煉銅

　　青銅器的鑄造，第一個步驟是採礦冶煉，尤其是銅礦的冶煉最重要。三
晉地區銅礦的分布狀況今已不能備知。成書於戰國時代的《山海經》記載當
時海內產銅之山二十幾處，據學者考證，其中有五處位於今山西省境：包括
縣雍之山（縣甕山）在今太原西，陽山在今平陸縣，少山在今昔陽縣，白馬
之山在孟縣北，鼓鐙之山在垣曲縣；還有松果之山在今河南華陽縣東南，古
代屬晉地桃之塞；以及《管子‧地數》篇所說汝漢之金，也都應在晉國銅礦
的範圍〔註65〕。另外上文提及戰國時期三晉貨幣的鑄造地，如魏幣之安邑、
蒲阪、晉陽、共、山陽、虞、陰晉、垣、平周、皮氏、高都、宅陽，趙幣之
邯鄲、晉陽、藺、離石、武安、中陽、武平、安平、榆即、茲氏、中都、柏
人，韓幣之平陽、陽城、屯留、高都、長子、尹氏、蘢、盧氏等地，這些鑄
幣的地方附近，可能產銅，才能大量鑄造貨幣。1958 年山西運城的洞溝曾發
現一處東漢時期的銅礦，它位於中條山中，礦洞共有七處。距離此處礦洞八
百公尺遠的山谷，有一平坦台地，發現有古代烘燒礦石的爐址。爐址西還有
厚達十公分的木炭層，是煉銅的燃料。學者推測，這座銅礦的開採應當比東

〔註65〕參見《晉國史綱要》，頁 163。

漢還要悠久。〔註 66〕

近代青銅是指銅、錫合金,而中國古代的青銅則是以銅爲主要成份的銅、錫、鉛合金。在春秋以前,中國銅礦的冶煉是採用孔雀石作冶銅的基本原料。這種礦石只要在攝氏 750~800 度的低溫下就可使銅元素得到還原,因此古人能夠在設備簡陋的條件下煉出銅錠,進一步與鉛、錫合金進行鑄造。1959 年山西侯馬牛村古城遺址南出土的春秋晚期晉國青銅器鑄造作坊遺址,總面積達二千三百平方公尺,有大批陶質鑄範,經過復原配套,可辨識的器形有鼎、豆、壺、簋、鐘、匜、鑒、舟、敦、匕、匙、鏟、钁、斧、錛、劍、鏃、鐏、環首刀、車馬器、空首布、鏡、帶鉤等禮器、工具、兵器、樂器、貨幣、車馬器、日用裝飾品之各類器物,其中三分之一的陶範刻有花紋。此外還發現有未經熔煉的銅錠一百一十塊,共重一百九十一公斤。銅錠表面覆蓋著綠色銅鏽,底部大多夾雜炭末和未熔化的孔雀石殘渣。但是在儲存銅錠的窖穴周圍卻沒有發現任何與冶煉銅礦有關的跡象,估計它們是從附近的冶煉場運送過來的〔註 67〕。由此看來,此時採礦對象仍以孔雀石爲主,先採礦冶煉爲銅錠,再運往鑄造場地鑄造青銅器。至於鉛、錫礦的開採,大約和銅礦相似。侯馬鑄銅遺址中也發現儲藏鉛錠的窖穴,以備與銅、錫合金之用。戰國時期的韓都新鄭,已發現面積達十萬餘平方公尺的鑄銅遺址及大量銅煉渣、木炭屑、熔銅爐、鼓風管、陶範等出土物〔註 68〕,規模之大,相當驚人,當時採礦煉銅需求量之大,遠甚於春秋。

(2) 製範

範是用以鑄器的模型,商周青銅器絕大多數是用陶土製範後再以火烘烤而成陶範的。製作陶範首先要選泥,據化驗,牛村古城南出土的陶範成份含細沙 60%~83%,含黃黏土 40%~17%,形制分爲母範、內範、外範三種。製範第一步是按照器物大小形制做好母範,然後放在陰涼處乾燥,在尚未完全乾燥前,將設計好的花紋畫在範表,再以刀細心雕刻。第二步做外範,外範

〔註 66〕安志敏、陳存洗:〈山西運城洞溝的東漢銅礦和題記〉,載於《考古》1962 年第十期。

〔註 67〕以上參見〈侯馬牛村古城南東周遺址發掘簡報〉,載於《考古》1962 年第二期;〈山西侯馬東周遺址發現大批陶範〉,載於《文物》1960 年八~九期;〈山西侯馬東周遺址發現大批陶範補充資料〉,載於《文物》1961 年第一期。

〔註 68〕參見楊育彬、袁廣闊編:《二十世紀河南考古發現與研究》,中州古籍出版社,1997 年,頁 431。

是從母範上翻製下來的,翻下外範即直接用於鑄造器物;在翻範前通常在母範上先塗以草灰、稻糠灰或一層油,作為脫範的材料,以便取下,等到外範材料配好均勻塗在母範上,陰乾後放入爐內烘烤,在未完全乾燥以前,用刀劃成數塊,便利取範。第三步做內範,內範是一個泥蕊,它製作的精粗對鑄件質量影響不大,但必須有一定的透氣性和退縮性,幫助散發銅液在冷卻過程中放出的氣體,避免器物內形成氣泡或因冷卻收縮而裂壞。〔註69〕

戰國時期製範技術進一步發展,出現了銅製和鐵製的金屬範。銅製金屬範主要是用於鑄造錢幣,鐵範則用於鑄造農具。金屬範的發明,對冶金手工業具有重大意義。原先陶範在一般情形下只能使用一次,換言之,每鑄一件器物,就得重新造一個新範,生產速度和數量因而受到很大的限制,金屬範的發明,可多次重複使用,故能供應大量生產的需要〔註70〕,這也是戰國貨幣普遍流通,農業生產大增的成因之一。

(3) 合金比例

青銅器主要是以銅、鉛、錫按一定比例冶煉合金、澆鑄模型而成,所以合金的比例非常重要。戰國時期趙國青銅兵器銘文中常見「某某敊齊」的字樣,「敊齊」即「撻劑」,包含掌握調配銅、錫配合的分量。《考工記》說:

> 金有六齊:六分其金,而錫居其一,謂之鐘鼎之齊;五分其金,而錫居一,謂斧斤之齊;四分其金,而錫居一,謂之戈戟之齊;三分其金,而錫居一,謂之大刃之齊;五分其金而居二,謂之削殺矢之齊;金錫半,謂之鑒燧之齊。(頁615)

這裡所謂「金」就是銅,所謂「金之六齊」,就是區分青銅器種類的六種比例配方:「鐘鼎之齊」銅、錫比例為6:1,銅佔85.71%,錫佔14.29%;「斧斤之齊」銅、錫比例為5:1,銅佔83.33%、錫佔16.67%;「戈戟之齊」銅、錫比例為4:1,銅佔80%、錫佔20%;「大刃之齊」銅、錫比例為3:1,銅佔75%、錫佔25%;「削殺矢之齊」銅、錫比例為5:2,即銅佔71.43%、錫佔28.57%;「鑒燧之齊」(銅鏡)銅、錫比例1:1,各佔50%。楊寬先生認為:「《考工記》這樣規定各類青銅器的銅錫合金的比例,是很合乎合金的學理

〔註69〕 以上資料參見張萬鍾:〈侯馬東周陶範的造型工藝〉,載《文物》1962年四~五期,以及張子高、楊根:〈從侯馬陶范和興隆鐵范看戰國時代的冶鑄技術〉,載於《文物》1973年第六期。

〔註70〕 陳良佐:〈古代的金屬工藝〉,《中央研究院歷史語言研究所集刊》五十二集第二部,頁338。

的。」〔註71〕因爲青銅中錫的成分佔 17% 到 20% 最堅韌，所以斧、斤、戈、戟等工具武器在這個比例之中；青銅中錫的成分佔 30%～40% 者，硬度最高，而大刃、削、殺矢一類武器需要硬度高的；青銅中錫的分量增多，光澤就會從赤銅色變爲赤黃色，再轉爲橙黃色、淡黃色，如果錫量達 30%～40%，就呈灰白色，而鐘鼎含錫 14.29%，是爲了使它呈現橙黃色，並能敲出美妙的聲音；鑒燧不需要堅硬，而需要白色光澤以反光照物，所以銅、錫比例各佔 50%。《考工記》的「六齊」雖然與實際器物的銅錫配合比例不盡相合，但它基本上能符合器物性能的實際需要，應是戰國時人累積前人鑄造青銅器合金的長久經驗綜合而來的結果。

（4）鑄造成型

經過採礦、煉銅、製範完成，接下來就進行按一定合金比例，將銅液澆注於範內鑄成器形的澆鑄法。一般而言，如果器形樣式簡單，只要做一個單範就可完成，如果器形較爲複雜，就採合範分鑄法。如鼎耳、鼎足、鐘紐、扣環之類，事先鑄好，在澆鑄器體前，將成品的耳、足置於外範上預先做好的孔內，澆鑄後即成一體，這是通體合鑄法，但春秋以後，多採用鑄好後焊接的方式成型。

澆鑄前，先在地下掘一土坑，將內範倒置於坑內，然後把外範分塊覆在內範上，以草泥糊好接縫。在外範底部裝一個澆口，使銅液由澆口注入內外範之間的空腔，待銅液完全冷卻，打破外範（金屬範則由榫卯拆開），取下鑄件，然後進行最後一個步驟——修治。因爲去範後的銅器表面還很粗糙、多棱角，並且黯然無光，所以要經過去掉棱角、砥礪磨光，才是完工的成品。如果簡略歸納青銅器鑄造的程序，大約可繪如表4-2：

表4-2：青銅器鑄造流程表

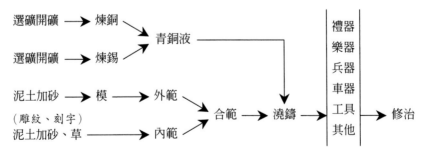

　　《荀子‧強國》篇曰:「刑范正,金錫美,工冶巧,火齊得,剖刑而莫邪已!然而不剝落,不砥礪則不可以斷繩;剝落之,砥礪之,則劙盤盂刎牛馬忽然耳!」(頁 194)荀子之語雖短,已將鑄銅器的所有步驟概括。鑄造銅器即要範型做得好,銅、錫煉得精,工人技巧熟練,銅、錫比例配合好,火候恰到好處,最後還要砥礪磨光。顯然戰國時人對青銅製造的步驟都具備了基本概念,這是青銅工藝極度發達的反映。

　　三晉青銅器主要以合範澆鑄法鑄成,這是商周青銅冶鑄技術的一般方式。而春秋中晚期起,南方楚系銅器出現採失蠟法或漏鉛法鑄造造型特別複雜、工藝特別精巧的青銅器,代表作如河南省淅川楚王子墓出土的青銅禁及湖北隨縣曾侯乙墓出土的青銅尊和盤。1980 年在山西新絳柳泉墓地西方約三公里處採集到一件罕見的鏤空鼎,鼎身外層有獨特造型的鏤空蟠蛇(圖 4-11),顯然是採失蠟法(或漏鉛法)鑄成〔註72〕。此器為春秋晚期、戰國早期的造器,對晉國青銅器的鑄造技術提供了相當寶貴的資料,值得進一步研究。

圖 4-11：晉國鏤空鼎

(採自《晉都新田》圖版五一五)

2.工藝技術

　　西周時期的晉器數量既少,造型也以樸拙厚重為尚;進入春秋戰國,青銅鑄造工藝則大為改觀,許多產品造型之精巧,紋飾之秀美,直至今日仍是

〔註72〕熔模鑄造法的熔模是用蠟或鉛,目前尚不能斷言,學者或主張失蠟法,或主張漏鉛法,尚待進一步研究確定。

難得的藝術珍品。這時的青銅工藝技術不斷有新的創造,最突出的表現有兩項:一是「金銀錯」技術的創造。所謂「金銀錯」,就是在銅器表面上鑲嵌金銀絲,構成文字或圖案。如春秋中期,楚、越、宋、蔡等南方諸國的兵器上,每多有錯金的美術字,筆畫作鳥形,故稱爲「鳥書」。戰國之後,由精美的銅禮器到兵器、車器、符節、銅鏡、帶鉤等,都出現金銀錯圖案,其精緻的程度已達高峰。三晉金銀錯器如傳世器欒書缶、山西長治分水嶺一二六號墓出土的戰國早期錯金夔紋豆、河南洛陽金村韓墓出土的金銀錯龍紋銅鏡、帶鉤,趙國百家村墓出土的錯金帶鉤、劍首等,皆是金銀錯製器。

第二項工藝的進步是春秋時流行鑄在禮器上的平雕畫像,至戰國中期被刻鏤畫像工藝取代。這種工藝是在比較薄的壺、杯、鑑、奩上製造細如髮絲的刻鏤畫像圖畫,多數描寫水陸攻戰、狩獵宴樂、射禮、採桑等活動。由於這些圖畫是在鑄成器形後再用鋼刀刻鏤而成,可知當時冶鐵煉鋼技術必有長足發展。其他工藝技術如鑲嵌技術,不論鑲嵌紅銅、嵌玉、鑲鉄、鑲嵌松綠石,或者包金、鎏金〔註73〕等工藝,春秋戰國以來的工藝發展,都比西周時期有更高的水平。

(二)冶鐵業

1. 發展概況

我國何時開始用鐵,目前學術界還沒有定論。歷史上最早發現和使用的鐵是隕鐵,隕鐵是天上掉下來的隕石(鐵、鉻、鎳的混合物)經鍛打而製成,中國在殷商和西周初年,都有隕鐵器發現。中國用鐵的第二個階段是塊煉法煉出的熟鐵。把鐵礦石、木炭置於煉爐一起加熱,溫度達攝氏 800～1000 度時,礦石中的雜質會氣化逸出,得到海綿狀的固態鐵,將這種鐵塊反覆鍛打,就能製作器物。不過這種方法冶煉的鐵,數量少,質量差,尚含有大量雜質。最遲在西周晚期,中國就已出現這種冶鐵技術。隨著青銅冶鑄技術的提高,塊煉熟鐵很快就發展成「生鐵冶鑄法」的冶煉鑄鐵階段。這種方法是把鐵礦石放在爐內熔煉,溫度達攝氏 1150～1300 度時,鐵礦石會熔化成液體,可澆鑄成器物。這種方法煉出的鐵數量多、雜質少,鐵礦中的雜質比較徹底的和鐵元素分離開來,質量自然更好。

〔註73〕鎏金(或鎏銀)工藝是用溶解於水銀中的黃金(或白銀)塗抹在銅器表面,如趙國百家村墓出土的銅鏡,不少是鎏金並鑲嵌綠松石的製品。參見《趙都考古探索》,頁 112。

春秋時期晉國的冶鐵業就已發展到鑄鐵階段了。西元前 513 年，晉卿趙鞅和中行寅在汝水之濱修築城邑，並「賦晉國一鼓鐵，以鑄范宣子所爲刑書焉。」這是晉人使用鑄鐵在文獻上第一次明確的記載。要把一部法典鑄在鼎上，此鼎必然不小，這也顯示晉國冶鐵業已發展到相當可觀的水準。近年來考古發掘所得，例如侯馬北西莊出土的殘鐵鏟，西侯馬所出的一枚鐵針〔註 74〕，侯馬東周殉人墓出土的鐵帶鉤，都有力地證明春秋時晉人已掌握鑄鐵技術。

戰國以後，鐵器逐漸成爲各國農業、手工業中的主要生產工具；戰國晚期鐵兵器更成爲重要的作戰武器，鋼也日益廣泛使用。可以說，戰國時期，中國已進入鐵器時代。近年來三晉地區在考古發現上比較重要的成績，如山西長治分水嶺戰國魏墓出土的二十件鐵工具（十二、十四號墓合計）；河南輝縣固圍村一號墓（魏墓）出土的六十五件鐵器，其中農具佔五十八件；河北石家莊趙國冶鐵遺址出土一批鐵農具；鄭韓故城內面積達四萬平方公尺的鑄鐵作坊所見大批兵器陶範；河南登封告城古陽城遺址的戰國冶鐵遺址（韓地），趙都邯鄲故城所發現的煉鐵遺址及大批鐵器等，充分證實此時鐵器在三晉地區普遍使用的情況。

鐵器的使用帶來戰國社會重大的變革，其影響力遠超過木、石、骨、蚌、青銅任何一種原料製器。這是因爲鐵的硬度超過上述各種原料，它能冶煉成鋼，原料多，又易取得，加上鑄造技術、工藝進步的配合，它可以大量製造生產工具，使大規模水利工程的興建和用畜力耕田成爲可能，又能爲工業工人提供堅固、銳利的各項工具，大幅度地促進農業、手工業和建築業的發展。因此，鐵器的發明和廣泛運用，最終促使先秦歷史發展不得不走向另一個新階段。

2. 三晉冶鐵工業地點

戰國時期，趙、魏、韓三國的冶鐵業都相當發達，各有重要的冶鐵工業地點。趙國國都邯鄲就是著名的冶鐵工業地，不僅邯鄲人郭縱以冶鐵成業，財富與王者相等，就是西漢初年臨邛（今四川邛崍縣）經營冶鐵工業的卓氏，其祖也本是「用鐵冶富」的趙人（《史記·貨殖列傳》，頁 3277）。因爲邯鄲西北地區有豐富的「邯鄲式」鐵礦，很早就被開發利用，所以在礦山附近及邯

〔註74〕參見山西省考古研究所侯馬工作站編：《晉都新田》，頁 73。

鄲故城內，都發現有戰國時期的煉爐殘跡和大面積堆積的煉渣、碎木炭、鐵工具等遺物。〔註 75〕

魏國的冶鐵工業應該也頗發達。西漢時宛地經營冶鐵工業的孔氏，其祖先原是梁人，以「鐵冶爲業」（《史記‧貨殖列傳》，頁 3278），足見魏國必有重要的冶鐵工業地點。

韓國著名的冶鐵工業地點最多，《戰國策‧韓一‧蘇秦爲楚合從說韓王》所說：「韓卒之劍戟，皆出於冥山、棠谿、墨陽、合伯膊。鄧師、宛馮、龍淵、大阿。」（頁 930）則韓國以出產鐵兵器聞名。冥山在今河南省信陽縣東南，棠谿在今河南省舞陽縣西南，合伯（膊）和龍淵在今河南省西平縣西；宛馮就是宛，此城戰國時期先後爲韓、楚佔有，以出產鐵兵器聞名；鄧師在今河南孟縣東南。這些地區所鑄造的劍戟能《史記‧蘇秦列傳》曰：「擊斷牛馬，水擊鵠雁，當敵即斬堅，甲、盾、鞮、鍪、鐵幕、革抉、㕮芮，無不畢具。」（頁 2251）顯然已能把生鐵鍛造成，其冶鐵技術具備很高的水平。另外在新鄭故城的倉城村內發現一處冶鐵遺址，當是官營工業作坊遺址；河南登封告成古陽城遺址發現熔鐵爐底、爐壁及爐襯的殘塊、陶製和泥製鼓風管的殘片、木炭屑，以及鋤、钁、斧、鏟、鐮、削、刀、箭、桿、矛、帶鉤等陶範，證明這該是鑄造農業生產工具爲主的冶鐵手工業作坊，此處冶鐵業的建立應該和附近少室山「其下多鐵」（《山海經‧中山五經》）〔註 76〕有密切關係。

3.冶鐵技術的進步

春秋戰國冶鐵工業的迅速發展要歸功於當時冶鐵技術的進步，主要的表現有下列四項：

（1）鼓風爐的改良和鑄鐵冶煉技術的發明

鐵的冶煉品質首先取決於煉爐的溫度，溫度可以提高，也就改進了冶鑄技術。當時冶鐵的設備包括煉爐和鼓風設備，早期的煉爐很小，構造簡單，冶鐵時把礦石和木炭一層夾一層，從爐子上面加進去，生火燃燒，用一種特製、有彈性的「橐」（皮囊）來鼓風。由於爐子小，使用的橐不多，壓送入爐

〔註75〕參見趙樹文、燕宇：《趙都考古探索》，河北：當代中國出版社，1993 年，頁 109。
〔註76〕郭璞：《山海經》，台北：臺灣商務印書館，1965 年初版，頁 380。以下見引，皆據此本。

的空氣不夠充分，因此炭火的溫度就不夠高，還原出來的鐵只能是海綿狀的熟鐵，這種熟鐵必須經過長時期鍛打才能獲得較純的鐵塊，所以稱這種冶鐵法為「塊煉法」。最遲在春秋晚期，晉國已出現比「塊煉法」進步的鑄鐵冶煉技術。文獻上鑄刑書和考古上殘鐵鐸的發現，都足以證明此點。冶煉鑄鐵（生鐵）技術的發明，和鼓風爐的改良是分不開的。由於冶鐵手工業經驗的累積，經過擴大煉爐，裝置更大、更多個橐的設備改良，只要搖動橐上的把手，就可以將空氣中的氧氣不斷壓送到連結煉爐和橐的鼓風管（稱作「篙」）中，提升煉爐的溫度，使煉出的鐵成為液體，澆鑄模型，從而加速冶鐵的過程，提高鐵器的生產率，這對冶鐵業的發展具有決定性影響。近來考古發掘出土的戰國至漢魏鐵農具和工業工具，大多數都是鑄鐵所製造的，證實中國鑄鐵冶煉技術的發明比歐洲早了一千九百年。

（2）鑄鐵柔化技術的發明

鑄鐵柔化技術的發明是戰國時期冶鐵技術史上的另一項突破。這種技術是把鑄鐵的鑄件經過熱處理或加熱、退火、反覆鍛打的方式，使其內部含碳量和內部組織結構發生變化，增強韌性，以改善早期鑄鐵（即白口鐵）質脆而硬、易斷不耐用的缺點，從而擴大鑄鐵的使用範圍，提高鑄鐵的質量。戰國中晚期以後，這種鑄鐵柔化技術在北起燕、趙、魏，南達楚國的範圍廣泛使用，如河南固圍村一號墓出土的鐵帶鉤（魏地）、河北易縣燕下都四十四號墓出土的鐵鈐等，都是經過柔化處理的展性鑄鐵。這個技術的發明，對當時社會生產力的發展，具有重大推動作用。

（3）製鋼技術的出現

戰國時期，韓、楚兩國鐵兵器的鋒利非常著名，這應該是由於製鋼技術的發明。此時製鋼是採用滲碳製鋼技術，將「塊煉鐵」在熾熱的木炭中加熱，使表面滲碳，再經過反覆鍛打製成兵器或工具，接著用淬火或正火〔註77〕等熱處理方法改進鋼材的性能，以適應不同器具的需求。雖然目前考古所見鋼製鐵器尚未出現三晉製品，但我們仍可預期，未來必定會有更新的發現可供證明。

〔註77〕「淬火」是把鋼件加熱到適當溫度，然後放入水中或其他液體中急速冷卻，以改變其組織，增強硬度。「正火」是指把鋼件加熱到適當溫度使其形成奧氏體，然後在空氣中冷卻，改變內部組織結構，使其機械性質較正火前有所改變。參見陳良佐〈古代的金屬工藝〉一文，《中央研究院歷史語言研究所集刊》五十二集第二分冊。

（4）鑄造工藝的進步

由於繼承和發展了青銅鑄造工藝的優良傳統，鑄鐵的鑄造工藝很快就發展到相當的高水平。鑄範不僅有陶製品，也有鐵製的，並由單合範發展為複合範。單合範是較原始的鑄型，有一面是立體的鑄型，把它合在一塊平板上澆注，鑄成的工具或錢幣有一面是平的；複合範是多塊鑄範用「子口」拼合，箍緊後澆注，可以鑄造大型複雜工具和器物。1953 年河北興隆燕國冶鐵遺址出土的大批鐵質鑄範，大多數即是複合範，構造複雜，製作精美；河北磁縣下潘汪遺址（趙地）也發現一件戰國的合模鐵钁範〔註 78〕，說明當時鑄鐵的鑄造工藝和製範技術已達相當完美的程度。韓國陽城鑄鐵遺址出土的數個帶鈎範，就殘存高度來看，這個陶範至少是四到六個或更多個重疊一起一次澆鑄的帶鈎範腔，說明當時有進步的一範多器疊鑄法。〔註 79〕

至於鐵範，本身既是白口生鐵的鑄件，又是鑄造鐵器的模具，以它來鑄造鐵器，可使鑄件形狀穩定而精緻，並可連續使用，不像一般陶範使用一次就要毀壞，生產效率自然提高很多。

整體而言，春秋戰國時期的冶鐵業，由於煉鐵鼓風爐設備、鑄鐵冶煉技術、鑄鐵柔化技術、製鋼技術、鑄造技術等各方面的改良與發明而迅速興起，冶鐵業的進步及大量生產，使得鐵製生產工具逐漸普遍地使用於農業、工業，從而推動社會迅速發展。

二、製陶業

製陶是中國相當古老的一門工業，在原始社會時期已經繁盛，然後在相當長的時間內成為先民生活上最普遍的用器，所以在考古發掘出現的陶器數量相當驚人。

三晉文化遺址上出現的陶器器物種類和列國所見沒有多少差別，有食用器如鬲、釜、甗、甑、豆、尊、盆、盂、罐、甕、鼎、壺、罍、杯、盤、簋、簠、缽、碗、盂、匜、盒、鑒等，有些器物表面留下煙熏火灼的痕跡，表明它們曾被使用過；生產工具有用來鑄造青銅器和鐵器的陶範、澆口、鼓風嘴，以及紡織絲麻的紡輪；用於建築的陶製器材有甬瓦、板瓦、瓦當、瓦釘、陶

〔註78〕《趙都考古探索》，頁 110。
〔註79〕〈河南登封陽城遺址的調查與鑄鐵遺址的試掘〉，載於《文物》1977 年十二期。

水管、陶井圈、空心磚等等。

　　陶器的製法不外輪製、手製和模製三種，有的器物往往會採取三種兼用或兩種兼用的作法，如碗、盤、壺、罐之類多是一次輪製而成，而鼎、豆或造型較有變化的器物，則多採二至三次工序才能製成。造型完成後，經過燒陶手續使陶土質地變硬，就是良好的實用陶器，有的陶器還會繪上美麗的彩色紋飾。如果是專供殉葬而製的冥器，就比較不講究製造過程的要求，故火侯較低，質地較鬆軟。在晉國侯馬牛村古城南以及趙都邯鄲大北城、鄭韓故城東城，都有製陶遺址的發現。同時，在陶器發展的過程中，原始的瓷器已經興起。1959 年，考古人員在山西侯馬牛村古城南的春秋地層中發現了帶釉的陶器殘片，能夠復原的有小杯、罐，外表塗黃褐色、茶色釉質、光澤可鑒〔註80〕，值得留意。

三、製革業

　　製革是古代重要的工業之一，以皮革製造鎧甲、固車、蒙鼓、造作弓箭矢箙，或者做成皮橐鼓風冶煉銅鐵等等，在當時的政治和軍事生活中佔有重要的地位。

　　晉國地近游牧的戎狄民族，兼之本身有發達的畜牧業，皮革的來源應當十分豐富。西元前 569 年，北戎「無終子嘉父使孟樂如晉，因魏莊子（絳）納虎豹之皮以請和諸戎。」（《左傳‧襄公四年》，頁 506）從戎狄獲得皮革應非偶然之事。春秋末年，晉國革車達四、五千乘，單是裝備車上甲士一項，需要的皮革就很龐大，可以推想晉國製革業規模之大。戰國以後，雖然步兵取代了車戰的作戰方式，但三晉車兵部隊的設置數量仍然動輒數百、上千輛，而且各國軍備極力擴張，帶甲的兵員動不動也有一、二十萬，對皮革的需求依然很大，製革業的發展隨著手工業生產技術的提高，在製品的質量上相對也會顯著提高。

　　此時的皮革原料，除一般皮革製器多用牛皮、羊皮外，「甲」主要用牛皮製造，有時還用貴重的犀牛皮、野牛（兕）皮或鮫魚皮。考古發現證明，中國從殷代就使用皮甲了，但最初是整張皮革製成的鎧甲，這種鎧甲會影響戰士操兵戰鬥，較為不便，於是製甲工藝出現革新。革工第一步驟要把生革鍛成熟革，首先要審視生革是否豐厚結實，皮下有無敗穢，選擇優質的生革進

〔註80〕暢文齊：〈侯馬發現了春秋時代的釉陶〉，載於《文物》1960 年八～九期。

行鍛革，成為熟革；再把熟革裁成長約十五到二十五公分，寬約十一到十三公分的長方形或角形的碎片，革片上下穿孔，用皮條整齊地串成一排，每個革片叫做一「札」（因為像書寫的簡札），每一排叫做一「屬」。每件甲衣由五至七屬組成，上身的甲衣叫「上旅」，下身的甲裙叫「下旅」；為了使鎧甲更加堅固，就剔去革肉而取雙層皮革做成甲札，這種札即稱為「合甲」〔註81〕。合甲做好之後，表裡都要塗上一層朱漆或黑漆。為了進一步增強防護能力，另外又用青銅鑄成的環狀甲泡綴在甲冑、皮靴上。

駕車的驂馬在作戰時也要服甲，如《左傳‧僖公二十八年》載晉楚城濮之戰中，「胥臣蒙馬以虎皮，先犯陳、蔡。」（頁272）這可能是臨時用整張獸皮草率製成的馬甲。戰國所見的正式馬甲也由眾多的甲札聯綴而成。馬的頭部披有「護冪」，是用整片皮革製成，表裡髹漆，從馬首的頂部經鼻梁至口唇為中線，左右對稱折下，遮住馬的兩頰；耳部穿孔，讓馬耳伸出孔外；眼部也穿孔，馬目可以外視。如果是製弓、固車、蒙鼓、覆盾等用途，則不需鍛革，只要將生革刮除污穢就可使用。

四、木工製造業

木工也是古代社會中重要的一種工業，製造車、舟等交通工具，農業、工業生產工具，建築房屋廬舍和生活用具等等，都離不開木工。《考工記》說：「攻木之工」包括「輪、輿、弓、廬、匠、車、梓」七種：「輪」即造車輪與相關零件，製作輪的木工叫「輪人」，作車輪之官也稱為「輪人」；「輿」即車箱，「輿人」泛指造車工人；「弓」指造弓的工人；「廬」指製造兵器矛、戈、戟之柄的工人，「匠」指主管營建宮室城郭溝洫的工人，「車」指造車和農具的木工，「梓」是指製造鐘、磬樂器的架子和造飲器、箭靶的工人（頁596）。不論車子、兵器、農具、樂器架、飲器或營建，都需要木工製造技術。春秋時期戰爭以車戰為主，先決條件是因為有發達進步的木工業可以製造大量戰車。

春秋戰國以來，由於冶鐵業的發展，促使鐵製木工工具廣泛使用，如斤、斧、鋸、錐、鑿、鑽、錛、刀、削等鐵工具，使木工工藝更加精進。其他普遍運用的木工工具還有規（畫圓的工具）、矩（畫方形或直角用的曲尺）、繩（彈直線用的墨繩）、懸（測量垂直線用）、水（測量水平線用）等。

〔註81〕見《周禮‧考工記‧函人》，頁620。

木工生產時，每一道工序都使用專用工具，遵循一定的操作規程。《墨子‧法儀》篇說：「天下從事者，不可以無法儀，……雖至百工從事者，亦皆有法。百工為方以矩，為圓以規，直以繩，正以縣（懸），無巧工不巧工，皆以此五者為法。巧者能中之，不巧者雖不能中，放依以從事，猶逾已。故百工從事，皆有法度。」（頁18～19）《荀子‧儒效篇》也說：「設規矩，陳繩墨，便用，君子不如工人。」（頁78）木工工具的操作和工藝的配合，是需要長期經驗累積技術的。

這時還發明了一種叫「隱括」或「㮤檗」用以矯正木料曲直的工具。只要把蒸煮過的木料放入隱括之中，經過一定時間就可以把曲木壓直或把直木壓曲，以適合製作的需要，並防止以後變形。《荀子‧性惡篇》曰：「故隱括之生為枸（即鉤，曲也）木也。繩墨之起，為不直也。……枸木必將待隱括烝矯，然後直者。」（頁294）《荀子‧大略》又說：「乘輿之輪，太山之木也，示（置）諸隱括，三月、五月……敝而不反其常。」（頁334）這種木料處理工具的進步，為古代木工製造業的發展提供更優越的條件。

除了建築房屋（包括墓室）、製造兵器、農具、飲器、各類日常器用之外，這時習用的交通工具，包括陸車、水舟，都是木工製造。三晉文化區出土的車馬坑和車馬器殘件不少，足以證明三晉車工的工藝；但舟楫的形制至今尚無實物發現，文獻記載亦復闕如，只能暫時保留，待相關資料出土補充了。

五、紡織業

人類使用的生活資源中，衣服器用是僅次於食物的重要消費品。晉人的衣料種類主要有皮毛、蠶絲和麻葛織物。《詩經‧唐風‧羔裘》詩曰：「羔裘豹祛」、「羔裘豹褎」（頁224），這是用羔羊毛皮製成的皮衣，袖口還裝飾一圈豹皮，應是貴族衣著。至於種桑養蠶，抽絲織帛，以及種植、采集麻葛植物的纖維做成衣服原料，歷史也相當悠久。山西省在夏縣西陰村新石器時代仰韶文化遺址中曾發現過半個經人工割裂的蠶繭，從那時起到周代，絲織業便逐漸發達。從文獻來看，當時黃河中下游地區遍布桑林，採桑的婦女會成群結隊的採摘桑葉，所以《詩經‧魏風‧十畝之間》詩唱道：

> 十畝之間兮，桑者閑閑兮，行與子還兮。
> 十畝之外兮，桑者泄泄兮，行與子逝兮。（頁209～210）

採桑於田間，說明桑林是人工栽培的成果；採桑回去養蠶，顯示養蠶業已從野牧階段過渡到室養的階段。不過在西周到春秋這段時間，絲織品是屬於貴重衣料，常常做爲國君賞賜臣下的賜品，或國際間貴族們相互贈送的禮物。如《左傳·昭公十三年》平丘之會，衛國派大夫屠伯「饋叔向羹與一篋錦。」（頁810）錦帛一類的高級絲織品，爲上層階級貴族的專用品，一般庶民雖然是生產者，卻無權享用。《詩經·魏風·葛履》曰：「摻摻女手，可以縫裳。要之棘之，好人服之。」（頁 206）婦女是紡織業的主力軍，但她們所製的衣服卻是供給「好人」（貴人）服用，這些衣服應是指珍貴的絲織品。春秋到戰國期間，由於禮制的破壞，社會經濟條件的發展，絲織品才慢慢地普及於庶人和百工之間。孟子說：「五畝之宅，樹之以桑，五十者可以衣帛矣！」（《孟子·梁惠王上》，頁 12）雖然是一種理想的假設，但已充分展現戰國時期魏國蠶絲業發達的可能性，而且只要經濟能力許可，不論身份高低，皆可穿著絲織品了。《史記·貨殖列傳》稱：「燕、代田畜而事蠶。」（頁 3270）顯示趙國代地的蠶桑事業也很興盛。《周禮·夏官·職方氏》曰：「河南曰豫州……其利林漆、絲、枲。」（頁 499）絲是當地特產之一，韓、魏二國位在豫州，絲織業應有可觀之處。侯馬盟誓遺址坑 17 出土的玉環上曾留下絲織物的痕跡，這是當時先用絲織品包裹了玉環才埋入土中。但所留痕跡模糊不清，很難斷定這種織物的組織結構。《詩經·唐風·揚之水》曰：「素衣朱繡」（頁 219），《國語·晉語八》說絳之富商能「金玉其車，文錯其服。」（頁 171）顯然春秋之時，晉國的絲織物不限於平紋的絹，已能織出其他紋飾。目前地下出土資料所發現的春秋戰國絲織物，以南方楚國的資料最豐富具體，而三晉地區則尚待新資料出土。

《周禮·職方氏》說豫州利於種「枲」，枲也是麻的一種，主要生產於北方黃河流域的北部、西部，另一種麻叫「紵」，則生產於南方。麻、紵一類植物的纖維從莖上剝下後，要先在水中浸泡，叫「漚麻」。如《詩經·陳風·東門之池》曰：「東門之池，可以漚麻。……東門之池，可以漚紵。」（頁 252～253）經過浸泡，然後才能剝取纖維製作麻布。葛是野生植物，多生於潮濕的河邊與沼澤之處。葛的纖維在採割下來後，必須先放入沸水進行柔化處理，如《詩經·周南·葛覃》說：「是刈是濩，爲絺爲綌，服之無斁。」（頁 30）是形容婦女採收葛藤，經過蒸煮、織成葛布（細葛布叫「絺」，粗葛布叫「綌」）、裁製爲服的過程。麻葛皆可做爲一般庶民的衣料，麻布又是喪服唯

一的使用布料。葛還可做鞋，如《詩經・魏風・葛屨》曰：「糾糾葛屨，可以履霜。」（頁 206）葛屨本是一般人家的夏鞋，因爲窮苦，故在秋霜季節仍然穿著。

蠶絲和麻葛在織造之前或之後還要進行染色。晉獻公十七年（西元前 660 年），太子申生率師伐東山皋落氏，晉獻公使其「衣之尨服」（《左傳・閔公二年》，頁 193），尨服就是雜色的衣服；《詩經・唐風・揚之水》曰：「素衣朱襮」、「素衣朱繡」（頁 219），晉襄公在晉秦殽之戰中「墨縗絰」（《左傳・襄公二十三年》，頁 603）等，顯示晉人早已知道從礦物或植物中提取顏料染色。《周禮・天官》有一種叫「染人」的官「掌染絲帛」（頁 19），《考工記》有「鍾氏染羽」（頁 623）、「䟷氏湅絲」（頁 624）的記載。鍾氏染羽用丹朱和丹秫（穀物名）爲色料，重複染過三次的顏色才叫「纁」（淺絳色），五次叫「緅」（赤黑色），七次叫「緇」（黑色）。䟷氏湅絲，步驟更是複雜。先把生絲浸泡於用草木灰泡製的鹼性液汁中（寸水）七天七夜，日曬夜浸（浸於井水），直到絲纖維上的膠絲和其他雜質去掉，絲纖維才能柔軟易於染色。這種湅絲方法叫「水湅」，就是一種化學脫膠湅絲的方法。

《呂氏春秋・季夏紀》說：「命婦官染采黼黻文章，必以法，故無或差忒，黑、黃、蒼、赤，莫不質良，勿敢僞作，以給郊廟祭祀之服，以爲旗章，以別貴賤等級之度。」（頁 312）顯示戰國紡織、染色工藝的高超。當時衣服的顏色、衣料，也是區別貴賤等級的標準之一，庶民之服絕對無法像貴族服飾那樣華麗考究，而貴族服飾的精緻，則可作爲先秦紡織工業進步水平的表徵。

六、玉石骨蚌業

據典籍所載，周朝貴族在朝覲聘問、婚姻嫁娶等活動中，手執一塊造型稍異、上尖方下方的玉石器以象徵不同的身份等級，分別有代表天子的「鎮圭」、公爵的「桓圭」、侯爵的「信圭」、伯爵的「躬圭」，以及代表子爵、男爵身份的圓形玉器「璧」等，可見玉器的象徵意義及其製造工藝，在周朝必定十分發達。《國語・周語上・內史過論晉惠公必無後》載周襄王命邵武王及內史過賜晉惠公命，「晉侯執玉卑」，內史過就說：「晉不亡，其君必無復。」（頁 35）意思是晉惠公執圭高下不合禮度，顯示他會無後。

君王、卿大夫在祭祀天地、山川、聖靈、祖先，或者在某項重大的政治

活動中，爲取得彼此互信而進行盟誓，都會使用玉器。《左傳・僖公二十四年》記載，重耳流亡十九年歸國至河，子犯以璧授之曰：「臣負覊紲，從君巡於天下，臣之罪多矣。臣猶知之，而況君乎？請由此亡。」重耳回答：「所不與舅氏同心者，有如白水。」說完就「投璧於河」（頁253），這是重耳和子犯之間的約信，以璧爲犧牲，投之於河。《左傳・襄公十八年》載晉軍伐齊，中行偃在渡河前「以朱絲係玉二瑴而禱曰：『齊環（齊靈公）怙恃而險，負其眾庶，棄好背盟，陵虐神主，曾臣彪（晉平公）率諸侯以討焉。其官臣偃實先後之，苟捷有功，無作神羞，官臣偃無敢後濟，唯爾有神裁之！』沈玉而濟。」（頁577）這是生人以雙玉沈河、祭祀先君鬼魂的例子。《左傳》中記載晉人盟誓活動的次數繁多，不一一舉例。由考古結果證實，侯馬盟誓遺址發現的兩百多個東周晉國祭祀坑內，除了埋藏大量石簡、玉塊、玉片造型的有字「盟書」外，伴隨出土的還有各種不同造型的其他玉器，河南溫縣盟誓遺址的盟書數量更多，尚待整理〔註82〕；加上三晉地區大量出土的東周墓葬玉器、鄭韓故都東城的製玉遺址出土，迄今所見的三晉玉器至少有璋、環、琥、瓏、圭、璜、珩、琮、璧、瑗、玦、觽、韘，以及玉珠、玉佩、玉獸——玉蠶、玉魚、玉燕、玉猇、玉虎、玉螭、龍形佩飾……等造型〔註83〕。不僅反映三晉地區「攻玉之工」技藝的精巧，也證實晉國和三晉國家必定都有規模驚人的製玉工業存在。

　　石器製作除了部分作生產工具，主要是石圭、石磬和石簡。侯馬牛村古城南、趙都邯鄲大北城都已發現有石圭及石器作坊遺址。1961年上馬村墓十三出土石磬十件，分爲兩組，形狀無異，唯尺寸遞減〔註84〕。河南山彪鎮戰國魏墓有石磬一組十件，琉璃閣墓甲見石磬十一件，1957年河南陝縣後川戰國魏墓 M2040 中也出現石編磬一套十件〔註85〕。石簡的數量更是多不可勝數，其他石器造型如石璜、石瓏、石刀、石印章等，也有實物出土。顯示三晉文化在石料的開採、切割、裁製等工業也有悠久、成熟的歷史。

　　骨器和蚌貝的使用雖然很早，但沿用的時間相當長，在西周到春秋戰國的三晉文化區墓葬中仍可常見。侯馬上馬村墓出土的骨簪、骨玦、骨管、骨

〔註82〕有關盟書詳細資料，見第七章內容。
〔註83〕主要參見《晉都新田》與《二十世紀河南考古發現與研究》二書相關資料綜言。
〔註84〕王克林：〈山西侯馬上馬村東周墓葬〉，載於《考古》1963年第五期。
〔註85〕參見《二十世紀河南考古發現與研究》，頁462～470。

釘，牛村古城南東周遺址的骨笄、骨簪、骨耳勺、骨帶鉤、小骨刀、骨叉、
蚌刀、蚌鋸〔註86〕，鑄銅遺址和平望古城內 76H4TM2 坑所出骨梳，鑄銅遺址
和西侯馬陶窯遺址發現的燙花骨叉〔註87〕，河南山彪鎮 M1 大墓所見骨製器如
骨管、骨鑣、骨珠，琉璃閣墓甲的包金銅貝一千五百四十八枚、骨貝二百一
十枚等等〔註88〕，證明三晉玉石骨蚌製造品的精巧。今在牛村古城南和鄭韓
故都東城內發現設有製骨遺址，從堆積的廢料和半成品的切鑿、琢、磨痕跡
而論，可看出其製作手法已有高超工藝。

　　最能代表戰國時期魏國冶金、玉石工業及鑲嵌工藝結合的高度精品，莫
過於河南固圍村五號墓出土的一件琵琶形包金鑲玉銀帶鉤，底為銀括，面為
包金組成的浮雕蟠龍，嵌以白玉玦和料珠，勾部是用白玉雕琢成鴨頭狀。這
件紋飾複雜、玲瓏剔透的作品，可謂戰國時期工藝技術的至高傑作。

七、鹽　業

　　鹽是人類的生活必需品，我們每天都必須食用。鹽主要成份是氯化鈉
（NaCl），氯和鈉對人體生理功能有維持胃液酸鹼平衡、調節血液鹼度，維持
心臟跳動，維持肌肉感應能力的作用，是五味之中對人體最重要的一味，是
維持人類生命體系不可缺乏的物質。〔註89〕

　　中國最早發現並且利用的鹽應該是自然鹽，其中最著名的是位在山西運
城的鹽池（即解池，河東鹽池），它的歷史非常悠久，所產的鹽古代叫「鹵」，
西周金文只見「鹵」字，未見「鹽」字，《說文解字》解釋為「鹵也，天生曰
鹵，人生曰鹽。」（頁 592）所以，自然形成的稱「鹵」，經過人力加工而成的
才稱作「鹽」。一般以為，先秦河東鹽池所產的自然鹽即叫「鹵」，或稱作「鹽」，
是早期渭水流域、黃河中游一帶主要的食鹽來源，出現較早；而山東沿海經
過人工煮煉的海鹽，出現的時間應該較晚〔註90〕。從河東原始文化，如西侯
度文化、匼河文化、坡頭文化、金勝莊文化、丁村文化、西陰文化、崔家河
文化、南海峪文化等遺址，皆圍繞在鹽池周圍五十至二百公里範圍內聚居的

〔註86〕 張守中：〈1959 年侯馬"牛村古城"南東周遺址發掘簡報〉，載《文物》1960
　　　　年八～九期。
〔註87〕 參見《晉都新田》，頁 79。
〔註88〕 《二十世紀河南考古發現與研究》，頁 462～465。
〔註89〕 柴繼光、李希堂、李竹林合著：《晉鹽文化述要》，太原：山西人民出版社，
　　　　1993 年，頁 23。
〔註90〕 郭正忠：《中國鹽業史（古代篇）》，北京：人民出版社，1997 年，頁 11～13。

客觀現象而論，很可能就是考慮到鹽池的存在和價值〔註 91〕。古代傳說中黃帝大戰炎帝、蚩尤、以及堯都平陽（山西臨汾）、舜都蒲阪（山西永濟）、禹都安邑（山西夏縣），也可能與保衛鹽池重地有關〔註 92〕。相傳舜彈五弦之琴，造南風之歌，其辭曰：「南風之薰兮，可以解吾民之慍兮；南風之時兮，可以阜吾民之財兮。」由於河東鹽池在夏季「南風」的吹拂下，沿岸的鹽水迅速蒸發，凝結成鹽粒，可以「朝取暮生」、「暮取朝復」〔註 93〕，取之不竭，所以說「南風」可以「阜財」，此「財」可能就是鹽池這項自然財源。

神話傳說中關於河東鹽池的形成最有名的是黃帝與蚩尤大戰，蚩尤戰敗被殺，肢體身首異處，其血入池化為鹵而成鹽池〔註 94〕。從科學上地質構造成因來看，中條山北麓曾經經過造山運動而斷裂生成狹長的陷落地帶，在這條陷落地帶的最低處，每遇山洪暴發，大水直瀉而下，便形成天然水湖，由於水裡含有大量鉀鹽、石灰鹽、鎂鹽、硫酸鹽、食鹽，與早期的淤積層相結合，經長期蒸發，鹽類沈澱，結成很厚的鹽層，後來又經地殼不斷變動，鹽層和池水融合，於是產生天然的鹽湖而有鹽池。鹽池在春秋時代屬於晉國領地，戰國時代屬於魏國領地，直到秦昭襄王二十一年（西元前 286 年）司馬錯攻魏河內，魏獻安邑（《史記‧秦本紀》，頁 212）以後，鹽池才歸秦國所有，因此兩周時期，鹽池在大部分的時間內是屬於三晉所有，三晉鹽業的發展自然發達。

《左傳‧成公六年》載：「晉人謀去故絳，諸大夫皆曰：必居郇瑕之地，沃饒而近鹽，國利君樂，不可失也。」只有韓獻子持異議說：「山澤林鹽，國之寶也，國饒則民驕佚，近寶公室乃貧，不可謂樂。」（頁 441）不管雙方的意見何以不同，但郇瑕之地近「鹽」，則是「國利」、「國之寶」顯無疑問，可見春秋時期晉國所產池鹽已經是國家重要財源之一。春秋末年、戰國初年的魯人猗頓即是因經營池鹽致富（《史記‧貨殖列傳》，頁 3259），當時晉國鹽業當有一定規模，大概中原諸侯列國和晉國周圍的戎狄部族皆賴晉國池鹽供

〔註91〕 同前註，頁 21～23。

〔註92〕 張其昀：《中華五千年史》第一冊《遠古史》，台北：中國文化大學出版部，1981 年七版，頁 22～23、59。

〔註93〕 見唐‧虞世南：《北堂書鈔》卷一四六「鹽‧朝取暮生」條、「鹽‧暮取朝復」條，《景印文淵閣四庫全書》八八九冊，台北：臺灣商務印書館，1983 年，頁 750。

〔註94〕 詳參《晉鹽文化述要》，頁 6～8。

給，故猗氏能由此致富。

　　《周禮，天官》有「鹽人」一職，其職爲「掌鹽之政令，以共百事之鹽。祭祀、共其苦鹽；賓客、共其形鹽、散鹽；王之膳羞，共其飴鹽；后及世子，亦如之。凡齊事、煮鹽以待戒令。」（頁 901）周王室所得各地的貢鹽有四種，包括苦鹽、形鹽、散鹽、飴鹽。苦鹽或即鹽鹽，味淡、稍苦，是產於河東鹽池的自然鹽；形鹽也是自然鹽，屬於「戎鹽」的一種，如虎形鹽、卵鹽，是產於西北地區的岩鹽或池鹽；散鹽即人工煮煉而成的海鹽，產於山東濱海；飴鹽也是「戎鹽」，但爲其中佳品。君王、后妃及世子食用的是飴鹽，供祭祀、賓客用鹽鹽、形鹽，兼用散鹽。散鹽在西周時期產量可能還不豐盛，流通較少，因此金文只見「鹵」字；春秋戰國以後，齊、燕兩國的煮鹽業有精進發展，且經由發達的交通運輸行銷他國。《管子‧輕重甲》說：「齊有渠展之鹽，燕有遼東之煮。」（頁 392）《史記‧貨殖列傳》說：「山東多魚、鹽」，「燕有魚鹽棗粟之饒」（頁 3253），漢謠俗「山東食海鹽，山西食鹽鹵。」（頁 3269）等，齊、燕的海鹽不但和山西池鹽並爲中國兩大食鹽系統，甚至海鹽的運銷還可能打入池鹽的腹地。《管子‧輕重甲》載管子主張：「令糶之梁、趙、宋、衛、濮陽，彼盡饋食之也，國無鹽則腫，宋圍之國用鹽獨甚。」（頁 392）黃河中游一帶，梁、趙、宋、衛諸國，本來地近鹽地，以食用池鹽爲主，管子欲將齊鹽銷此，則海鹽和池鹽的商業競爭必從而激烈。

第五章　政治文化

　　官制、軍隊和法律，是維持國家政權穩定、組織一國政治體制、影響各國政局發展的三大支柱，都屬於政治內容的一環，故本章將這三個領域統攝於「政治文化」單元中一併探討。首先廣搜文獻記載裡，晉國與趙、魏、韓三晉國家的職官制度、軍事制度和法律制度的演進概況，並詳釋各種制度的具體內容。其次，在縱向研究上，特別留心趙、魏、韓的職官、軍制與法律，與晉國文化之間的傳承關係；在橫向討論中，則注意三晉文化和其他地區的國家或文化間的差異。藉由職官、軍事、法律三種制度深入、縱向、橫向的廣泛探討，以呈現三晉文化自身政治文化的完整面貌。

第一節　職官制度

　　職官制度是國家機關的組織法規，簡單地說，就是國家設官及管理的相關制度，包括機構和官職的名稱、員額、品級、職掌等內容，以及選官、任用、調動、考核、獎懲、退休等事宜的管理。俞鹿年先生說：「官制是關於國家機關的建置、職掌、官吏的設置及其考選、管理的制度。」〔註1〕大體扼要而完備。

　　在三晉文化的官制演進史上，春秋時代是一個具有關鍵性作用的轉變期。在春秋中期以前，晉國官制的基本形態是「世官制」；春秋中期以後，「世官制」開始產生變化，逐漸向「官僚制度」過渡。三家分晉、進入戰國時期，隨著變法運動的推行，趙、魏、韓不得不因應架構出轉變的官制，逐步建立

〔註 1〕俞鹿年編著：《中國官制大辭典》前言，黑龍江人民出版社，1992年，頁1。

起中央集權的政治體制，即「官僚制度」。

一、晉國的世官制

（一）何謂「世官制」

所謂「世官制」，就字面解釋，就是世襲的官制。這種官制產生於夏商時代，盛行於西周到春秋期間；春秋中期開始產生變化，至戰國時期衰亡崩潰。

《論語‧為政篇》云：「殷因于夏禮，所損益可知也；周因于殷禮，所損益可知也。」（頁 19）夏、商、周三代的典章制度是依次承繼又有所發展的，官制也不例外。從古書記載來看，夏代基本上確立了王位世襲制度，並設置簡單的國家機構和職官；商朝的政治制度進一步發展，官制已相當完備，不過職權的分工還不夠明顯。當時的選官方式，由於資料限制，我們只能籠統地知道是世襲官制，細節卻早無可考。在武王克商、建立新政權之後，周王朝仍然採行「世官制」。然而，周朝的世官制有一個十分突出的特點，即它與當時穩固王朝政權的兩大支柱——分封制與宗法制是緊密結合的。

分封制，是周天子根據與自己關係的親疏遠近，對自己的子弟、親戚、功臣和古代先聖後裔，授與一定範圍的土地和人民，去建立統治據點，以拱衛周王室的方法，即所謂「封建親戚，以蕃屏周」（《左傳》，頁 255）的一種制度。周初曾舉行過兩次大分封，受封的諸侯以周王室的同姓宗族居多，異姓諸侯較少〔註2〕；被分封的諸侯，在其國內依據同樣的原則對其屬下再行分封，受封者為卿大夫，基本上也是諸侯國國君的同族居多，可享有采邑；卿大夫還會繼續分封，受封者為士，有食地；士以下就不再分封。這樣自上層而下層分封的結果，形成了周王朝新型的政權層級分化形式：天子——諸侯——卿大夫——士。此種寶塔型的貴族統治結構，有嚴格的尊卑等級制度，可以有效地維持統治秩序，加強周王室對全國的控制。

〔註 2〕 周初舉行的兩次大分封：第一次在武王之時，《左傳‧昭公二十八年》載成鱄曰：「昔武王克商，光有天下。其兄弟之國者十有五人，姬姓之國者四十人。」（頁 913）第二次在周公東征之後，《左傳‧僖公二十四年》富辰曰：「昔周公弔二叔之不咸，故封建親戚，以蕃屏周。管、蔡、郕、霍、魯、衛、毛、聃、郜、雍、曹、滕、畢、原、酆、郇，文之昭也；邘、晉、應、韓，武之穆也；凡、蔣、邢、茅、胙、祭，周公之胤也。」（頁 255）兩次分封諸侯的結果，與周同姓的諸侯佔多數。《荀子‧儒效》亦云：「立七十一國，姬姓獨居五十三人。」（頁 73）

　　宗法制，「是指一種以血緣關係爲基礎，標榜尊崇共同祖先、維繫親情，而在宗族內部區分尊卑長幼，並規定繼承秩序以及不同地位的宗族成員各自不同的權力和義務的法則。」〔註3〕按照周代的宗法制度，周王自稱天子，王位由嫡長子繼承，稱爲天下的大宗，是同姓貴族的最高族長，又是天下政治的共主，掌有統治天下的權力。天子的眾子有的分封爲諸侯，君位也由嫡長子繼承，對天子爲小宗，在本國爲大宗，是國內同宗貴族的大族長，又是本國政治上的共主，掌有統治封國的權力。諸侯的眾子有的再分封爲卿大夫，也由嫡長子繼承，對諸侯是小宗，在本家是大宗，世襲官職，並掌有統治封邑的權力。此時宗法制度的主要特點，在於嚴格區分嫡、庶，確立嫡長子的優先繼承權，以及在宗族內區分大宗、小宗之別。無論大宗、小宗，都以正嫡爲宗子，宗子具有特殊的權力，諸如主持祭祀、掌管宗族財產、料理族人婚喪、處理宗族內部糾紛等等，宗族成員皆須尊奉宗子。

　　在分封與宗法制度的基礎下，不論王室或諸侯，基本上遵守嫡長子繼承的原則，一代一代相襲傳承，也由此架構出周王朝「政權結合族權」、堅定穩固的貴族政治組織。而且在相同的基礎下，周王室、各國諸侯、諸侯國內的卿、大夫，逐漸凝聚爲不同層次意義上的世族集團。這些世族，世世代代享有封地、人民、財產等祿位（即世祿），並憑藉自己世族、世祿的有利地位出任官職，參與執政，形成所謂的「世官制度」。例如周王室的微史、虢季兩家族，前者原是殷商的屬國，周初封爲異姓諸侯，世襲周室史官；後者是周室宗族，世襲「師」官，保衛王宮〔註4〕。春秋時期，晉有六卿，魯有三桓，鄭有七穆，以及宋國的華、樂、魚、向諸姓，均是世襲卿相、執掌國家政權的「世卿」，這就是世官制度傳承的結果。

（二）晉國的職官

　　西周時期的晉國，由於文獻不足，其職官建置的情況已無法恢復原貌。《左傳・定公四年》追述唐叔虞受封的記載，曾提到周成王派「職官五正」輔佐唐叔，他們可能是分掌五個行政部門的長官〔註5〕。傳世晉國青銅器有伯刕父鼎，其銘曰：「晉嗣（司）徒白（伯）刕父作周姬寶尊鼎，其萬年永寶用。」

〔註3〕陰法魯、許樹安：《中國古代文化史》，北京：北京大學出版社，1989 年，頁
　　　　80。
〔註4〕汪中文：《兩周官制論稿》，高雄：高雄復文書局，1993 年，頁 4～8。
〔註5〕杜預注：「五正，五官之長。」《禮記・曲禮下》云：「天子之五官曰：司徒、
　　　　司馬、司空、司士、司寇，典司五眾。」（頁 81）或以爲即此五官。

〔註6〕可證西周晚期，晉國尚存司徒之官，但這是極少數能確信的資料。

春秋以後，國際局勢與晉國社會漸生變化，職官的配置隨時代變遷必有所損益，不過絕大部份的西周官職還是被保留下來。因此我們從春秋晉國官制的探討，大體尚能推知西周晉國官制的概況。此時的晉國官制，重要的特色之一是軍政合一。平時無事，行政官員就處理行政事務；一旦戰爭爆發，所有的官員，幾乎會被重新編制，賦與軍事職稱，然後投入戰事。因此，對於晉國職官的建置，包括文官與武官，此處一併介紹，在下一個單元「軍事制度」裡，不再贅言。

1. 中央職官

春秋時期的晉國官制和其他各國相同，有兩項基本特點：一是世卿執政，二是軍政合一。換言之，卿大夫世族除了代代擔任國家重要官職外，平時執掌政權的情形還會在戰時搖身轉變，一躍為軍事將領，執掌軍權。所謂出「將」入「相」，就是這時期國家執政卿的最佳寫照。另一方面，先秦官制還有一項共同特色，即職官分職分工的情形尚未如後世官制體系完備。為了便於敘述及理解，在掇拾相關文獻資料、分類整理後，本文大致依後代職官部門區分的原則，也將晉國官制設置的職官大概分類介紹如下：

（1）宮廷與公族、卿族事務機構

在古代官制中，國君是國家的代表，地位崇高。凡為君主個人生活服務的成員，都屬於職官的一部份；而且國君的家事，實質上也是國事，所以有關國君宗族（即公族）的事務，皆須設官處理。卿族事務亦然。卿大夫在各家可任命家臣掌理卿族事務，故家臣也視為職官體制的一環，在此一併說明。

◆ 寺 人

《左傳・僖公五年》：「公使寺人披伐蒲。」（頁206）

《左傳・僖公二十四年》寺人披請見晉文公云：「齊桓公置射鉤而使管仲相，君若易之，何辱命焉？行者甚眾，豈唯刑臣？」（頁254）

《左傳・成公十七年》：「郤至奉豕，寺人孟張奪之。」注：「寺人，奄士。」（頁483）

「寺人」是西周時期就已設之官，又稱「巷伯」〔註7〕，皆由「刑臣」、

〔註6〕《兩周金文辭大系圖錄考釋（二）》。

〔註7〕《詩經・小雅・巷伯》：「寺人孟子，作為此詩。」（頁429）朱熹《詩集傳》

即宦者充任。「寺人」本職應是侍御國君，《周禮・天官・寺人》以爲「掌王之內人及女官之戒令」（頁 115）。但觀《左傳》內文，晉「寺人」披曾將兵征伐，宋「寺人」惠牆伊戾爲太子內師（《左傳・襄公二十六年》，頁 634），顯然因有寵於王而兼職，參與國政，在宮廷事務中佔有特殊地位。春秋時晉與宋、魯、衛、齊、秦各國皆沿置此官。

◆復　陶

《左傳・襄公三十年》：「與之田，使爲君復陶。」（頁 680）

杜預注：「復陶，主衣服之官。」「復陶」大約是負責君王衣服的官員，但由來已不可考。據《左傳・昭公十二年》文：「楚子次于乾谿，以爲之援。雨雪，王皮冠、秦復陶、翠被、豹舄，執鞭以出。」（頁 793）推測，「復陶」一詞意指衣服，秦復陶即秦人之衣，君復陶則爲君王衣服，故復陶爲主衣服之官。

◆宰夫、膳宰、饋人

《左傳・宣公二年》：「宰夫胹熊蹯不熟，殺之，置諸畚，使婦人載以過朝。」（頁 364）

《左傳・昭公九年》：「晉侯飲酒樂，膳宰屠蒯趨入，使佐公使尊。」（頁 780）

《左傳・成公十年》：「晉侯欲麥，使甸人獻麥，饋人爲之。」（頁 450）

「宰夫」一職，春秋之周、晉、鄭、齊諸國皆設，即「膳宰」，掌國君膳食之事，地位並不高，與《周禮・天官》所述「掌治朝之法」、司百官考核銓敘的「宰夫」（頁 47）顯然有異。晉國還有「饋人」一職，負責料理甸人獻麥，亦屬宮廷內部君王膳食的官員。

◆豎、僕人

《左傳・僖公二十四年》：「初，晉侯之豎頭須，守藏者也。其出也，竊藏以逃，盡用以求納之；及入，求見，公辭焉以沐，謂僕人曰：『沐則心覆，心覆則圖反……。』」注：「豎，左右小吏。」（頁 254）

《左傳・襄公三年》：「魏絳至，授僕人書。」注：「僕人，晉侯御僕。」（頁 502）

曰：「寺人，內小臣，蓋以讒被宮而爲此官也。」見汪中斠注：《詩經集傳附斠補》，台北：蘭台書局，1979 年，頁 145。

「豎」爲小吏，魯僖公二十八年傳文：「曹伯之豎侯獳貨筮史」（頁277）杜預注曰：「豎，掌通內外者。」但由魯僖二十四年傳文觀之，「晉侯之豎」頭須爲「守藏者也」，其職應是負責保管財務的小吏，所以曹伯之豎才能以「貨」賂晉國筮史。「僕人」似爲掌傳達之官。《周禮‧夏官》有「御僕」之職，掌群吏及庶民的奏告，奉王命吊問、慰勞，及處理其他瑣事（頁478～479）。由《左傳》所記，頭須求見晉侯得經過僕人轉達的情況推想，其職大概與戰國時期魏、齊、秦、楚各國的「謁者」相當。

◆ 小　臣

《左傳‧成公十年》：「（晉）小臣有晨夢負公以登天。及日中，負晉侯出諸廁，遂以爲殉。」（頁450）

《國語‧晉語二‧驪姬譖殺太子申生》：「飲小臣酒，亦斃。」又：「杜原款將死，使小臣圉告申生。」（頁102～103）

小臣是隨侍君側，爲其個人生活諸事服務、類似僕役性質的人員。如《左傳》、《國語》二例，晉君還以小臣殉葬、試酒，其地位較爲卑下，生命亦不受重視之故。

◆ 公族、餘子、公行、旄車之族

《左傳‧宣公二年》：「初，麗姬之亂，詛無畜群公子，自是晉無公族。（晉）成公即位，乃宦卿之適子而爲之田，以爲公族；又宦其餘子，亦爲餘子；其庶子爲公行，晉於是有公族、餘子、公行。趙盾請以括爲公族……。冬，趙盾爲旄車之族，使屏季（即趙括）以其故族爲公族大夫。」（頁365～366）

《左傳‧成公十八年》：「荀家、荀會、欒黶、韓無忌爲公族大夫，使訓卿之子弟共儉孝弟。」（頁486）

見於西周金文的「公族」，其意有二：一指公之族，即國君宗室子弟；另一則爲官名，職掌儐者。但春秋之時，唯晉國有此職官。由《左傳》可知，晉之「公族」，其初蓋亦是晉君同姓子弟，獻公之後，廢而不設。至西元前607年，晉成公爲了爭取異姓卿族的支持，復設公族、餘子、公行三官。孔穎達注疏以爲，公族三官的任用乃依其血緣區別：卿之嫡子爲公族之官，嫡子之母弟爲餘子之官，卿之庶子爲公行之官。所謂「公族」，即指公族大夫，掌訓卿之同族子弟事務；餘子之官職掌爲何，無考；公行之官，據《詩經‧魏風‧汾沮洳》：「美如英，殊異乎公行！」毛傳：「公行，從公之行也。」鄭箋：「從

公之行者，主君兵車之行列。」（頁 208）毛亨、鄭玄皆以公行為掌率君王戎車之官，與〈汾沮洳〉詩中的「公路」似為同職。

至於趙盾所任「旄車之族」，杜注曰：「旄車，公行之官。」正義曰：「主公車行列，謂之公行；車皆建旄，謂之旄車之族。」（頁 366）可能是負責君王車隊旗幟設置之官。不過趙盾本為嫡子，卻自讓「公族大夫」之位予異母弟（庶子）趙括，故孔疏所謂嫡子為公族、庶子為公行的原則，與事實亦有不合。

◆伯　宗

《左傳‧宣公十五年》：「晉侯（景公）將伐之（潞氏狄），諸大夫皆曰不可，酆舒有三儁才，不如待後之人。伯宗曰：『必伐之，狄有五罪，儁才雖多，何補焉？不祀，一也……。』晉侯從之。」（頁 408）

《左傳‧成公五年》：「梁山崩，晉侯以傳召伯宗。……（重人）曰：『梁山崩，將召伯宗謀之。』」（頁 440）

西周及他國未見「伯宗」之官，但有上宗、宗伯、宗人之職。《尚書‧顧命》有「太保承介圭，上宗奉同瑁。」（頁 281）之語，則「上宗」為「太保」助手，是掌管周王室宗族事務的官。《周禮‧春官》有大宗伯、小宗伯，掌邦國祭祀典禮（頁 260），類似西周的「上宗」之職。春秋時，魯國也有「宗伯」（《左傳‧文公二年》，頁 302），但其職只負責祭祀時神主位置的排列，地位明顯下降；鄭國則有「宗人」（《左傳‧襄公二十二年》，頁 599），屬於家臣，主掌祭祀禱告典禮。晉之「伯宗」，在天災異象發生或決議征伐大事時，都參加討論，其職權近於咨度大臣，比魯、鄭的宗伯、宗人地位要高。由晉景公特派「傳」傳召的情形來看，伯宗平時應當未在晉都（故絳），比較可能是在晉國另一個重要都城——曲沃，這是景公祖先武公的發源地，武公之後的晉君雖將政治重心遷至絳，但對曲沃仍然維持經營。晉國「伯宗」有可能是宗人之首，平時在曲沃掌管公室宗族之事，遇國家大事，晉公則傳召他到晉都研討議事。

◆祝宗、祝史

《左傳‧成公十七年》：「晉范文子反自鄢陵，使其祝宗祈死。」注：「祝宗，主祭祀祈禱者。」（頁 482）。

《左傳‧襄公二十七年》：「子木問於趙孟曰：『范武子之德何如？』對曰：『夫子之家事治言於晉國無隱情，其祝史陳信于鬼神，無愧

辭。』」（頁 647）。

范武子即士會，晉獻公大司空士蒍之孫，晉成公時任上將軍，晉景公時任中軍將，執掌國政。范文子即士燮，士會之子，歷任上軍佐、上軍將、中軍佐。士氏（後因封於范地，又稱范氏）一族為晉國世卿，有專屬的祝宗、祝史，皆屬家臣，其職掌為士氏宗族祭祀或禱告神靈之事。

（2）中樞機構

◆ 司　徒

前言提及，西周晚期晉國的「嗣徒伯欹父鼎」可證晉國曾設「嗣（司）徒」之官。西周金文中多作「嗣（司）士」，其職有管理藉田、全國土地測量及地產、為天子冊命之儐右，以及領兵征戰。《周禮・地官》載司徒職掌為「掌建邦之土地之圖與其人民之數，以佐王安擾邦國。」（頁 149）也就是掌管土地、人民及教化之事，與金文所記基本相合。據《左傳》記載，春秋時，掌管土地的職責，列國一般都專歸「司空」，「司徒」成為主管民事之官，如周王室與魯、楚、衛、陳諸國皆設，宋國則稱「大司徒」。但晉國「司徒」之官已經消失，未見記載。探究晉國「司徒」職稱消失之因，《左傳・桓公六年》載申繻言曰：「晉以僖侯廢司徒。」杜注：「僖侯名司徒，廢為中軍。」（頁 114）為避僖侯（《史記》作釐侯）名諱而廢「司徒」之官，故晉國在晉僖侯之後無「司徒」，終春秋之世亦未見再設置。

◆ 太傅（傅）、太師

《左傳・文公六年》：「既成，（趙盾）以授大（太）傅陽子與大（太）師賈佗，使諸行晉國，以為常法。」（頁 313）。

《左傳・成公十八年》：「（晉悼公）使士渥濁為大傅，使脩范武子之法。」注：「渥濁，士貞子，武子為景公大傅。」（頁 486）

《左傳・襄公十六年》：「晉悼公卒，平公即位，羊舌肸為傅。」（頁 572）

西周時期，「太師」原是高級軍事統帥的稱謂，如《詩經・大雅・大明》：「維師尚父，時維鷹揚。涼彼武王，肆伐大商。」（頁 544）尚父即呂尚，以善戰而任太師之職，為伐商統帥，同時又是宮內「師保」，為輔弼大臣。春秋時，晉、楚二國沿置。趙盾在執掌晉國國政、完成制定章程、法令修定後，指定太傅陽處父、太師賈佗負責執行監督的工作；晉悼公使士渥濁修范武子之法，可知三人皆是國家輔弼大臣的政卿。

　　另一方面，兼任晉國太子之師的大臣也稱爲「傅」。由《左傳・僖公四年》：「（晉獻）公殺其（指太子申生）傅杜原款。」（頁 204）及《左傳・僖公九年》：「初，（晉）獻公使荀息傅奚齊。」（頁 219）兩段文字可知，「傅」是負責教育太子涵養學識與執政要術的大臣，還有輔弼儲君、穩定政局的重任。故荀息在晉獻公臨死之前會接受託孤遺言，答應輔弼太子奚齊繼任新君之位；而當奚齊被里克所殺，其弟卓子繼位不成後，便以身殉職（《左傳》，頁 219）。「傅」蓋是「太傅」的簡稱。

◆ 正卿、六卿、八卿

《左傳・文公七年》：「子（趙宣子）爲正卿，以主諸侯。」（頁 318）

《左傳・襄公八年》：「晉軍方明，四軍無闕，八卿和睦。」（頁 521）

《左傳・襄公十九年》：「（魯）公享晉六卿于蒲圃，賜之三命之服。」（頁 584）

　　在晉僖侯以前，晉國中央官制的執政大臣可能是司徒，後因避僖侯名諱而廢置。西元前 633 年，晉文公作上、中、下三軍，三軍各設將、佐〔註8〕，以「卿」任之，合稱「六卿」，又稱「六正」。六卿之將中軍者，同時是執政首領，稱爲「正卿」。正卿平時是僅次於國君的最高執政官，是國君的副貳；在戰時則是最高的軍事長官，統帥諸卿與諸軍對外作戰，故晉國之「六卿」，其實是兼理軍民二政的一級首長。國家如遇軍政大事，先由六卿集體商議，後請國君裁決。如果國君未經眾卿會商，自行頒布命令，正卿還可根據「從其義不阿其惑」（《國語・晉語一・獻公將黜太子申生而立奚齊》，頁 264）的原則，予以駁正或者否決。晉卿的設置，隨著晉軍的擴編，曾增加到八卿、十二卿之多。另外可能還有一些「未有軍行」的「散卿」，例如《左傳・僖公三十三年》記載晉襄公：「以一命命郤缺爲卿，復與之冀，亦未有軍行。」（頁 291）。

◆ 僕大夫

《左傳・成公六年》：「韓獻子將新中軍，且爲僕大夫」注：「兼太僕。」（頁 441）

　　「太僕」之職，《周禮・夏官》說是掌王服位、掌擯相、傳宣王命、侍從出入等（頁 475）；秦漢時，太僕的職掌則是掌輿馬，由古代僕夫、執御之職發展而來。晉之「僕大夫」，或近於《周禮》之職。

〔註 8〕　《左傳・僖公二十七年》：「於是乎蒐於被廬，作三軍，謀元帥。」（頁 267）

（3）司法部門

◆司　寇

《左傳·襄公三年》:「(魏絳) 書曰:『君乏使,使臣斯司馬。臣聞師眾以順爲武,軍事有死無犯爲敬,君合諸侯,臣敢不敬君……臣之罪重,敢有不從,以怒君心,請歸死於司寇。」(頁 502)

《國語·晉語六·范文子論外患與內憂》:「今吾司寇之刀鋸日弊。」(頁 149)

《國語·晉語九·叔向論三姦同罪》:「(邢侯) 與非司寇而擅殺其罪一也。」(頁 173)

《國語·晉語九·中行穆子帥師伐狄圍鼓》:「敢即私刑以煩司寇而亂舊法。」(頁 174)

漢代以前,中國的司法行政和審判機構是合一的,而且兵法和刑法等同,如果行軍違法,須「請歸死於司寇」。掌管刑法的大夫叫「士」、「理」或「司寇」,故《周禮·秋官》鄭玄注云:「有虞氏曰士,夏曰大理,周曰大司寇。」(頁 510) 晉國多由士氏典刑法、任「司寇」,原因正是如此。晉國士氏有專屬的公堂和監獄,據《左傳·僖公二十六年》載,晉人執衛大夫寧喜、北宮遺,衛侯親至晉國請釋二大夫,晉人竟將衛侯一併「執而囚之于士弱氏 (即士氏)」(頁 633),可見士弱氏設有囚禁犯人的監獄。官稱常因時代及地域國別而有異稱,如「司寇」之官見於晉、魯、宋、齊、鄭、衛等國,陳、楚則名之曰「司敗」。晉又或稱「尉氏」,如《左傳·襄公二十一年》欒盈 (晉大夫) 言於周之行人曰:「將歸死於尉氏。」(頁 593) 注:「尉氏,討姦之官。」對照於魯襄公三年魏絳「請歸死於司寇。」之語可知。

◆刑　史

《國語·晉語七·欒武子立悼公》:「無乃不堪君訓而陷於大戮,以煩刑史。」(頁 155)

刑史大概是刑官之史,幫助司寇整治文書資料。

（4）經濟管理部門

◆司　空

《左傳·莊公二十六年》:「晉士蒍爲大司空。」(頁 175)

《左傳·僖公五年》:「初,晉侯使士蒍爲二公子築蒲與屈。」(頁 206)

《左傳‧僖公二十三年》：「（重耳）遂奔狄，從者……司空季子。」
（頁 251）

《左傳‧成公十八年》：「右行辛爲司空，使修士蒍之法。」（頁 486）

《左傳‧襄公三十一年》鄭國子產曰：「僑聞（晉）文公之爲盟主也
……庫廐繕脩，司空以時平易道路，圬人以時塓館公室……。」（頁
687）

「司空」即西周金文中的「嗣（司）工」，司百工之事、主地政，故《詩
經‧大雅‧綿》詩記太王遷周原之事曰：「乃召司空，乃召司徒，俾立室家。」
（頁 548）在西周時期，「司空」是僅次於「司徒」的執事大夫，晉國設「卿」
後，成爲卿的下屬，掌管築城、修路、溝洫等工程事務；戰時也編入軍隊，
爲軍官「五吏」之一。《考工記》鄭玄注曰：「司空掌營城郭、建都邑、立社
稷宗廟、造宮室、車服、器械、監百工者，唐虞以上曰共工。」（頁 593）性
質大體相近。晉國別有「大司空」之職，一般由世典刑法的「司寇」士氏兼
掌，如晉獻公時的「大司空」士蒍，曾負責擴建絳邑和修築蒲城、屈城的工
程；右行辛任「司空」，故修「士蒍之法」，其法當爲建築相關法規；胥臣也
曾任「司空」，故又稱「司空季子」。春秋時，周王室與魯、鄭、陳諸國亦設
此官，掌土地測量、地政事務，宋國則因避武公諱而改爲「司城」（《左傳‧
桓公六年》，頁 114）。

◆甸　人

《左傳‧成公十年》：「晉侯欲麥，使甸人獻麥。」（頁 450）

《集解》曰：「主爲公田者。」相當於《周禮‧天官》之屬的「甸師」
（頁 14），即西周金文中的佃史、佃人，爲管理農作之官。春秋時，周王室與
晉國均設「甸人」之職。《國語‧周語中‧單襄公論陳必亡》有「甸人積薪」
（頁 24）之語，韋昭注曰：「甸人，掌薪蒸之事也。」（頁 24）似與晉之「甸
人」職掌有別。

◆獸　人

《左傳‧宣公十二年》：「（晉）魏錡曰：『子（楚國潘黨）有軍事，
獸人無乃不給於鮮，敢獻於從者。』」（頁 395）。

晉國「獸人」之職，相當於《周禮‧天官》中的「獸人」，掌理獵取野獸
以供膳羞事務（頁 65～67）。不見他國記載。

◆稸　人

《左傳‧襄公四年》魏絳和戎之說曰：「和戎有五利焉。……邊鄙不
聳，民狎其野，穡人成功，二也。」（頁 508）

晉國「穡人」之職，楊伯峻曰：「疑爲當時管理邊鄙農田之人。」〔註 9〕
不見他國記載。

◆坏　人

《左傳‧襄公三十一年》：「坏人以時塓館公室。」（頁 687）

杜預注曰：「坏人，塗者；塓，塗也」。楊伯峻云：「坏人，今之泥工。」
（頁 1187）蓋是。「坏人」當爲百工之一，非官職。

◆匠麗氏

《左傳‧成公十七年》：「（晉厲）公遊于匠麗氏。」（頁 484）

《考工記》有「匠人」職，掌營建規範之測量工程，爲司空下屬。晉國
匠麗氏，疑爲匠人世族。

（5）文化管理部門

◆太史（史）、董史、籍氏

《左傳‧宣公二年》：「太史書曰：『趙盾弒其君』，以示於朝。……
孔子曰：『董狐，古之良史也，書法不隱。』」（頁 365）

《左傳‧襄公三十年》魯國季武子曰：「（晉）有趙孟以爲大夫，有
伯瑕以爲佐，有史趙、師曠而咨度焉……。」（頁 681）

《國語‧晉語九‧智果論智瑤必滅宗》：「智果別族于太史爲輔氏。」
（頁 179）

中國史官是由原始社會的「巫」發展而來的，職掌曆法、祭祀、占卜等
事宜，是人神之間的媒介，原來擁有很高的社會地位與政治權力。西周時
期，周王朝史官編制龐大，以「太史」爲首長，職掌複雜，包括掌管冊命、
圖籍、禮制等祕書工作，以及掌管天文、曆法、時令、耕作、記錄、歷史、
祭祀、占卜、音樂、教育等諸多事宜，職權頗重大。春秋時期，周王室與
晉、魯、鄭、衛、齊等國均沿置太史之官，但地位不如西周重要。據文獻記
載來看，晉國史官體系大致沿襲周朝舊制，以「太史」爲首，負責督掌晉國
典籍記錄，對國家要事、要臣有褒貶之職。《左傳‧昭公十五年》周景王言：
「昔而高祖孫伯黶司晉之典籍，以爲大政，故曰籍氏。及辛有二子，董之晉，
於是乎有董史。」杜預注云：「董督晉典，因以爲氏。籍氏，司晉之典籍。」

〔註 9〕楊伯峻《春秋左傳注》，頁 939。

（頁 824）晉國以孫伯黶掌晉典，其後故有「籍氏」；以辛有之子董督典，故有「董史」。董氏後代董狐繼任「太史」之官，因直書「趙盾弑其君」，故被孔子稱爲良史。

◆左　史

《左傳‧襄公十四年》：「夏，諸侯之大夫從晉侯伐秦……。左史謂魏莊子（魏絳）曰：『不待中行伯（荀偃）乎？』」（頁 559）

晉、楚兩國皆設「左史」之官，爲史官之一。由上述引文知，晉之「左史」爲隨軍記述之官；而楚之「左史」見於《左傳‧昭公十二年》、《國語‧楚語下》、《韓非子‧說林下》〔註 10〕諸文，除記錄史實外，還能讀古籍、道訓典、通鬼神、識天象，但社會地位似不高。

◆筮史、祭史

《左傳‧僖公二十七年》：「晉侯有疾，曹伯之豎侯獳貨筮史。」（頁 277）

《左傳‧昭公十七年》：「晉荀吳帥師涉自棘津，使祭史先用牲于雒。」（頁 838）

「筮」是用蓍草占卜休咎疑難之事，「筮史」即掌卜筮之史，爲晉、衛設置的史官之一。「祭史」僅見於晉國記事，掌祭祀用犧牲之事。

◆卜

《左傳‧閔公元年》：「卜偃曰：『畢萬之後必大。』」注：「卜偃，晉掌卜大夫。」（頁 188）

《左傳‧僖公二十五年》：「使卜偃卜之，曰：『吉。遇黃帝戰于阪泉之兆。』」（頁 262）

古人根據燒灼龜甲的裂紋來預測吉凶稱作「卜」，《周禮‧春官》有「太卜下大夫二人，卜師上士四人，卜人中士八人。」（頁 264）諸人負責占卜之事。晉國卜偃，享大夫之爵，掌占卜之事。晉文公出征前曾先卜吉凶，其職當與筮史相同或相近。

◆師、工

《左傳‧襄公十一年》：「鄭人賂晉侯以師悝、師觸、師蠲。」注「悝、觸、蠲，皆樂師名。」（頁 546）

〔註10〕順見《左傳》，頁 794；《國語‧楚語下‧王孫圉論國之寶》，頁 210；《韓非子‧說林下》：「有莉左史倚相」，頁 472。

《左傳‧襄公三十年》魯國季武子曰：「（晉）有趙孟以爲大夫，有伯瑕以爲佐，有史趙、師曠而咨度焉，有叔向、女齊以師保其君，其朝多君子，其庸可媮乎？」（頁681）

《左傳‧昭公九年》：「遂酌以飲工。」注：「工，樂師，師曠也。」（頁780）

《史記‧晉世家》：「十五年（西元前558年），晉悼公問治國于師曠，師曠曰：『惟仁義爲本。』」（頁1683）

古代宴享賓客或舉行祭祀大典都要奏樂，晉國主持這些音樂工作的大夫就叫「師」或「工」。樂師必須精通音律才能監造樂器、教練樂工，晉國最著名的樂師是師曠。師曠雖然雙目失明，但善於演奏樂器，辨音能力又強，是春秋時期國際間最著名的樂師。如《孟子‧告子上》曰：「至於聲，天下期於師曠。」（頁196）《韓非子‧十過》云：「師曠不得已援琴而鼓……音中宮商之音，聲聞於天。（晉）平公大說，坐者皆喜。平公提觴而起爲師曠壽。」（頁171）皆是。師曠的有名，還和他也參與政治活動有關，《史記‧晉世家》所載晉悼公問政，以及《左傳‧襄公三十年》季武子言師曠可以「咨度」之事皆是。春秋之時，樂律問題尚帶有相當的神秘色彩，樂師在掌握樂律、備受推崇的同時，往往也被吸收來參與軍國大事，備咨詢；當然，師曠自身的學識與善辯才能出眾，才是他能贏得晉君及後人推崇的主因。〔註11〕

◆醫

《左傳‧僖公三十年》：「晉侯使醫衍酖衛侯。」（頁284）

醫療之事最初爲巫所掌，巫、醫不分，甲骨文迄今也未發現有「醫」、「藥」之字。春秋時，晉、楚、魯、衛、秦等國皆設有醫。《周禮‧天官》之屬官有醫師、食醫、疾醫、瘍醫、獸醫等分科，其醫師之職曰：「掌醫之政令，聚毒藥以共醫事。」（頁14）由魯僖公三十年之事觀來，晉醫職掌頗與《周禮》記錄符合。

（6）外交事務部門

◆行人

《左傳‧襄公四年》：「韓獻子使行人子員問之。」注：「行人，通使之官。」（頁504）

〔註11〕劉貫文主編：《三晉歷史人物》第一冊，北京：書目文獻出版社，1993年，頁82～87。

在外交活動中，國君或晉卿派遣的使節叫「行人」。當時如朝聘、軍旅、會盟之類的重大活動，往往要由國君或卿大夫親自參與，所以行人之職大概只是處理一般性的外交事務。春秋時，周王室與晉、魯、鄭、衛、吳等國皆設行人。

（7）軍事管理部門

◆ 六正、元帥、將軍

《左傳・襄公二十五年》：「（齊）賂晉侯以宗器、樂器，自六正、五吏、三十帥、三軍之大夫、百官之正長、師旅及處守者，皆有賂。」注：「六正，三軍之六卿。」（頁 620）。

《左傳・僖公二十七年》：「（晉）於是乎蒐于被廬，作三軍，謀元帥。」注：「中軍帥。」（頁 267）。

晉國中、上、下三軍，每軍設將、佐各一人，三軍六人，合稱「六正」，即六卿。其中以中軍之將爲主帥，故稱「元帥」。元帥或又稱之「將軍」。《左傳・昭公二十八年》記載，魏獻子的輔佐大夫閻沒、女寬二人勸諫魏獻子勿爲梗陽人所賂之語曰：「豈將軍食之而有不足，是以再歎。」杜預注：「魏子，中軍帥，故謂之將軍。」（頁 915）即是。

◆ 五吏：軍尉、司馬、司空、輿帥（輿尉）、候正（候奄）、亞旅

《左傳・成公二年》：「司馬、司空、輿帥、候正、亞旅，皆受一命之服。」（頁 427）

《左傳・襄公十九年》：「軍尉、司馬、司空、輿尉、候奄，皆受一命之服。」（頁 584）

晉國中、上、下三軍將領「六正」以下所設輔佐處理軍政的五位大夫——司馬、司空、輿帥、候正、亞旅，合稱「五吏」。其中「輿帥」又稱「輿尉」，「候正」又稱「候奄」，「亞旅」後代以「軍尉」，且置於「司馬」之上。晉國三軍皆設有「五吏」，例如《左傳・成公十八年》載：「卿無共御，立軍尉以攝之。祁奚爲中軍尉，羊舌職佐之，魏絳爲司馬，張老爲候奄；鐸遏寇爲上軍尉，籍偃爲之司馬，使訓卒乘，親以聽命。」（頁 487）在此，晉軍有中軍尉、上軍尉、中軍司馬、上軍司馬，應該也會有下軍尉、下軍司馬，其餘類推。

軍尉　又簡稱「尉」，如《左傳・閔公二年》：「羊舌大夫爲尉。」注：「軍尉。」（頁 192）其職據《淮南子・兵略篇》曰：「夫論除謹，動靜時，吏卒辨，

兵甲治，正行伍，建什佰，明旗鼓，此尉之官也。」〔註12〕負責軍隊行伍編列、旗鼓號令教育等職。晉厲公之後（西元前 573 年）也兼任三軍將、佐的御者。晉國三軍分設有中軍尉、上軍尉、下軍尉。中軍尉或稱「元尉」，如《國語‧晉語七‧悼公即位》曰：「公知祁奚之果而不淫也，使爲元尉。」注：「元尉，中軍尉。」（頁435）中軍尉還特設副貳爲「佐」，協助軍務處理。

司馬　掌軍政軍法，訓練卒伍，嚴肅軍紀。例如西元前 632 年城濮之戰，「晉中軍風于澤，亡大旆之旃，祁瞞奸命，司馬殺之，以徇於諸侯。」（《左傳‧僖公二十八年》，頁275）。晉悼公元年（西元前 572 年）以魏絳爲中軍司馬、籍偃爲下軍司馬，「使訓卒乘，親以聽命。」悼公三年，會諸侯於雞澤，「晉侯之弟揚干亂行於曲梁，魏絳戮其僕。」（《左傳‧襄公三年》，頁502）因爲魏絳擔任「中軍司馬」，揚干擾亂軍隊行伍，有違軍紀，故戮其僕御爲懲戒，可見「司馬」爲軍中法官。「司馬」又掌軍賦。《左傳‧襄公四年》載，魯襄公至晉，請晉悼公將鄫國劃歸於魯，曾言：「鄫無賦於司馬。」注曰：「晉司馬又掌諸侯之賦。」（頁506）原來當時附庸於晉的國家有向晉國交納軍賦的義務，軍賦之事即由「司馬」掌理。「中軍司馬」亦稱「元司馬」，《國語‧晉語七‧悼公即位》曰：「知魏絳之勇而不亂也，使爲元司馬。」（頁435）即是。

司空　在晉國主要是職掌土木營建工程，尤其是築城之事。平時爲卿之下屬，戰時亦編爲三軍「五吏」之一，掌管修理戰車武器、疏通道路、架設橋樑等後勤事務。「中軍司空」又稱「元司空」，《國語‧晉語七‧悼公即位》曰：「知右行辛之能以數宣物定功也，使爲元司空。」（頁434）。

輿帥　《淮南子‧兵略篇》曰：「收藏於後，遷舍不離，無淫輿，無遺輜，此輿之官也。」（卷十五，頁5）大抵是主管輜重車輛後勤事務之軍官。「輿帥」又稱「輿尉」。《左傳‧襄公三十年》云：「以爲絳縣師，而廢其輿尉。」（頁680）注曰：「以役孤老故。」正義引服虔之言：「輿尉，軍尉，主發眾使民於時。趙武將中軍，若是，軍尉當是中軍尉。」楊伯峻說：「輿尉，即主持徵役者，因役孤老，故免之。」（頁 1172）「輿尉」因征絳縣老人築杞城而被廢，故「輿尉」之職爲征民發眾，與「軍尉」當有不同，服虔以「輿尉」爲「軍尉」，似有誤。

〔註12〕漢‧劉安：《淮南子》，台北：台灣中華出版社，1966 年初版，卷十五，頁5。以下見引，皆據此本。

候正　又稱「候奄」，《淮南子・兵略篇》曰：「前後知險易，見辭知難易，發斥不忘遺，此候之官也。」（卷十五，頁 5）大概主管偵探諜報之事。晉國三軍皆設，「中軍候正」又稱「元候」，如《國語・晉語七・悼公即位》曰：「（悼公）知張老之智而詐也，使爲元候。」（頁 435）。

亞旅　此職由來已久，多見於《尚書》、金文、卜辭。《尚書・牧誓》曰：「嗟！我友邦冢君、御事、司徒、司馬、司空、亞旅、千夫長、百夫長」（頁158），所言職官皆爲武官，春秋時晉國亦沿置「亞旅」。由《左傳》記載來看，晉獻公時（魯閔二年，西元前 660 年），羊舌大夫任「軍尉」，故此時晉國已設「軍尉」；晉景公時（魯成二年，西元前 589 年），「五吏」中有「亞旅」；晉平公時（魯襄十九年，西元前554 年），「五吏」則見「軍尉」不見「亞旅」。可能在悼公之時，「亞旅」之職爲「軍尉」取代，之後就看不到「亞旅」的見載。又有一說，以爲「軍尉」即「亞旅」，同職異名，可備一說。

◆帥

《左傳・襄公二十五年》引文：晉有「三十帥」。三軍三十帥，一軍當爲十帥。《周禮・夏官・司馬》曰：「萬有二千五百人爲軍，……軍將皆命卿；二千有五百人爲師，師帥皆中大夫。」晉「三十帥」疑即「師」之「帥」，爲晉軍二千五百人編制單位——「師」的統領軍官。晉軍一軍有五「師」、十「帥」，故每「師」當設二「帥」。

◆軍大夫（上軍大夫、中軍大夫、下軍大夫）

《左傳・僖公三十三年》：「文公以（郤缺）爲下軍大夫。」（頁 291）

《左傳・宣公十二年》：「夏六月，晉師救鄭……。趙括、趙嬰齊爲中軍大夫，鞏朔、趙穿爲上軍大夫，荀首、趙同爲下軍大夫。」（頁389）

晉國三軍於將、佐「六正」之下，每軍又各設「軍大夫」二名，蓋爲協助將佐統帥士卒、處理軍政的大夫。

◆御戎、校正；右、司士；乘馬御（贊僕）、六騶

《左傳・桓公三年》：「韓萬御戎，梁宏爲右」（頁 103）

《左傳・成公十八年》：「弁糾御戎，校正屬焉，使訓諸御知義；荀賓爲右，司士屬焉，使訓勇士之士時使。……程鄭爲乘馬御，六騶屬焉，使訓群騶知禮。」（頁 487）

「御戎」　是駕御國君戎車者，春秋各國皆設，又作「戎御」，如《國

語・晉語七・悼公即位》：「知欒糾之能御以和于政也，使爲戎御。」（頁 434）欒糾即是弁糾。晉國六卿（三軍將、佐）的御者原來也有專人專職，到了晉厲公時，才以軍尉兼任。「御戎」之屬官有「校正」，掌「訓諸御知義」，負責戰車御者的訓練。《左傳・襄公九年》曰：「（宋平公）使皇鄖命校正出馬。」（頁 523）春秋時除了晉國，宋國也有「校正」之武官，其職「出馬」，即出御車之馬，可見「校正」也掌馬政。李調元《左傳官名考》曰：「春秋，征伐之世，以御戎爲重，此御戎當是御之尊者，校正當《周禮》校人，掌王馬之政。」〔註13〕當是。

「右」　即「戎右」，國君戎車的陪乘。春秋時期戎車一輛乘三人，御者在中，國君在左，右方須立另一勇士以維持車體平衡，故曰「陪乘」，春秋時各國皆設。如梁宏曾任晉獻公之「右」，荀賓爲晉悼公之「右」。「右」之屬官有「司士」，掌教勇士，此勇士當指一般車右（車兵每乘有車右一名）預備隊，平時由司士訓練，需要時可任選爲車右。如李調元說：「此司士，蓋司右之類，爲車右屬官。」（《左傳官名考》，頁 22），其職當兼護衛。

「乘馬御」　爲晉國專設之官，晉悼公使「程鄭爲乘馬御，六騶屬焉，使訓群騶知禮。」注曰：「乘馬御，乘車之僕也；六騶，六閑之騶，周禮諸侯有六閑。」（《左傳・成公十八年》，頁 487）國君有六閑之馬，「六騶」即六閑之「騶」，掌六閑訓養之官；「乘馬御」則是負責督導與訓練「六騶」的上級官員。「六騶」除了訓馬，還主御駕之事，其職與「校人」類似，故《左傳・襄公二十三年》載魯國孟孫氏有「御騶豐點」（頁 605），「騶」稱之「御騶」。「乘馬御」又稱「贊僕」，如《國語・晉語七・悼公即位》：「（悼公）知程鄭端而不淫且好諫而不隱也，使爲贊僕。」（頁 435）

◆七輿大夫

《左傳・僖公十年》：「遂殺丕鄭、祁舉及七輿大夫左行共華、右行賈華、叔堅、騅歂、纍虎、特宮、山祁，皆里、丕之黨也。」（頁 222）

晉國國君有一定數量的戎車部隊叫「公乘」或「公行」，其首領就稱之爲「七輿大夫」。《左傳》引文記載西元前 650 年，即晉惠公元年，晉國誅里克、丕鄭與七輿大夫，故知七輿大夫共華、賈華諸人，當爲晉獻公時所設。

〔註13〕清・李調元：《左傳官名考》，北京：中華書局，1985 年，叢書集成初編，頁 21。下文見引，皆據此本。

◆軍　吏

《左傳・僖公二十五年》:「冬,晉侯圍原,命三日之糧,原不降,命去之。諜出,曰:『原將降矣!』軍吏曰:『請待之』。公曰:『信,國之寶也,民之所庇也,得原失信,何以庇之?所亡滋多。』退一舍,而原降。」(頁263)

此「軍吏」能直接對晉侯進言,當非下屬小吏,可能是一般軍官的泛稱。

◆邊吏(邊人)

《左傳・昭公十八年》:「火之作,子產授兵登陴……。既,晉之邊吏讓鄭,曰:『鄭國有災,晉君、大夫不敢寧居,卜筮走望,不愛牲玉。鄭之有災,寡君之憂也,今執事撊然授兵登陴,將以誰罪?邊人恐懼,不敢不告。』」(頁843)

晉國派往邊界看守關門,以掌握國人、外國使節出入或鄰國軍備概況的官員,稱作「邊吏」,自稱「邊人」。晉國「邊吏」對於子產的「授兵登陴」感到恐慌,還特別去質問子產鄭國裝備軍隊的用意,顯然身負國境安全的職責,其職蓋是主掌邊境國防軍事安危的監督。

◆驂　乘

《左傳・襄公二十三年》范鞅曰:「欒氏帥賊以入,鞅之父與二三子在君所矣,使鞅逆吾子。鞅請驂乘。」(頁603)。

范鞅請求擔任「驂乘」,「驂乘」即是戎車的陪乘,相當於「戎右」。

◆僕

《國語・晉語七・悼公始合諸侯》:「魏絳爲中軍司馬,公子揚干亂行於曲梁,魏絳斬其僕。」韋昭注:「僕,御也。」(頁438)

春秋時,各國設「僕」,爲駕車之官,亦稱「御」。

【其他】:除了上列六個部門的職官爲常設中央職官體系外,另有臨時設置的官稱或歸屬較不清楚者,附於【其他】,以補充說明。

◆撫軍、監國

《左傳・閔公二年》:「晉侯使大子申生伐東山皋落氏。里克諫曰:『大子奉冢社稷之粢盛,以朝夕視君膳者也,故曰冢子。君行則守,有守則從,從曰撫軍,守曰監國,古之制也。」(頁192)

《國語・晉語一・申生伐東山》:「君行,太子居,以監國也。」(頁

279）

君主離都外出時，由太子留守，代為處理國政，就稱作「監國」。若太子跟從軍隊出征，則稱作「撫軍」。這兩個職稱都是臨時設置的，任務結束後，隨即撤銷。

◆ 五大夫

《左傳·哀公四年》：「蠻子聽卜，遂執之與其五大夫，以畀楚師于三戶。」（頁 1000）

此「五大夫」，不確知是指五位大夫或「五大夫」之官。楊伯峻曰：「秦爵有五大夫，蓋本此。」（頁 1627）。

◆ 嬖大夫

《左傳·昭公七年》：「罕朔奔晉，韓宣子問其位於子產。子產曰：『……朔於敝邑，亞大夫也，其官馬師也……。』宣子為子產之敏也，使從嬖大夫。」（頁 765）

「嬖大夫」當為鄭國之官。罕朔原為鄭國「亞大夫」，即中大夫，掌馬政，後來奔晉，韓宣子欲用之，詢問於子產。經過子產的一番話，韓宣子使罕朔爵秩等從「嬖大夫」，當是降秩措施。《左傳·昭公元年》載，鄭國子皙、子南爭妻，子產執子南曰：「子皙，上大夫；女，嬖大夫，而弗下之不尊貴也……。」（頁 703）可見「嬖大夫」低於上大夫，由昭公七年傳文又知「嬖大夫」低於亞大夫，故為下大夫。「嬖大夫」掌何職則未知。

◆ 皁、隸、輿

《左傳·昭公三年》：「欒、郤、胥、原、狐、續、慶、伯，降在皁、隸。」（頁 723）

杜預注曰：「八姓，晉舊臣之族也。皁、隸，賤官。」（頁 723）據《左傳·昭公七年》又載：「人有十等……故王臣公，公臣大夫，大夫臣士，士臣皁，皁臣輿，輿臣隸，隸臣僚，僚臣僕，僕臣台。」（頁 756）；《左傳·隱公五年》曰：「若夫山林川澤之實，器用之資，皁隸之事，官司之守，非君所及也。」注云：「士臣皁，皁臣隸，言取此雜猥之物，以資器備，是小臣有司之職，非諸侯之所親。」（頁 60）故皁、輿、隸當為供賤役的小吏。

2. 地方官制

目前所見晉國地方職官，僅「縣大夫」及「縣師」二職。在說明此二職官之職掌前，首先概述晉國「縣」制的設立與特色，以掌握晉國地方行政組

織的發展及職官設置演變的脈絡。

【縣的設立】

晉國的地方行政組織原來是以都（城）、邑爲單位。春秋初期，隨著疆土的開拓，晉與秦、楚，同樣出現一種新的地方行政單位叫「縣」〔註14〕。值得留意的是，就史載內容來看，晉國和秦、楚兩國的縣制，明顯地有相異處。秦國和楚國的「縣」，是直屬於國君，每設一縣，由國君直接委派縣令（秦）、縣公或縣尹（楚）管理，其罷免、調遣之權，由國君掌握。在財政、軍事和行政管理上，「縣」的實施，可大大加強秦國與楚國國君的力量〔註15〕。相對而言，此時晉國的「縣」，並不是晉君的直轄地，而是賜給家臣的采邑，封於「縣」的管理者通常稱「（縣）大夫」。見於《左傳》當中的記載，例如：晉文公使趙衰爲原大夫、狐溱爲溫大夫〔註16〕（〈僖公二十五年〉，頁263），晉襄公賞胥臣先茅之縣（〈僖公三十三年〉，頁291），晉景公賞士伯瓜衍之縣（〈宣公十五年〉，頁409）等等。不僅是賜給本國的卿大夫，晉國的「縣」甚至還可以賜給別國的大夫和逃亡到晉國的別國大夫。如《左傳・襄公二十六年》載，楚人椒舉亡晉，晉人「將與之縣」（頁637）；《左傳・昭公三年》也記載了晉侯賜鄭國大夫公孫段「州縣」的始末。因此，春秋時期晉國的「縣」，性質上是接近於卿大夫的采邑，而不是像秦、楚二國及後代的郡縣制中的「縣」，爲君主的直轄地。同時，部份晉國的「縣大夫」，竟然也可以世襲，例如：趙衰受封爲原縣的縣大夫，繼位者爲趙衰之子趙同，又稱原同。楚國的申公巫臣奔晉，晉封爲邢縣大夫，而巫臣之子孫則世襲爲邢伯或邢侯。這是初期晉國縣制異於秦、楚二國的主要特點。

另一方面，春秋初期，較先出現縣制的國家——秦、楚、晉三國，都是「把新獲得的別國的邑作爲自己的領邑而稱之爲縣，其獲得的經過雖不詳，但大多數是處於離其國都很遠的當時的邊地。」〔註17〕可能是因爲晉、楚、

〔註14〕《史記・秦本紀》：武公十年（西元前688年），「伐邽、冀戎，初縣之。」（頁182）武公十一年，「初縣杜、鄭。」《左傳・哀公十七年》：楚文王（西元前689～672年）「實縣申、息。」《左傳・僖公三十三年》：晉襄公（西元前627年）「以再命命先茅之縣賞胥臣。」（頁291）

〔註15〕參見呂文郁：〈春秋時代晉國的縣制〉一文，《山西師大學報》（社科版）1992年第四期。

〔註16〕原、溫二邑，在《左傳》昭公三年、昭公七年亦作原縣、溫縣，可見晉國將新得之地封趙衰、狐溱爲原大夫、溫大夫時，二人可能就是「縣大夫」。

〔註17〕引自日・增淵龍夫著、索介然譯：〈說春秋時代的縣〉一文，收錄於《日本學

秦等國四周有廣闊的蠻戎之地，爲了拓展國境，諸國以征服的手段得到新的領地後，除了作爲重要的軍事據點外，還將它們置「縣」，形成軍政合一的地方行政組織，以納入國家體制之中。中原諸國則沒有此類「邊地」可以開拓，這大概也是中原諸國沒有較早產生縣制的原因之一。

春秋中期以後，隨著晉國公室的衰微與卿大夫勢力的強盛，公室的領地漸被蠶食，原先邊地習用的縣制，逐漸向內地擴展，變成晉國各地地方組織普遍設立的單位。例如：晉悼公以後，舊都所在的絳，改稱爲絳縣（《左傳‧襄公三十年》，頁 680）；六卿滅祁氏、羊舌氏後，魏獻子將其采邑分成十縣，並指派六卿氏族子弟管理（《左傳‧昭公二十八年》，頁 911～912）；以及趙簡子在鐵之戰的誓師中言：「克敵者，上大夫受縣，下大夫受郡，士田十萬。」（《左傳‧哀公二年》，頁 994～995）。可見，晉國縣的設置及縣大夫的委任之權，逐漸落入六卿之手，「縣」成爲少數卿族培養或保存勢力的重要基地，並據此發展成互相對立的新國，帶來紛擾的戰國時代。因此，晉國設縣的結果，與秦、楚相反，公室與國君的力量不但沒有加強，反而坐大卿族的實力，加速晉國的滅亡。

晉國的縣最後發展到多少，沒有明確記載。《左傳‧昭公五年》記錄晉韓起、叔向出使楚國，楚國大夫蒍啓彊曾說：「韓賦七邑，皆成縣也；羊舌四族，皆彊家也。晉人若尚韓起、楊肸、五卿、八大夫，輔韓須、楊石，因其十家九縣，長轂九百，其餘四十縣，遺守四千，奮其武怒，以報其大恥，伯華謀之，中行伯魏舒帥之，其蔑不濟矣。」（頁 747）據此段敘述得知，晉國韓氏七邑有七縣，韓、羊加起來爲九縣，而其餘晉國的土地還有四十縣，因此保守估計，約在西元前六世紀後期，晉國最少已有四十九縣，縣制應當已經相當普及。由這段話還可看出，當時每一縣確實具有武裝力量，每縣可有百乘戰車（長轂），所以九縣有九百、四十縣有四千輛戰車。若再由楚國縣制推測〔註18〕，春秋時期晉、楚設「縣」，縣大夫或縣尹擁有徵兵、徵賦（包括軍備、軍役）的權力，大致應是無誤的。

〔註18〕 者研究中國史論著選譯》，北京：中華書局，1993 年。
《左傳‧成公七年》記載：楚莊王時，令尹子重打敗宋國回來，請求將申、呂兩縣的土地作爲賞田。結果，申縣的縣公（申公巫臣）諫止：「不可，此申、呂所以邑也，是以爲賦，以禦北方。若取之，是無申、呂也，晉、鄭必至於漢。」（頁 443）證明楚「縣」有提供軍賦的事實；「縣」的軍事地位重要，也由此可見。

◆縣大夫

《左傳·襄公三十年》：「趙孟問其縣大夫。」（頁 680）。

所謂「縣大夫」，就是晉國掌「縣」的長官稱號。因為晉國最初置縣，多以大夫任掌理之職，故稱「縣大夫」；而楚國則稱作「縣令、縣尹」。春秋時期晉國的縣大夫部份可以世襲，類似采邑領主，其說如上。

◆縣　師

《左傳·襄公三十年》記載，趙鞅曾任命一位七十三歲的老人為「絳縣師」（頁 680）。

《周禮·地官》有縣師上士二人，其職為掌邦國土地測量、戶籍登記，且據以定賦稅（頁 140）；則縣師之職，乃以縣為範圍，大約如同。

由春秋時期的晉國職官設置與沿革情形看來，此時遵循西周宗法而行的世卿世祿制仍佔有主導地位，表現在官制上即是「世官制」的面貌，故而能在世襲爵祿及重要職官的基礎上，累積成實力雄厚的晉卿世族。但是隨著晉國職官上設「卿」、卿權「軍政合一」現象的出現，晉卿更加坐大。到了春秋中晚期以後，晉國公室漸趨凋零，宗法制度嚴重受到破壞，晉君對同姓公室宗族的大肆殘殺，致使後來晉國執政貴族多數出於異姓，所以晉君在選擇任用執政的卿、大夫時，無法再據血緣關係的親疏作標準，必須另以賢能、德行或功績大小等條件重新分配權力。也因此，當時的晉國世族雖享有襲父爵的特權，多數卻不能襲其父官，如執政正卿中，直接襲其父職的也只有先且居一例。明顯地，晉國原先遵行的「世官制」已產生變化，其中最顯著的特徵就是卿大夫的封邑經常因人的緣故而更換調整；同時卿大夫可自派家臣前往封邑管理，家臣和卿大夫領主間也不必然有宗法上的血緣關係。這樣的封邑和家臣性質，已初步具有「官僚制度」下的俸祿形式。故整體而論，春秋時期的晉國官制正處在從世卿世祿、世官的制度，向戰國時期「官僚制度」過渡的時期。

二、趙、魏、韓的官僚制度

戰國時期各國官制不同，大體上三晉是一個系統，齊國是另一個系統，秦、楚又各自有其系統，燕國情況則較不清楚。雖然各國官制與職官必有不同，但其推行的國家體制則有共同特點，即皆採「官僚制度」。三晉國家由於變法運動較早推行，因此也較早建立起中央集權的「官僚制度」。

（一）何謂「官僚制度」

春秋末年至戰國時期，爲因應新社會的需求，各國進行了一連串的政治改革。三晉國家趙、魏、韓與其他列強國家在官制上的改革，都呈現了兩個突出的特點：一是「世官制」逐漸被「官僚制度」取代；二是職官上，文武分途。

何謂「官僚制度」？以「官僚制度」和「世官制」相較，「官僚制度」在內涵上表現出與「世官制」四項不同的特徵：其一，國君可以隨時任免官員，不像「世官制」的世襲職官，有時國君也不得任意罷免。其二，建立公文用「璽」（官印）、發兵用「符」的憑信制度，對於官吏的任免，以璽爲憑；給予將帥的命令，以符爲憑，如此，大權可集中於國君一人身上。其三，官員的俸祿普遍以糧食計算，取代「世官制」中的采邑，避免因不斷分封，縮減國君權力。其四，行政管理上，建立年終考績制度，如《荀子・王霸》所言：「歲終奉其成功，以效其君，當則可，不當則廢。」（頁 146）通過考核成績的優劣，達到監督官吏的效果，國君也可隨時罷免不適任的官員，收回印璽。這四項特徵，構成戰國新的官制——官僚制度的內容。在國君之下，有一套完整的官僚機構層層監督、控制「官僚制度」的確立和推行。這個龐大的官僚機構以「相國」和「將軍」爲首腦，將處理政務的文官和指揮作戰的武官分開設職，與春秋時期晉「卿」同時掌握政權和兵權的制度不同。官分文武，大權分散，彼此互相監督，最大的權力則集中於國君手上，這就建置成爲中央集權的「官僚制度」。〔註19〕

（二）趙國職官

趙國職官沿自晉國職官體系而有遞變，凡與晉國職官相同者，說明從簡。

1.中央職官

（1）宮廷事務管理部門

◆郎　中

《戰國策・趙三・建信君貴於趙》：「王有此尺帛，何不令前郎中以爲冠？」（頁 715）

《戰國策・趙四・秦召春平侯》：「春平侯者，趙王之所甚愛也，而

〔註19〕主要參見《戰國史》，頁 216～224。

郎中甚妒之。」（頁 767）

戰國時，趙、韓與齊、秦、楚等國皆設「郎中」，為國君近侍護衛之官。

◆廚人、宰人

《史記・趙世家》：「（趙襄王）請代王，使廚人操銅枓以食代王及從者。行斟，陰令宰人各以枓擊殺代王及從官。」（頁 1793）

「廚人」和「宰人」皆為庖人之類的宮廷官吏，掌君王膳食的準備及取用事宜。趙襄王時，還藉宴請代王的時機，命宰人權充殺手，暗殺代王。

◆宦者令

《史記・廉頗藺相如列傳》：「藺相如者，趙人也，為趙宦者令繆賢舍人。」（頁 2439）

《七國考》引杜祐《通典》曰：「天文有宦者四星，在帝座之西。《周官》有宮正、宮伯、宮人、內宰、閽人、寺人。戰國時有宦者令。」〔註 20〕宦者為宮內服雜役之人，人數眾多，趙國特設掌管之首長稱「宦者令」。

（2）中樞機構

◆相邦（丞相、相國、相）

《戰國策・趙三・希寫見建信君》：「希寫見建信君。建信君曰：『文信侯之於僕也，甚無禮。秦使人來仕，僕官之丞相，爵五大夫。』」（頁 721）

據上文，趙國似有「丞相」一官。但由傳世及出土兵器銘可確信，建信君的官名應是「相邦」。「丞相」之稱，大概是依他國制度譬喻而言，並非趙國實有此官。然今所見先秦文獻，並無「相邦」之記載，如《史記・趙世家》稱公仲連、肥義、樂毅等人，皆是「相國」；各國百官之首長亦多稱「相國」，「相國」之稱，很可能是漢人因避劉邦名諱而改。

「相國」或簡稱為「相」。「相」本來是諸侯朝聘宴享時輔導行禮的官，春秋晚期，晉國強大的卿大夫出現在縣大夫之上設總理政務的「相」。以相為官僚機構首長的例子，如《韓非子・外儲說左下》載，趙簡子時，解狐曾推薦仇人之子給簡子為相（頁 675）。春秋末期、戰國初年，家臣制的「相」逐漸推行到各級政治機構中，發展為官僚制度中的文官首長，變成《荀子・王霸》所言的「百官之長」，如齊以鄒忌為相，韓以申不害為相，趙以翟章為相，魏以田需為相，燕以粟腹為相等。秦國設「相」的時間較晚，商鞅變法

〔註20〕明・董說：《七國考》，北京：中華書局，1988 年，頁 62。

後原以「大良造」爲最高執政之官，至秦惠公十年（西元前 328 年）才仿三晉設相位，任張儀爲相；楚國則終戰國之世皆未曾設相，以「令尹」爲最高職官。

◆ 守相、假相國（假相）

《史記‧廉頗藺相如列傳》：「趙以尉文封廉頗爲信平君，爲假相國。」（頁 2448）

《史記‧趙世家》：「（孝成王）十七年，假相大將武襄君攻燕。」（頁 1828）

趙國有假相國（假相）之官。《戰國策‧秦五‧文信侯出走》又說：「文信侯出走，與司空馬之趙，趙以爲守相。」（頁 285）高誘注：「守，假官也。」據此，守相即假相。趙國銅兵器銘文中亦見守相監造之器，如「十三年守相申毋官劍」、「十五年守相杜波劍」等，韓國亦設此官。趙翼《陔餘叢考》曰：「秦、漢時，官吏攝事者皆曰假，蓋言借也，非眞假之假也。」〔註 21〕故知「假」爲官員任用的類別之一，暫署、代理之意，並非眞假之假；「守相」即代理之相。

◆ 左 師

《戰國策‧趙策四‧趙太后新用事》：「秦急攻之，趙氏求救于齊。齊曰：『必以長安君爲質，兵乃出。』太后不肯……左師觸讋願見太后。」（頁 768）

據《左傳‧文公七年》載文知，春秋之時，宋國獨有左師、右師之官（頁 316），乃全國最高當政大臣，趙設此官應是受宋國影響。僖公九年傳文又說：「以公子目夷爲仁，使爲左師以聽政。」（頁 220）《資治通鑑‧周紀五》赧王五十年胡三省注曰：「春秋時，宋國之官有左右師，上卿也。趙以觸讋爲左師，蓋冗散之官，以優老臣者也。」〔註 22〕趙之「左師」職掌，究竟爲當政大臣或冗散之官，尚待詳證。

◆ 中 尉

《史記‧趙世家》載，趙烈侯好音，將賜歌者田萬畝，於是相國公仲連進牛畜、荀欣、徐越三人：「牛畜侍烈侯以仁義，約以王道，烈

〔註21〕 清‧趙翼：《陔餘叢考》卷二十六「假守」，中國學術名著本，台北：世界書局印行，頁 293。

〔註22〕 宋‧司馬光：《資治通鑑》，台北：世界書局，1993 年初版，頁 163～164。

侯迥然。明日，荀欣侍，以選練舉賢，任官使能。明日，徐越侍，

以節財儉用，察度功德。所與無不充，君說。烈侯使使謂相國曰：『歌

者之田且止』。官牛畜爲師，荀欣爲中尉，徐越爲內史。」（頁 1797

～1798）

《趙世家》言「荀欣侍，以選練舉賢，任官使能。」故趙烈侯以荀欣爲

「中尉」，則趙國「中尉」當掌選任官吏。《禮記‧月令》有「太尉」，其職掌

爲「贊桀俊，遂賢良，舉長大。」（頁 307）和「中尉」職責相近。

◆ 上　卿

《史記‧廉頗藺相如列傳》：「趙惠文王十六年，廉頗爲趙將伐齊，

大破之，取陽晉，拜爲上卿。」又：「（趙王）以相如功大，拜爲上

卿，位在廉頗之右。」（頁 2439、2443）

《史記‧平原君虞卿列傳》：「再見，爲趙上卿，故號爲虞卿。」（頁

2370）

春秋時晉國執政首領稱爲「正卿」，是晉國軍政二權最高執政卿，地位僅

次於國君。此時爵秩有卿、大夫之別，大夫或有上大夫、中大夫、下大夫之

爵等；戰國時，秦、齊、楚、趙、魏、燕各國皆設「上卿」，實爲爵位名，乃

卿中爵祿最高者稱「上卿」。

◆ 客　卿

《史記‧樂毅列傳》：「而樂毅往來復通燕，燕、趙以爲客卿。」（頁

2434）

「客卿」一辭，亦見秦、齊兩國，如《史記‧張儀列傳》：「（秦）惠王以

爲客卿。」（頁 2280）《史記‧蘇秦列傳》：「齊宣王以爲客卿。」（頁 2265）

蓋非正式職官之名，當是爵位名，所以稱「客」者，指他國人士任本國之官、

享「卿」之爵祿也。

◆ 五大夫

《戰國策‧趙三‧希寫見建信君》：「希寫見建信君。建信君曰：『文

信侯之於僕也，甚無禮。秦使人來仕，僕官之丞相，爵五大夫。』」

（頁 721）

春秋末，晉國似已有「五大夫」之職稱（《左傳‧哀公四年》，頁 1000）；

戰國時期，趙與魏、楚皆設置，爲爵位名。

（3）司法監察部門

◆司　寇

《史記‧趙世家》載，惠文王立「李兌爲司寇」（頁1815）。「司寇」爲晉國沿置之官，其職掌刑。

◆司　過

　　《史記‧趙世家》：「武靈王少，未能聽政，博聞師三人，左右司過
　　三人。」（頁1803）

董說《七國考》卷一曰：「司過乃諫官耳。」（頁62）「司過」掌規諫國君過失，乃趙國專設之官。

（4）經濟管理部門

◆內　史

《史記‧趙世家》引文，趙烈侯以「徐越爲內史」（頁1798），則趙有「內史」之官。西周已設「內史」之職，主掌冊命；春秋時周王室沿置其官；戰國時，趙與秦皆設。《趙世家》文曰：「徐越侍以節財儉用，察度功德，所與無不充。」（頁1797～1798）則趙國「內史」蓋爲謀議物價平衡、朝廷節用政策的經濟官員，與《周禮‧春官》所設「內史」，掌爵祿廢置、生殺予奪等政務並不相同（頁226）。

◆田部吏

　　《史記‧廉頗藺相如列傳》：「趙奢者，趙之田部吏也。收租稅而平
　　原君家不肯出租，奢以法治之。」（頁2444）

趙設「田部吏」，爲掌收田租之官員。

（5）文化管理部門

◆師、博聞師、傅

　　《史記‧趙世家》載：「武靈王少，未能聽政，博聞師三人，左右司
　　過三人。……（武靈王）二十五年，惠后卒。使周祒胡服傅王子
　　何。」（頁1803～10811）

趙國有師、傅、博聞師諸官。春秋時，晉國有「師」與「太師」之官，「師」爲樂師，「太師」則是輔弼國君、教導太子的大臣；戰國時期趙國沿置「師」，如前文所引，「牛畜侍烈侯以仁義，約以王道。」（頁1797）故趙烈侯以牛畜爲「師」，則趙「師」之職相當於晉國時期的「太師」，魏國亦設。傅者，即太子太傅，趙、魏、秦、楚等國皆設。博聞師，據董說《七國考》卷一云：「博

聞師當是備顧問者。」（頁 62）

　　◆御　史

　　　　《史記・廉頗藺相如列傳》載秦、趙澠池之會，「趙王鼓瑟。秦御史
　　　　前書曰：『某年月日，秦王與趙王會飲，令趙王鼓瑟。』……於是秦
　　　　王不懌，爲一擊缶。相如顧召趙御史書曰：『某年月日，秦王爲趙王
　　　　擊缶。』」（頁 2442）

　　　　《戰國策・趙二・張儀爲秦連橫說趙王》：「（張儀）說趙王曰：『弊
　　　　邑秦王使臣敢獻書於大王御史……。』」（頁 649）。

　　戰國之時，趙、韓、秦、齊皆有「御史」，其職類似國君秘書性質，負責
記錄君王大事、接受別國使者獻書，掌管記錄、收受和保管文件。

　　◆筮　史

　　　　《史記・趙世家》：「（孝成王）四年，王夢衣偏裻之衣，乘飛龍上
　　　　天，不至而墜，見金玉之積如山。明日，王召筮史敢占之。」（頁
　　　　1824）

　　筮史是掌卜筮之史官，爲晉國本有的占卜之官，趙國沿置。

　　◆太　卜

　　　　《戰國策・東周・趙取周之祭地》：「趙取周之祭地，周君患之，告
　　　　於鄭朝。鄭朝曰：『君勿患也，臣請以三十金復取之。』周君予之，
　　　　鄭朝獻之趙太卜，因告以祭地事。及王病，使卜之。太卜譴之曰：『周
　　　　之祭地爲祟。』趙乃還之。」（頁 32）

　　春秋時，晉有「卜」；戰國時，趙國則有「太卜」之官。《周禮・春官》
之屬也有「太卜」，爲卜官之長，總掌卜筮之事（頁 264）。趙「太卜」之職當
如之，故能受賂、信解占卜內容，並使趙君改變政策。楚國亦設之。

（6）外交事務部門

　　◆行　人

　　　　《戰國策・趙四・馮忌請見趙王》：「馮忌請見趙王，行人見之。」
　　　　（頁 757）

　　「行人」本是晉國通使之官，趙國沿置其職，與《周禮・秋官》之大行
人、小行人職相仿，掌朝覲聘問之事（頁 256）。故馮忌請見趙王，先由「行
人」接待。

（7）軍事管理部門

◆將軍、大將軍、禆將

《史記‧趙世家》：「（趙武靈王）十三年，秦拔我，虜將軍趙莊。」
又：「（幽繆王遷）七年，秦人攻趙，趙大將李牧、將軍司馬尚將，
擊之。」（頁 1804、1832）

「將軍」是戰國時期趙、韓、魏、齊、秦、燕各國設置的武官之長。在
眾將軍之外，趙國又設有「大將軍」之職，如《史記‧廉頗藺相如列傳》載，
廉頗、李牧皆爲「大將軍」，地位在諸將之上（頁 2451）。《白起王翦列傳》又
載：「秦昭王四十七年四月，秦斥兵斬趙禆將茄。」（頁 2333）則趙又有「禆
將」，當是將軍的副將，地位在將軍之下。

◆柱　國

《戰國策‧趙四‧翟章從梁來》：「翟章從梁來，甚善趙王，趙王三
延之以相，翟章辭不受。田駟謂柱國韓向曰：『臣請爲卿刺之。』」
（頁 756）

柱國爲戰國時趙、楚二國設置之官，原爲保衛國都之官，後爲最高武
官。楚國柱國又稱「上柱國」。

◆國尉、都尉

《史記‧廉頗藺相如列傳》載：趙惠文王「以許歷爲國尉」。（頁
2446）

《戰國策‧趙三‧秦趙戰於長平》：「秦、趙戰於長平，趙不勝，亡
一都尉。」（頁 701）

春秋時，晉國三軍皆設有「軍尉」。戰國時，趙國在「將軍」之下則設有
「國尉」、「都尉」。秦國到秦昭王時也在大良造之下增設「國尉」一級。繆文
遠《戰國制度通考》曰：「國尉爲高級軍官」〔註 23〕，「都尉爲中級軍官，郡
有都尉，軍中亦有都尉。」（頁 25）

◆左司馬

《戰國策‧趙一‧張孟談既固趙宗》載張孟談告趙襄子曰：「左司馬
見使於國家，安社稷，不避其死，以成其忠，君其行之。」（頁 594）

春秋時，晉國三軍設有「司馬」，掌軍賦與軍法；至戰國，魏、韓軍官皆

〔註23〕繆文遠：《戰國制度通考》，巴蜀書社，1998 年出版，頁 25。以下見引，僅注
頁碼。

已廢司馬之職，唯趙國尚見「左司馬」，其位在「將軍」之下，職不詳。

　　◆候

　　　　《史記‧趙奢傳》：「軍中候有一人言急救武安，趙奢立斬之。」（頁
　　2445）

　　此處軍中之「候」，並非《左傳‧襄公二十一年》：「使候出轅輳。」杜預
注：「候，送迎賓客之官。」的「候人」（頁 593），當是斥候、軍候之官，掌
軍中偵伺敵情之事的官。

　　◆廣門之官

　　　　《呂氏春秋‧仲秋紀‧愛士》載，陽城胥渠處廣門之官，趙簡子曾：

　　　　「召庖人殺白騾，取肝以與陽城胥渠。處無幾何，趙興兵而攻翟，

　　　　廣門之官，左七百人，右七百人，皆先登而獲甲首。」

　　古代宮殿及都城都建有宮門或城門，不論宮門或城門的閉啟、人員進
出，必有專門官吏管理控制，「廣門」可能是趙國某邑的城門，陽城胥渠曾任
其典門之官。由《呂氏春秋》載文來看，「廣門」還有駐守的士卒左、右各七
百人，共一千四百人。今出土的三晉都城遺址中，有些都城的城門內側或城
牆轉角處會有附屬的防禦性建築〔註24〕，在這些建築上極可能有駐守的防禦
軍隊，平時負責巡邏城門、城牆，維護城邑的安全，必要時則編入軍伍出征，
所以陽城胥渠所掌的廣門之兵才會感於趙簡子的愛士之德而奮勇克敵。

　　◆驂　乘

　　　　《韓非子‧外儲說左下》：「少室周爲趙襄子驂乘。」（頁682）

　　「驂乘」爲王車的陪乘者，即春秋時期的「戎右」。

2. 地方職官

【郡縣二級制】

　　解釋趙國、魏國、韓國的地方職官之前，須先了解「郡」的設置與戰國
時期「郡縣二級制」的發展。

　　「郡」的設置，最遲在春秋末年就已出現。《左傳》所記趙簡子誓辭：「上
大夫受縣，下大夫受郡。」（頁 994）這是魯哀公二年、即西元前 493 年發生
的事，證明當時晉國已經存在「郡」的設置。此時的「郡」和「縣」相比，

〔註24〕例如晉都新田遺址中可能爲卿城的「北塢古城」，趙都古邯鄲王城之西城遺
　　　址、韓國新鄭故都遺址等，皆有城門或城牆的附屬防禦性建築，詳參本書第
　　　六章都城建築的內文。

何者面積較大，史料不足，無法斷言。不過，「郡」的地位比「縣」要低，是可以確信的。

戰國時代，各國逐漸增設新「郡」。《史記・匈奴列傳》說，「魏有河西、上郡」，「秦有隴西、北地、上郡」，趙「置雲中、雁門、代郡」，燕「置上谷、漁陽、右北平、遼西、遼東郡」（頁2885～2886）。這些新置的「郡」，多在邊地，設置的目的顯然是爲考量軍事防衛的需要。魏文侯設西河上郡是爲防秦，趙武靈王設雲中、雁門、代郡是爲防備林胡、樓煩部族，秦昭王設隴西、北地是爲防戎，燕置上古諸郡則爲防東胡。最初位在荒僻邊地的「郡」，可能因經濟開發程度較差，故地位低於「縣」。然而，隨著強國不斷地向外拓展，邊郡日益擴大，人口漸多，生產增加，經濟日趨繁榮，「郡」的地位提高，反而凌駕於「縣」之上了。本文在「晉國地方職官」單元中已介紹過春秋時期「縣」的產生過程與晉、秦、楚縣制的差異；到了戰國時期，其他各國也紛紛設縣，大凡有城市的都邑多已改建爲縣，所以史書上往往是「縣」和「城」互稱。不過「城」只是指建有城郭的城市，「縣」則是指整個縣管轄的地區，當然包括城市和城市以外的農村領域。隨著邊地設「郡」的出現，「郡」逐漸取代了原來「縣」的軍事地位，形成內地設「縣」、邊地置「郡」的大概分野。此時的行政系統，排列起來大致是：天下、國、郡或邑（縣）、鄉、里、聚（村落）。大邑相當於縣，小邑就屬於鄉、里。鄉、里之中，還有連、閭、伍的組織。五家爲一伍，是最小的行政編制。

可能在戰國中期以前，三晉國家爲了便於管理面積頗大的「郡」，就在郡下分設若干縣，形成「以郡統縣」的郡縣兩級制。例如：魏的上郡有十五縣（《史紀・秦本紀》，頁203），趙的上黨郡有二十四縣（《戰國策・齊二・秦攻趙》，頁357）、代郡有三十六縣（《戰國策・秦一・張儀說秦王》，頁105），韓的上黨郡有十七縣（《戰國策・秦一・張儀說秦王》，頁105）。戰國中期之後，兼併戰爭更顯激烈，因此不僅邊地，各國交界處也會設郡。如上黨地區是韓、趙、魏三國交界點，又是山地險要之區，所以韓、趙在此都設有上黨郡。魏國後來失去西河之地，又在河東設郡，目的仍是爲了抵禦秦國的侵擾。韓國在宣惠王時設三川郡，也是爲了抵制強秦的侵略。秦國更在陸續併吞他國土地後，爲利攻防，每得新地，必定設郡。

在戰國中期以前，自三晉國家最早發展成「以郡統縣」的郡縣兩級制，即是將位於邊地的大郡分設成若干縣分縣管理，而內地較大的邑仍然設縣，

「郡」、「縣」逐漸變成戰國諸國共有的地方行政單位，地方行政組織也更加嚴密。在這之後，除了齊國設「都」不設「郡」之外，其它各國皆採行三晉的郡縣兩級制，它就成爲戰國後期各國通行的行政區域劃分方式。結果，郡縣制自晉國普遍實行、各國仿效，至秦併六國徹底推行，將天下共分三十六郡，最終成爲全中國統一的地方行政區劃組織。

◆ 守、郡守

《韓非子‧內儲說上》：「董閼于爲趙上地守。」（頁 537）

《戰國策‧趙三‧齊人李伯見孝成王》：「齊人李伯見孝成王，成王說之，以爲代郡守。」（頁 724）

「郡」擔任防衛邊境的要務，一郡的首長稱做「守」或「太守」。郡守由國君直接任免，除了處理地方行政事務外，還擁有徵召一郡壯丁出征的權力，因此實質上是地方軍政合一的首長。趙國出土兵器中有「六年安平守岐疾劍」，器銘的「安平」是地名，地近中山、燕、齊等國，乃趙國邊守要地，故於此設郡〔註25〕，有「守」。戰國末期，郡守掌郡，儼然已有地方自治體系的雛型。

◆ 令（縣令）

《韓非子‧外儲說左上》：「王登爲中牟令。」（頁 652）

「令」即縣令。縣的設置出現於春秋初期。縣的長官原來叫「縣大夫」，可以世襲。至春秋末期，晉國六卿分守晉國之地，往往任用家臣、養士去擔任某縣某邑的長官。這些家臣與主人並無宗法上的血緣關係，也不能代代世襲其官職，可說是後來食祿官吏的前身。這種選賢能者管理縣邑的情形可能逐漸增多，慢慢地，世襲制的「縣大夫」消失了。到戰國時代，縣的規模比郡要小，有的大郡會分設許多縣，此時一縣之長不叫「縣大夫」，而是稱之爲「令」，趙、魏、韓皆如此。在出土的趙國銅器中，由各地之「令」監造的銅兵器至少有郭令、屛令、茲氏令、南行陽令、欒令、邢令、趙令等銘文可以爲證。〔註26〕

◆ 代　相

《史記‧趙世家》：「代相趙固主胡，致其兵。」（頁 1811）

〔註25〕吳雅芝：《戰國三晉銅器研究》編號 119，台灣師範大學國文研究所碩士論文，1996 年，頁 76。

〔註26〕順見《戰國三晉銅器研究》編號 079、081、082、085、086、093、120。

《漢書‧馮奉世傳》：「其先馮亭爲韓上黨守，……趙封馮亭爲華陽
君，與趙將括拒秦，戰死於長平。宗族繇是分散，或留潞，或在趙。
在趙者爲官帥將，官帥將子爲代相。」（頁558）

「代」原爲國名，戰國初年爲趙襄子所滅，後設代郡。此地在趙國的地位特殊，僅次於趙都，武靈王時曾置趙固爲「代相」，主持胡兵整訓事務。趙國於西元前 228 年爲秦所滅後，公子嘉乃自立爲代王，當時可能也在代置「相」，爲代地官僚之長，故趙兵器「四年邨（代）相樂冥鈹」、「六年代劍」〔註27〕銘文中可見「代相」之稱。

◆ 代　史

《竹書紀年補證》卷四：「隱王（《史記》作赧王）……十三年，邯
鄲命吏、大夫、奴遷于九原，將軍、大夫、適子、代史皆貂服。」
（《竹書紀年八種》，頁170）

周赧王十三年，即西元前 302 年、趙武靈王二十四年，趙國行「胡服騎射」政策後五年。代史不知何官，姑附於此。趙既有代相，此「代史」疑或爲代地之「史」。

3. 其　他

除了文獻記載的職官名外，趙、魏、韓三國傳世或近年出土的銅器，有的在器形上會刻有監造者、主造者、製造者名字及官職的銘文，可以補充以往文獻的不足。

趙國兵器監造者，國都有相邦（相國）、守相、大攻君（尹），地方有令、守、（代）相，還有旲嗇夫；主造者有（庫）工師、冡工師、工師吏；製造者爲冶。其他銅器的監造者，所見有司馬（中央）、委事令（地方），主造有庫嗇夫、工師、冡工師、關師，製造者有冶和冶君。

相邦、守相　上文已見說明。出現在趙兵銘中的相邦，目前所見有趙□、建信君、春平侯、陽安君四人；守相有申毋官、廉頗二人。

大攻君　趙國兵器，在孝成王中期於國都所造的鈹，背面有的刻有「大攻君」之字，爲第二監造者，其職乃加強兵器的驗收和檢查，是後來發展出來的職官。如公孫桴曾任守相朼波之大攻君，韓岢亦曾爲守相朼波、相邦建信君、相邦春平侯之第二監造「大攻君」。楚國也有此官，但二國「尹」字寫

〔註27〕《戰國三晉銅器研究》編號 115、116，頁 74。「鈹」爲器形名，形體似矛，但鋒刃長而體碩大。

法不同。趙國「君」字多「月」，容易辨別。

昌嗇夫　「七（十）年昌工劍」銘有「昌嗇夫」之職，「昌」爲「尋工」合寫。根據「昌國鼎」、「王何立事戈」銘知，「尋工」置有工師與冶，設有作坊，必是製造器用的機構，與「庫」相當。據黃盛璋先生的研究，「尋工」應爲「少府」下屬具體製器的工場，主造器械；除了銅、兵器之外，也可以造金、銀器〔註28〕。戰國時期，趙與東周皆有「尋工」，但趙國「尋工」多作合文「昌」，東周「尋工」二字皆分書，且屬於「中府」〔註29〕。「嗇夫」爲職官名，主要監造器物並負保管之責，三晉各國銅器銘皆有「嗇夫」之職，中央或地方府、庫、尋工機構都可能設置，「昌嗇夫」即尋工機構主要監造器械之官。

（庫）工師、尋工師、工師吏　「工師」爲工官之長，主管器物製造者。三晉銅器「工師」二字多數合書爲「禾」字，且多有「＝」符號於第二字的右下方。《呂氏春秋・季春紀》曰：「是月也，命工師，令百工，審五庫之量。金鐵、皮革筋、角齒、羽箭幹、脂膠丹漆，無或不良，百工咸理，監工日號，無悖于時。」（頁122）《孟冬紀》又云：「是月也，工師效功，……必功致爲上，物勒工名，以考其誠，工有不當，必行其罪，以窮其情。」（頁516）《荀子・王制》云：「論百工，審時事，辨功苦，尙完利，便備用，使雕琢文采不敢專造於家，工師之事也。」（頁107）《禮記・月令》鄭注：「於百工管理治其事之時，工師則監之，日號令之。」（頁304）三晉國家設「庫」多有「工師」，任主造之職。「昌工師」即「尋工工師」之省，地位相當於「庫」的工師。「工師吏」似爲工師下屬的職官。

冶　是官府冶鑄手工業作坊的工人，爲器物製造的實際參與者。他們既能在器物上留名，應具有一定的社會地位，可能是工頭，或具有較佳技術的工藝人員。〔註30〕

司馬　「司馬成公權」以「司馬」監造此器，得知趙國尙存「司馬」之官，司馬原掌軍法、軍賦，此掌監造，可能是趙國司馬的職權已經轉移，或者是造器作坊以刑徒、戎卒充任冶工，故由司馬監造。

殹（委）事令　「司馬成公權」銘爲「五年司馬＝成公朔殹（委）事（吏）

〔註28〕黃盛璋：〈新出戰國金銀器銘文研究〉，《古文字研究》第十二輯，頁342～351。

〔註29〕《戰國三晉銅器研究》，頁153。

〔註30〕採何琳儀之說，見《戰國文字通論》，北京：中華書局，1989年，頁113。

命（令）代夔與下庫工禾（師）孟關師四人＝□禾石＝半石畓半石」其中殹（委）事（吏）二字，黃盛璋先生認爲可能與趙兵器中的「立事」同義，也可能是「委任吏」之義〔註31〕。如是「立事」，則是趙器中特殊的紀年法；如是「委吏」，當與下字之「令」合爲職官名，二說何者爲是，尚待考。

　　庫嗇夫　趙、魏、韓三國皆設「庫」，而且是國都、地方都有。「庫」主要是管理兵器的收藏保管，也附設鑄造作坊造器，所以是鑄地、用地兼之。「庫嗇夫」爲「庫」的主造官。

　　關師　「司馬成公權」銘中的「關師」與殹事令、下庫工師相同，皆爲此器主造者。「關師」居於器銘最末之位置，可能是主造又兼製造者。

　　冶君　趙、魏、韓三國兵器銘文中，凡有「冶」則無「冶君」，有「冶君」則無「冶」，而且趙國與韓國兵器中，「冶君」出現的時間都比「冶」晚，很可能「冶」是「冶君」前身，是冶工之長，具有一定技術，能操作指揮、管理工匠，但地位次於「工師」，在生產流程中的作用與「冶」大略相當，也是冶鑄生產活動中的實際承擔者。

（三）魏國職官

魏國職官凡與晉國、趙國相同者，僅列出處，說明從略。

1. 中央職官

（1）宮廷事務管理部門

◆御庶子（中庶子）

　　《戰國策・魏一・魏公叔痤病》記公叔痤曰：「痤有御庶子公孫鞅，願王以國事聽之也。」（頁786）

　　此「御庶子」爲公族官，屬公孫氏家臣之屬。《史記・商君列傳》（頁2227）作「中庶子」。《禮記・燕義》曰：「古者周天子之官，有庶子官。庶子官職，諸侯、卿大夫、士之庶子之卒，掌其戒令，與其教治，別其等，正其位。」（頁1021）秦亦設「庶子」與「中庶子」，爲服事於太子的宮官。

（2）中樞機構

◆相、相國

　　《戰國策・魏一・魏王將相張儀》：「魏王將相張儀，犀首弗利。」

〔註31〕黃盛璋：〈司馬成公權的國別、年代與衡制問題〉，《中國歷史博物館館刊》1982年第二期。

（頁 807）

　　《戰國策‧魏三‧秦敗魏於華魏王且入朝於秦》魏臣支期曰：「王命
　　召相國。」（頁 862）

「相」爲通稱，魏相之名當爲「相國」，即「相邦」。

　◆上　卿

《呂氏春秋‧下賢覽》載，魏文侯謂翟黃曰：「今女欲官上位，欲祿則上
卿。」（頁 880）「上卿」爲爵位名。

　◆五大夫

　　《戰國策‧魏四‧魏攻管而不下》載信陵君使人謂安陵君曰：「君其
　　遣縮高，吾將仕以五大夫，使爲持節尉。」（頁 913）

「五大夫」爲爵位名，非職官。

　◆國大夫

　　《韓非子‧內儲說上》：「吳起下令大夫曰：『明日且攻亭，有能先登
　　者，仕之國大夫，賜之上田宅。』」（頁 551）

「國大夫」亦爲爵位名。

　◆長大夫

　　《呂氏春秋‧慎小》：「吳起治西河，欲諭其信于民，夜日置表于南
　　門之外，令于邑中曰：『明日有人償南門之外表者，仕長大夫。』」
　　（頁 1681）

高誘注：「長大夫，上大夫也。」則「長大夫」當爲爵位名。

（3）司法監察部門

　◆司　寇

　　魏器銘文中有「梁二十七年大梁司寇肖（趙）亡（無）智」所監造之鼎、
「七年邦司寇富勳」所監造之矛、「十二年邦司寇趙新」所監造之劍〔註32〕。
《周禮‧秋官》曰：「大司寇之職，掌建邦之三典，以佐王刑邦國、詰四方。」
（頁 516）又說：「凡萬民有罪過而未麗于法，而害于州里者，桎梏而坐諸嘉
石，役諸司空。」鄭注：「役諸司空，使給百工之役也。」（頁 517）知司寇主
刑，還包括罰作工役之民在內。由出土器銘來看，魏國兵器多由中央「司寇」
監造，則冶鑄之工當有刑民在內。

〔註32〕《戰國三晉銅器研究》編號 134、163、177。

（4）經濟管理部門

◆司　徒

《戰國策·魏三·芒卯謂秦王》:「王之所欲於魏者,長羊、王屋、洛林之地也。王能使臣爲魏之司徒,則臣能使魏獻之。」（頁 852～853）

西周晉銅器有「司徒伯歜鼎」,知晉曾設有「司徒」之官,後因避僖侯名而廢「司徒」。由《戰國策》引文知魏復設「司徒」之官,其職亦當掌土地與民政之事。

◆虞　人

《戰國策·魏一·文侯與虞人期獵》:「文侯與虞人期獵。」（頁 779）

鮑彪注:「虞人,掌山澤之官。」《尚書·堯典》記舜時設有九官,其一爲「虞」,由益擔任,管山林水產;西周沿置,金文作「吳」,如「裘衛鼎」有「厥吳喜皮二」的記載〔註33〕;春秋時,職稱爲「虞人」,如《國語·周語中·單襄公論陳必亡》有:「虞人入材」（頁 71）之語;戰國時,魏國設有此官。《周禮·地官》有山虞、澤虞之官。「山虞,掌山林之政令,物爲之屬而爲之守禁。」（頁 247）又說:「若大田獵,則萊山田之野,及弊田,植虞旗于中,致禽而珥焉。」（頁 247）鄭玄注曰:「萊,除其草萊也;弊田,田者止也;植,猶樹也。田止樹旗,令獲者皆致其禽而校其耳,以知獲數也。鄭司農云:『珥者,取禽左耳,以效功也。』」（頁 248）澤虞之職爲:「掌國澤之政令,爲之屬禁,使其地之人守其財物,以時入之于玉府,頒其餘于萬民。」又說:「若大田獵,則萊澤野,及弊田,植虞旌以屬禽。」鄭注:「屬禽,猶致禽而珥焉。」（頁 249）

（5）文化管理部門

◆師、傅

《呂氏春秋·離俗覽·舉難》:「白圭曰:『（魏）文侯師子夏,友田子方,敬段干木,此名所以過桓公也。』」（頁 1310）

《史記·魏世家》載翟璜謂李克曰:「君之子無傅,臣進屈侯鮒。」（頁 1840）

魏文侯以子夏爲「師」,則此「師」爲諸侯之師,是仿西周「太師」之制而置。然西周「太師」之職爲國家輔弼大臣,而魏文侯「師」子夏,子夏似

〔註33〕 參見唐蘭:〈陝西省岐山縣董家村新出西周重要銅器銘辭的釋文和注釋〉,載於《文物》1976年第五期。

未曾參與執政，當是備顧問、度咨詢的「師」。魏國之「傅」則爲太子太傅，以教養監護太子爲職。

◆ 主　書

《呂氏春秋・先識覽・樂成》：「魏攻中山，樂羊將。已得中山，還反報文侯，有貴功之色。文侯知之，命主書曰：『群臣賓客所獻書者，操以進之。』主書舉兩篋以進，令將軍視之。」（頁990）

「主書」，魏國所設主文書之官。

（6）外交事務

◆ 舍　人

《說苑・奉使》：「魏文侯封太子擊於中山，三年，使不往來，舍人趙倉唐進稱曰：『爲人子……三年不聞父問，不可謂孝；爲人父，三年不問子，不可謂慈。君何不遣使大國乎？』」〔註34〕

文獻所載，戰國時期各國皆有「舍人」，如齊孟嘗君有舍人（《戰國策・齊三・孟嘗君舍人有與君之夫人相愛者》，頁381）、楚春申君有舍人李園（《史記・春申君列傳》，頁2396）、趙宦者令有舍人藺相如（《史記・廉頗藺相如列傳》，頁2439）、秦相呂不韋有舍人李斯（《史記・李斯列傳》，頁2450）等。但上述「舍人」均爲王公貴官的侍從賓客，並非職官名。而舍人趙倉唐奉使，蓋以非正式官職身份出使，並非其官爲「舍人」。

（7）軍事管理部門

◆ 將軍、上將軍、客將軍

《史記・魏世家》：「秦將商君詐我將軍公子卬而襲奪其軍。」（頁1847）

《史記・魏公子列傳》：「魏王見公子，相與泣，而以上將軍印授公子，公子遂將。」（頁2383）

《戰國策・齊四・齊人有馮諼者》：「梁王虛上位，以故相爲上將軍，遣使者，黃金千斤，車百乘，往聘孟嘗君。」（頁399）

《戰國策・趙三・秦圍趙之邯鄲》：「秦圍趙之邯鄲。魏安釐王使將軍晉鄙救趙，畏秦，止于蕩陰，不進。魏王使客將軍新垣衍間入邯鄲。」（頁703）

「將軍」爲武官首長。「上將軍」爲戰國時期才出現的武官名，魏與燕、

〔註34〕漢・劉向：《說苑疏證》，台北：台灣中華出版社，1965年，卷十二，頁3。

越、秦皆設，燕國樂毅、越國范蠡、秦國白起皆曾任此職（參見《史記·樂毅列傳》、《越王句踐世家》及《白起王翦列傳》）。「客將軍」爲魏國武官，意同「客卿」，爲他國人士仕魏爲將者。

◆ 犀　首

《莊子·則陽》曰：「魏瑩與田侯牟約，田侯牟背之，魏瑩怒，將使人刺之。犀首公孫衍聞而恥之曰：『君爲萬乘之君也，而以匹夫從讎。衍請受甲二十萬，爲君攻之。』」〔註35〕

《史記·張儀列傳》：「陳軫曰：『公何好飲也？』犀首曰：『無事也。』」（頁 2301）

戰國時期，魏國置「犀首」之官，蓋取其勇武之意，以爲武官名。公孫衍曾爲此官。

◆ 持節尉、都尉

《戰國策·魏四·魏攻管而不下》載信陵君使人謂安陵君曰：「君其遣縮高，吾將仕以五大夫，使爲持節尉。」（頁 913）

《戰國縱橫家書》：「令梁中都尉□□大將，其有親戚父母妻子，皆令從梁王葆之東地單父，善爲守備。」〔註36〕

「持節尉」是軍尉持節符者，可以專殺。魏國「都尉」似同於趙之「都尉」。

◆ 五乘將軍

《韓非子·外儲說左下》：「秦、韓攻魏，昭卯西說而秦、韓罷；齊、荊攻魏，昭卯東說而齊、荊罷。魏襄王養之以五乘將軍。卯曰：『……今臣罷四國之兵，而王乃與臣五乘，此其稱功，猶贏勝而履。』」

董說《七國考》曰：「當是五乘之將軍。古者兵車一乘，甲士三人，步卒七十二人。五乘，凡三百七十五人。」（頁 70）。

2. 地方職官

◆ 守

《韓非子·內儲說上》、《史記·吳起傳》、《說苑·臣術》皆載，魏文侯

〔註35〕莊周撰、郭象注，《莊子》，台北：台灣中華書局，1968 年二版，卷八，頁26。以下見引，皆據此本。

〔註36〕長沙馬王堆三號漢墓出土一種類似今本《戰國策》的帛書，或稱之爲《戰國縱橫家書》。本文所引，採自《戰國策》附錄（台北：里仁書局，1990 年出版），頁 1363。

時，吳起爲西河守。《韓非子・內儲說上》又說：「李悝爲魏文侯上地之守。」
（頁 552）守爲郡的首長。

◆令

「令」即「縣令」。文獻所載，《戰國策・魏一・西門豹爲鄴令》（頁 778）
及《史記・滑稽列傳》（頁 3211）有西門豹爲鄴令，《說苑・臣術》有北門可
爲酸棗令（卷二，頁 2），《史記・張耳陳餘列傳》：「張耳者，大梁人也。……
乃宦魏爲外黃令」（頁 2571）。戰國銅兵器亦多見魏「令」，如見於戈銘的有業
令、頓丘令、冀令、甾丘令、繁陽令，見於矛銘的有宅陽令，見於劍銘的有
高都令。〔註37〕

◆三老、廷掾

《史記・滑稽列傳》：「鄴三老、廷掾常歲賦斂百姓，收取其錢得數
百萬，用其二、三十萬爲河伯娶婦，與祝巫共分其餘錢持歸。」（頁
3211）

「鄴」爲戰國時期的縣邑名，其地多屬於魏國。「三老」爲地方上參議政
事的民官，當無實際官權；「廷掾」則是縣令的屬吏。

3. 其　他

魏國兵器監造者，國都有邦司寇，地方有令、曹令，還有嗇夫、上容大
夫；主造者有（庫）工師、工師長；製造者爲冶。其他銅器的監造者，所見
有司寇（中央）、令（地方）、冢子、▽（私）官，主造有府嗇夫、求戟嗇夫、
冢子、上官冢子、視事、工師，製造者有冶。前文已見釋者，此不贅述。

菩（曹）令　魏器「四年咎奴菩（曹）令□戈」之「菩令」〔註38〕，即
「曹令」，爲一曹之長，位在縣令之下、工師之上。這是迄今考古材料所見最
早的「曹」，可能也是縣下設「曹」，置地位僅次於縣令的「曹令」最早的來
源，亦當爲秦、漢縣曹所本。

上容大夫　見「晉二十七年戈」〔註39〕。「上容」不知何解，或爲地名。

工師長　見於「五年冀令寧戈」、「五年冀令思戈」〔註40〕之器銘爲「左
庫工師長」。位在「冶」之上，其職或與「工師」相當。

〔註37〕順見《戰國三晉銅器研究》編號 159、161、173～174、176、178、175、170。
〔註38〕《戰國三晉銅器研究》編號 162，頁 137。
〔註39〕《戰國三晉銅器研究》編號 180。
〔註40〕《戰國三晉銅器研究》編號 173、174。

　　冢子　見於「二年寧鼎」、「梁上官鼎」〔註41〕器銘。其地位在「令」之下，「冶」之上。《左傳・閔公二年》曰：「大子奉冢祀社稷之粢盛，以朝夕視君膳者也，故曰冢子。」（頁192）《禮記・內則》亦云：「父沒母存，冢子御食。」鄭玄注：「御，侍也，謂長子侍母食也。」（頁519）故「冢子」即是嫡長子之意。魏國銅器所見「冢子」，爲職官名，當以縣令或封君之長子任之。

　　▽（私）官　見於「信安君鼎」「長信侯鼎蓋」有▽官（即私官）一職。此職官亦見於韓器「▽官方壺」〔註42〕。其職掌，據黃盛璋先生考證：「私官……乃掌管皇后私事之官。……所掌除飲食外，也包括起居日常生活，衣住行等生活私事，故稱爲私官。」〔註43〕故「私官」屬於宮廷事務管理部門之官。

　　府嗇夫、求戢嗇夫　「府」與「庫」類同，也是造器、藏器的官府機構。由魏器銘來看，除了「安邑下官鍾」〔註44〕以「府嗇夫」主造，其他魏國兵器多由左庫、右庫、上庫、下庫等「庫工師」監造或主造，顯然「庫」所造多半是兵器，而其他類別銅器則多出於「府」，三晉國家大抵如此。「府嗇夫」即是「府」的主造官「嗇夫」。僅見於「梁十九年亡智鼎」〔註45〕銘，爲主管銅器的官吏。

　　眂（視）事　三晉國家中僅見於魏器，皆作「眂事」，包括「三十年虒鼎」、「三十五年虒鼎」、「三十五年虒盉」、「信安君鼎」、「十七年平陰鼎蓋」〔註46〕等器。爲銅器的主造之吏（非兵器），隸屬於「令」，地位高於「冶」，當是魏國特有的官職。

　　上官、下官　魏器有「上官」之稱，如「十三年梁陰鼎」銘有「上官冢子」，與「安邑下官鍾」、「繁下官鍾」的「下官」相類〔註47〕，或爲官府單位名稱，或爲官稱。若是官稱，其地位當在「令」之下、「冶」之上，似爲魏國縣邑裡的食官。

〔註41〕　《戰國三晉銅器研究》編號132、144。

〔註42〕　順見《戰國三晉銅器研究》編號141、143、002。

〔註43〕　見〈三晉銅器的國別年代與相關制度問題〉一文，《古文字研究》第十七輯，頁49～50。

〔註44〕　《戰國三晉銅器研究》編號140。

〔註45〕　《戰國三晉銅器研究》編號133。

〔註46〕　順見《戰國三晉銅器研究》編號137、138、139、141、142。

〔註47〕　順見《戰國三晉銅器研究》編號148、140、145。

（四）韓國職官

韓國職官凡與晉國、趙國、魏國相同者，僅列出處，說明從略。

1. 中央職官

（1）宮廷事務管理部門

◆中庶子

　　《戰國策・韓二・韓公叔與幾瑟爭國中庶子強謂太子》載，中庶子
　　強謂太子曰：「不若及齊師未入，急擊公叔。」（頁983）

「中庶子」爲侍御太子左右之官，蓋卿大夫庶子在宮中者。

◆車　令

　　《呂氏春秋・似順論・處方》：「昭釐侯至，詰車令，各避舍。」（頁
　　1670）

韓昭侯時設有「車令」，主管王車之官。

◆典冠、典衣

　　《韓非子・二柄》：「韓昭侯醉而寢，典冠者見君之寒也，故加衣於
　　君之上。覺寢而說，問左右曰：『誰加衣者？』左右對曰：『典冠』
　　君因兼罪典衣與典冠。其罪典衣，以爲失其事也；其罪典冠，以爲
　　越其職也。」（頁112）

韓國「典冠」、「典衣」，分別爲侍御君王冠、服的宮廷小吏。

◆尙　浴

　　《韓非子・內儲說下》：「一日，僖侯浴，湯中有礫。僖侯曰：『尚浴
　　免，則有當代者乎？』」（頁595）

「尙浴」爲掌君王沐浴的宮廷小吏。

◆宰人、尙宰

　　《韓非子・內儲說下》：「昭僖侯之時，宰人上食，而羹中有生肝焉。
　　昭侯召宰人之次而誚之曰：『若何爲置生肝寡人羹中？』宰人頓首服
　　死罪曰：『竊欲去尚宰人也。』」（頁595）

「宰人」爲宮中掌進陳君王膳食之官，「尙宰」當爲管理眾「宰人」之
長。

◆郎　中

　　《戰國策・韓三・段產謂新城君》：「段產謂新城君曰：『夫宵行者能
　　無爲姦，而不能令狗無吠已。今臣處郎中，能無議君於王，而不能

令人毋議臣於君，願君察之也。』」（頁 1035）

「郎中」為趙國君王侍衛之官，韓國封君新城君下也有「郎中」之官，當亦為近侍護衛之官。

（2）中樞機構

◆相　國

韓國主國政者仍名「相國」，亦即「相邦」。如《戰國策・西周・雍氏之役》：「蘇代遂往見韓相國公中。」（頁 52）又《戰國策・韓三・或謂韓相國》載，「或謂韓相國曰：『人之所以善扁鵲者，為有臃腫也。』」（頁 1019）

◆客　卿

韓國也設「客卿」，仍為爵位名，如《戰國策・韓三・客卿為韓謂秦王》：「客卿為韓謂秦王……。」（頁 1022）鮑注云：「韓重客卿，位在相國之下一等。」

（3）司法監察部門

◆御　史

> 《戰國策・韓三・安邑之御史死》：「安邑之御史死，其次恐不得也。
> 輸人為之謂安令曰：『公孫綦為人請御史於王，王曰：彼固有次乎？
> 吾難敗其法。』因遽置之。」注：「六國已遣御史監郡，不自秦始也。」
> （頁 1032）

韓都安邑的「御史」去世，公孫綦向韓王請求以某人繼任，韓王未允。顯然安邑的「御史」須由國君親自派遣委任。「御史」之職，本為國君秘書性質的官員，但安邑之御史，是國君所遣至都邑的官員，其職掌蓋為監督地方首長——「令」而設置。

（4）經濟管理部門

◆司　空

> 《呂氏春秋・開春論・開春》：「韓氏城新城，期十五日而成，段喬為司空。有一縣後二日，段喬執其吏而囚之。囚者之子走告封人子高曰：『唯先生能活臣父之死。』」（頁 1426）

韓國「司空」，也是主管築城工程之官。

◆封　人

出處見上條引文。高誘注曰：「封人，田大夫，職在封疆，故謂之封

人。」《周禮‧地官‧封人》職曰：「掌設王之社壇，爲畿封而樹之。凡封國，設其社稷之壇，封其四疆。造都邑之封域亦如之。」（頁 187～188）《左傳‧宣公十一年》曰：「（楚）令尹蒍艾獵城沂，使封人慮事，以授司徒。量功命日，分財用，平板榦，稱畚築，程土物，議遠邇，略基趾，度有司，事三旬而成，不愆于素。」杜注：「封人，其時主築城者；慮事，謀慮計功。」（頁 383）如此，則封人當掌確立邦國封域疆界，並兼掌造都邑及治其築作城郭之役。

◆廩　吏

《韓非子‧內儲說下》：「韓昭侯之時，黍種嘗貴甚，昭侯令人覆廩，吏果竊黍種而糶之甚多。」（頁 594）

「廩」爲官府收藏糧食的處所；「廩」之吏，或稱「廩吏」，爲看守倉廩的小吏。

◆少　府

《戰國策‧韓一‧蘇秦爲楚合從說韓王》：「天下之強弓勁弩，皆自韓出。谿子、少府、時力、距來，皆射六百步之外。」（頁 930）

「少府」爲韓國所設製造、收藏器械的官府機構，非職官名，以製造強弓、勁弩聞名於戰國。

（5）文化管理機構

◆御　史

《戰國策‧韓一‧張儀爲秦連橫說韓王》：「（張儀曰）秦王使使臣獻書大王御史，須以決事。」（頁 935）

張儀自言獻書於韓國「御史」，此「御史」同於趙國「御史」，爲君王秘書官，性質稍不同於派往縣邑、如「安邑御史」所具監察性質的「御史」。

◆史

韓國也有「史」官，如《戰國策‧韓二‧公仲爲韓魏易地》：「公仲爲韓魏易地，公叔爭之而不聽，且亡。史惕謂公叔曰……。」（頁 975），鮑彪曰：「韓史」。此「史惕」之「史」，也有可能是姓。

2. 地方職官

太守　「太守」爲郡之首長。如《戰國策‧趙一‧秦王謂公子他》載：「韓恐……令韓陽告上黨之守靳鵰曰：『秦起二軍以臨韓，韓不能有。今王令韓興兵以上黨入和於秦，使陽言之太守，太守其效之。」（頁 616）。

3. 其　他

韓國兵器監造者，國都有鄭令、司寇、冢子，地方有令、大（太）令；主造者有邦庫嗇夫、工師、庫吏；製造者爲冶、冶君。其他銅器的製造者有冶和左吏。

鄭令、大（太）令　「令」爲地方行政組織「縣」的最高首長。見於出土韓國兵器銘文中的地方縣令至少有奠（鄭）令、陽人令、修魚令、邧令、格氏令、侖氏令、新城大令、洱陽令、咎奴太令、巏令、郫陸令、雍令、安陽令〔註48〕等。其「令」字皆書爲「命」，古「令」、「命」同一字，「命」較「令」增口，顯示發號施令之意。值得留意的是，1972 年在河南新鄭鄭韓故城出土的大批韓國銅器中，由「奠令」監造之器最多〔註49〕，此「奠令」即「鄭令」，指韓都新鄭的最高首長。

諸縣令中，又有「新城大令」、「咎奴太令」之名，「大令」意同「太令」，即「縣令」。新城與咎奴（皋落）皆位在邊地，其縣令特別尊稱爲「大令」或「太令」，可能是因其地位重要或特殊之故而命之。

司寇　韓國兵器中以「司寇」監造者，除了國都鄭令之下的「司寇」外，地方鑄造之器也有以「司寇」監造的。如「十年洱陽令長疋戈」、「十七年巏令艐嘗戈」、「四年□雍令韓匡矛」、「六年安陽令韓望矛」等器〔註50〕，其「司寇」作「司夜」。「令」後加「司寇」監造，於魏、韓兵器銘中常見。既以司寇督造，說明都城或縣邑製造兵器的冶鑄作坊，是由「司寇」管轄，其冶鑄工人可能有刑徒充任。

邦庫嗇夫、上庫嗇夫　韓國兵器「十八年冢子韓贈戈」銘，以「邦庫嗇夫」爲此器主造者；「十九年冢子矛」銘〔註51〕，以「上庫嗇夫」爲主造者。在鄭韓故城出土的陶器上習見「嗇夫」職稱，「嗇夫」應爲製造陶器或兵器的工匠名稱。

庫吏　韓國出土兵器銘文有上庫、左庫、右庫、武庫、坓庫等造器機構，

〔註48〕順見《戰國三晉銅器研究》編號 028～29、030、031～33、035、037、038、039、041、047、065。

〔註49〕《戰國三晉銅器研究》收錄由「鄭令」監造的兵器戈、矛或劍，共二十三件，包括編號 028、029、036、040、043、044、045、046、050、051、053、054、055、056、057、058、059、060、062、063、064、066、067 等器。目前韓國發現的兵器中，新鄭是數量最多的製造地。

〔註50〕順見《戰國三晉銅器研究》編號 004、047、061、065。

〔註51〕順見《戰國三晉銅器研究》編號 048、049。

多以工師主造。唯「十九年家子矛」以「庫吏」爲製造此器之官，地位高於「冶」，或相當於魏器中的「工師長」。

中府、少府、左吏　韓銅器「春成侯鍾」銘有「中宮（府）」之名；「長陵盉」底部刻銘有「左吏」之職稱，腹部刻銘有「少廚（府）」之字〔註52〕。「中府」與「少府」皆爲韓國造器與藏器的官府機構，「左吏」則爲「少府」內主造器械之官。

第二節　軍事制度

軍事制度是國家組織管理、維持、儲備和發展軍事力量的制度，簡稱軍制。主要包括軍事組織的編制、軍事教育的訓練、武官制度、兵役制度、軍事法制、後勤制度等內容，它是國家政治體制中的一環，也是國家的基本制度之一。不同的國家或同一國家的不同歷史階段，軍制會隨著國家社會形態的演變和政權的更替而不斷地發展變化，這也是春秋時晉國軍制數度擴增縮編、時常變易的主因。戰國時期，諸侯爭霸，推動各國尚武強國的政策，使得軍事制度的改革步調更快速，軍制與戰爭面貌變化更大。透過一個國家軍事制度的制定、改革以及作戰武器的發展、戰爭方式的演變等，可確知這個國家內部政治局勢的變遷，並顯示其國際政治地位的強弱，當然晉國與趙、魏、韓的情況也不例外。下文就晉國軍制與趙、魏、韓軍制兩個單元，分論其軍事組織編制、軍事教育訓練、兵役制度、後勤制度四個子題。至於武官制度，已在上一節官制中說明，此不贅述；軍法則併入下一節法律制度中討論，在此從略。

一、晉國軍制

（一）軍事組織編制

有了軍事組織才有軍隊及其相關制度的存在，因此軍事編制可說是軍事制度的根本與核心內容。然而，關於晉國軍制建置的詳細情形，春秋以前的資料實在太少，我們僅能從少數追述的文獻拼湊出一個大概。西周時期的晉國尚遵守禮制規定，當建有一定數量的軍隊，以藩屏周室，隨時聽從周天子調遣。據《周禮・夏官・司馬》言：「王六軍，大國三軍，次國二軍，小

國一軍。」（頁 429）《左傳‧莊公十六年》又載：「王使虢公命曲沃伯以一軍
爲晉侯。」（頁 157）春秋初期的晉侯武公只被允許建立一軍，推想在西周之
時，晉國的建軍規模大約也不會超過「小國一軍」的規定。春秋以後，王
室衰微，諸侯自立，相互攻伐爭霸，爭霸戰爭促使晉國的軍隊編制不斷發生
變化。

1. 軍隊構成

晉國軍隊包括公室軍隊、私屬武裝和地方軍隊三個部份。

（1）公室軍隊

公室軍隊是國家軍隊的主力。最初由國君直接掌權調派，進行爭霸戰爭。
其編制由一軍、二軍、三軍至六軍、四軍、三軍的變遷，充份顯示晉國國勢
及軍備發展的軌跡。在公室軍隊中，有一部份直屬於國君的部隊，原來專職
護衛國君的安全，一旦國君親征，也會統一編入作戰陣營，這支部隊就稱作
「公行」或「公乘」。自晉文公建三軍，由卿大夫兼掌軍政二權，晉國公室軍
隊的軍權即由國君手中下移至卿大夫手中。隨著晉卿勢力坐大，公室軍隊逐
漸被卿大夫掌握、瓜分，連晉君的親衛部隊也不例外。《左傳‧昭公三年》說：
「公乘無人，卒列無長。」（頁 723）就是這個情形。

（2）私屬軍隊

晉軍是以公室軍隊爲主幹組成戰時編制，此外，部分卿、大夫還擁有私
屬家兵。據分封及宗法制，晉卿可掌握的軍力包括族兵和采邑之兵。族兵是
以卿大夫的族人爲骨幹建立起來的親兵，與卿大夫聚族而居，通常會隨著卿
大夫編入作戰軍團。如西元前 575 年鄢陵之戰中，「欒、范以其族夾公行。」
（《左傳‧成公十六年》，頁 476）。采邑兵則是卿大夫在其采邑上自行徵召的
部隊。《左傳‧宣公十七年》載，晉卿郤克使齊受辱，歸國後請求晉侯發兵伐
齊，晉侯未許，郤克又「請以其私屬」（頁 411）伐齊，可見這時的晉卿在其
采邑上建立私兵的情況是存在的。一般說來，當國君勢力強大時，卿大夫的
私屬軍隊即聽命於公室，成爲公室軍隊的輔助力量，擔負保衛邊境的任務；
反之，一旦國君勢弱，卿大夫的私屬兵則成爲國君的直接威脅，卿大夫往往
借以瓜分公室或吞併其他卿族。

（3）地方軍隊

除了公室軍隊與卿大夫的私屬家兵外，晉國還有部分地方軍隊。地方軍

隊是晉國設置在各地的武裝組織，原先也是由國君統轄控制，是公室軍隊的
輔助力量，用以防守地方，抵禦強鄰入侵，必要時還奉調遠征。這些軍隊通
稱爲「師」，見於文獻記載的有「東陽之師」、「焦、瑕、溫、原之師」（《左傳・
襄公二十三年》及《昭公二十二年》，頁 604、874）等，都曾協助晉軍作戰。
由於晉國與戎狄關係密切，甚至還有「九州之戎」的戎狄部隊，成爲守備地
方的戰力之一。

2. 軍的建制及其下屬編制

（1）「軍」的建制及規模

「軍」字在西周晚期原只是軍隊的泛稱，而非軍隊的編制單位〔註53〕。
春秋初始，鄭國首先破除舊制，建立三軍。晉國則自武公併晉、王命立「一
軍」後，軍制亦不斷變化。最多時曾擴建至六軍，爲它國不及。所編諸軍，
以中軍地位最高，其次依上或右、下或左的次序排列。其他各國皆如此，唯
楚國以左軍最高，其次右軍，中軍地位反而最低。根據《左傳》文字，晉國
自武公至悼公期間，軍隊編制可考者凡九變：

> 一軍：晉武公三十八年（西元前 678 年），「王使虢公命曲沃伯以一
> 軍爲晉侯。」（頁 157）
>
> 二軍：晉獻公十六年（西元前 661 年），滅耿、霍、魏三國之役中，
> 獻公將上軍，太子申生將下軍，故此時晉有二軍（《左傳・閔
> 公元年》，頁 188）。
>
> 三軍：晉文公四年（西元前 633 年），「郤縠將中軍，郤溱佐之；狐
> 毛將上軍，狐偃佐之；欒枝將下軍，先軫佐之。」（《左傳・
> 僖公二十七年》，頁 267）。晉國始作三軍。
>
> 三軍三行：晉文公五年（西元前 632 年），「荀林父將中行，屠擊將
> 右行，先蔑將左行。」（《左傳・僖公二十八年》，頁 277）。
> 晉國在中軍、上軍、下軍外，另建中行、右行、左行部隊。
>
> 五軍：晉文公八年（西元前 629 年），晉國又罷三行，改爲上、下新
> 軍（《左傳・僖公三十一年》，頁 287），則晉軍編制爲中軍、

〔註53〕西周軍隊的編制當沿襲商制，以「師」爲最高編制單位。依據金文及早期文
　　　獻記錄，周有西六師、殷八師、成周八師、六師等名稱，確知西周軍隊的最
　　　大編制單位爲「師」。詳見劉昭祥：《中國軍事制度史・軍事組織體制編制卷》，
　　　河南：大象出版社，1997 年，頁 53～57。

上軍、下軍、上新軍、下新軍共五軍。

三軍：晉襄公七年（西元前 621 年），捨棄上新軍、下新軍，恢復三
　　　軍之制（《左傳‧文公六年》，頁 313）。

六軍：晉景公十二年（西元前 588 年），建中軍、上軍、下軍、新中
　　　軍、新上軍、新下軍共六軍部隊編制（《左傳‧成公三年》，
　　　頁 438）。

四軍：晉厲公六年（西元前 575 年），杜預曰：「新上下軍罷矣。」
　　　但有四軍。（《左傳‧成公十六年》，頁 473）。

三軍：晉悼公十四年（西元前 559 年），又捨新軍，復為三軍「六卿」
　　　（《左傳‧襄公十四年》，頁 559）。

晉國軍隊由武公時的一軍，在短短的八十九年間擴增六倍，到景公時建置六
軍，這段時間是晉國國勢最強盛的時期。之後，公室軍隊勢力即逐漸衰弱，
編制自然縮小，不復盛況。

（2）晉軍的下屬編制

大致說來，春秋軍隊「軍」的下屬編制，與《周禮》所載的軍、師、旅、
卒、兩、伍六級編制系統有近似關係，但各國的實際編制並不一致。由文獻
明確的記載來看，晉國的軍隊編制當分為軍、師、旅、卒、偏、兩、伍七級。
《左傳‧襄公二十五年》載，齊國為了取悅於晉，向晉軍各級官員行賄：「自
六正、五吏、三十帥、三軍之大夫、百官之正長、師、旅及處守者皆賄之。」
（頁 620）魯成公七年又載，晉國助吳建立車兵，派申公巫臣：「以兩之一卒
適吳，舍偏兩之一焉。」（頁 444）。《國語‧周語中‧單襄公論郤至佻天之功》
又云：「晉得其民，四軍之帥，旅力方剛；卒伍治整，諸侯與之。」（頁 81）
綜合這些資料推測，晉國軍隊編制以軍為最高單位，以下約有師、旅、卒、
偏、兩、伍六級。據魯成七年杜注所引《司馬法》曰：「百人為卒，二十五人
為兩，車九乘為小偏，十五乘為大偏」（頁 444），則卒、兩、偏又為晉國車兵
的三級編制單位。

3. 車兵編制

春秋是車戰的繁盛時代，車兵的規模與日俱增。城濮之戰中（西元前 632
年），晉國的軍隊以「車七百乘鞿、靮、鞅、靽」的戰車裝備及兵力，獨力對
抗楚、陳、蔡三國聯軍；平丘之會時（西元前 529 年），晉軍「甲車四千乘」

於郲南〔註54〕。晉國車兵規模的擴大，由此可見。

「乘」是此時車兵編制的單位，一乘即是一輛戰車。據《司馬法》說：「革車一乘，士十人，徒二十人。」（《周禮・地官・小司徒》鄭玄注引，頁170）所謂「士十人」是指甲士十人，車上三人，車下七人；「徒二十人」，包括隨車徒卒十五人和雜役人員五人，這大約是春秋前期普遍實行的車兵編制。隨著戰爭規模的擴大，車兵的數量，尤其是隨車步兵的人數也不斷增多。上文曾引《司馬法》曰：「百人爲卒，二十五人爲兩，車九乘爲小偏，十五乘爲大偏。」可知晉國一般車兵的編制爲乘、偏、卒、兩四級。偏有大、小之分，大者十五乘，小者九乘；卒，據楊伯峻《春秋左傳注・成公七年》曰：「卒相當於楚國的廣。」（頁444）楚國車兵編制，一廣爲三十乘〔註55〕；「兩」即是五十乘，是晉國車兵的最高編制單位〔註56〕。不過，實際作戰時，車兵編制可能會因作戰陣式或隊形的需要稍有變化，並非只有固定的四級。

4. 步兵編制

西周至春秋初期，中原諸侯國的作戰方式向來以車戰爲主，車徒合編的車兵才是各國軍隊的主力，步兵其實是車兵內部相對固定的編制，只能算是「隸屬步兵」，並非獨立編制的作戰部隊。大約在春秋初期到中期的這段時間內，脫離戰車獨立編制的步兵，即「建制步兵」，主要是在與戎狄部族的戰爭經驗中應運而生〔註57〕。西元前632年，即晉文公五年，「作三行以禦狄」（《左傳・僖公二十八年》，頁277）。「三行」是步兵部隊，原先晉國在獻公時已有左行、右行的編制名稱〔註58〕，到文公時又增中行，且與左、右行合併爲「三行」，脫離車兵，設立爲新的作戰隊伍，「行」遂成爲晉國建制步兵的最高編制單位。然而，不到三年的時間，文公即罷三行，又改置爲「軍」，回復車兵附屬步兵的編制。

到了春秋晚期、晉平公十七年（西元前541年）時，晉與無終及諸戎狄大戰。戰前晉軍將領魏舒說：「彼徒我車，所遇又阨，以什共車必克，困諸阨

〔註54〕二事順見《左傳・僖公二十八年》（頁272）、《左傳・昭公十三年》（頁809）。
〔註55〕《左傳・宣公十二年》：「楚子爲乘，廣三十乘，分左右。」（頁395）
〔註56〕《左傳・昭公元年》正義曰：「服虔引《司馬法》曰：『五十乘爲兩。』」（頁705）
〔註57〕藍永蔚：《春秋時期的步兵》，台北：木鐸出版社，1987年，頁61、66。
〔註58〕《左傳・僖公十年》（西元前650年）載，邳芮誅七輿大夫：「左行共華，右行賈華……。」此爲晉惠公二年事，但設七輿大夫有左行、右行，當爲獻公時事，頁222。

又克，請皆卒，自我始。」（《左傳・昭公元年》，頁705），於是晉軍「毀車以爲行，五乘爲三伍。」由於這次作戰地點是在太原市西南部的呂梁山區，地勢崎嶇險要，不利於戰車通行；同時作戰對象的戎狄部隊佔有輕便的優勢，因此魏舒才決定放棄中原國家傳統的車戰模式與車兵編制，一方面減少戰車數量，避免困阨；一方面將車兵打散，重新編組爲步兵，靈活進退，結果大獲全勝。這次戰役是晉國軍事史上的一件大事，也是春秋中原諸國由車戰向步戰轉化過程的起點，意義重大。

（二）軍事教育訓練

1. 貴族軍事教育

《孟子・滕文公上》曰：「庠者，養也；校者，教也；序者，射也。夏曰校，殷曰序，周曰庠。學則三代共之。」（頁91）這裡的校、序、庠是指地方學校，學爲大學。三代的地方學校未必在名稱上有嚴格的區別，但不論地方或中央的學校，重視個人射、御技能的教育訓練則不容置疑。在西周春秋、宗法尚明的時代裡，國家軍隊的骨幹是貴族武士。而貴族武士的重要戰鬥技能——射箭與駕車，是在大學教育的訓練課程中養成。周禮規定，貴族童子皆須入小學接受教育，成童後再入大學。大學的主要課程是「六藝」，即禮、樂、射、御、書、數六科。禮、樂和隊列操練、閱兵大典等攸關，射、御重在技術性，這四項課程與軍事訓練都有密切關係〔註59〕。在學校教育中進行習射訓練、射禮儀式演習，以及各種馬車駕御技術，是貴族教育培養貴族軍官軍事技能的主要方法。春秋各國，大體上也是按照這套規範進行貴族子弟的軍事教育訓練。受過這些基本軍事教育的貴族子弟，日後將組成王室或公室軍隊，成爲各國軍隊的中堅力量。

2. 軍隊訓練

春秋中期以前，晉國軍事訓練的重心也擺在貴族甲士的身上。從春秋中期開始，軍隊訓練的重點應當從甲士慢慢轉向步卒，原因在於步卒重要性提高與數量的增加。步卒的來源是庶民，他們平時耕作，農閒訓練，戰時則被徵爲士兵。晉軍在春秋中期急速擴編，於是步兵數量暴增，步兵訓練工作因而日益重要。西元前573年，晉悼公即位，實施一連串的新政策，其一是：「籍

〔註59〕郝志清：《中國軍事制度史・軍事教育訓練制度卷》，鄭州：大象出版社，1997年，頁26～27。

偃爲之司馬，使訓卒乘，親以聽命。」（《左傳·成公十八年》，頁 487）正是
這種情況的反映。由於軍事形式的新發展，促使晉國把步卒的基本戰術教練
放在軍隊訓練的首位。據文獻記載，晉國春秋中期以後的軍隊訓練概況，大
致有三個特點：

（1）進行大規模的軍事演習

晉國大規模的軍事演習，多是透過「蒐」禮完成。「蒐」原是商代以田獵
演練戰陣、振武治兵的儀式，周人繼承之，春秋時期尚見保留。不過，此時
在晉國舉行的大蒐禮活動中，可見原有的田獵色彩明顯消失，「蒐」的功能轉
爲單純的軍事演習、閱兵耀武的成份居多。統計《左傳》的記錄，晉國在春
秋時期總共舉行過四次大蒐禮，包括晉文公三年「蒐于被廬」、晉文公十年
「蒐于清原」、晉襄公七年「蒐于夷」（後又改蒐於董），和晉悼公十三年「蒐
于綿上」。綜合這四次大蒐禮的情況來看，晉國舉行大蒐的主要目的有三：一
是建置與變更軍制，如蒐於被廬時「作三軍」、蒐於清原時「作五軍」、蒐於
夷時「舍二軍」、蒐於綿上則將新軍併入下軍。其次，選定和任命將帥與執
政，如被廬之蒐的「謀元帥」、清原之蒐的「趙衰爲卿」、夷之蒐的「使狐姑
射將中軍，趙盾佐之。」綿上之蒐亦選定三軍的將、佐。第三是制定和頒布
法律，或對違法者處刑，如被廬之蒐「作執秩以正其官」、夷之蒐「賈季戮臾
騈」﹝註60﹞。實際說起來，晉國的蒐禮兼具有政治和軍事大會的性質，是國家
政策推行、準備戰爭的重要手段，與田獵的形式或功能已沒有關聯﹝註61﹞。
除了大蒐之外，另外可能還不定期舉行一些檢閱軍隊的活動，稱作「大閱」、
「治兵」或「振旅」﹝註62﹞，就是單純的軍事演習活動或檢閱儀式。經由這
些一次又一次的大規模軍事演練，軍隊士卒能更嫻熟於戰鬥技巧，軍隊素質
自然也會提高，達到作戰致勝的目的。

（2）出現負責訓練的分職機構

《左傳·成公十八年》及《國語·晉語七·悼公即位》皆載，西元前573

﹝註60﹞ 晉國四次蒐禮的記載，順見《左傳·僖公二十七年》（頁 267），及僖公三十一
　　　 年（頁 287）、文公六年（頁 313、315）、襄公十三年（頁 554、555）之文。
﹝註61﹞ 楊寬：《古史新探·大蒐禮新探》，北京：中華書局，1965 年第一版，頁 270
　　　 ～274。
﹝註62﹞ 《左傳·隱公五年》曰：「春蒐、夏苗、秋獮、冬狩，皆於農隙以講事也。三
　　　 年而治兵，入而振旅。」（頁 59）治兵和振旅是四時之外的軍事演習活動。
　　　 《春秋·桓公六年》載：「秋八月壬午，（魯）大閱。」（頁 109）大閱即戰前
　　　 軍隊檢閱儀式。

年，晉悼公即位之後，為加強晉軍建設，正式設立了軍隊訓練部門。他任命荀家、荀會等人為公族大夫，負責國君公族部隊的訓練；任命弁糾為御戎，負責主持全軍御者的訓練；任命荀賓為右，負責全軍勇力之士的訓練；任命籍偃為司馬，負責全軍步兵、車兵協同的訓練；又任命程鄭為乘馬御，負責全軍養馬人的訓練。這樣的分工，基本上是按照當時的兵種區分，再由不同職權的卿大夫負責監督訓練工作。只不過這時的分工，還不算是嚴格的專門專職，因為各部門的卿大夫將領，其實都還兼職其他行政事務，尚未文武分職。

（3）單兵和隊列的訓練

春秋時期的軍力核心是車兵，車兵的個人技藝主要在射、御，其次是擊刺。透過學校的軍事教育訓練、日常的狩獵活動或大規模的軍事演習等形式，可逐步提高車兵個人的作戰技能。步卒的訓練，技藝方面也要求射和擊刺的技巧，不過步兵的弓矢手是立定發箭，技術要求不必像車兵嚴格，擊刺則是近身搏鬥形式，使用的擊刺兵器與車兵的長兵器不同，訓練要求自然也不相同。另外，身法的訓練也很重要，立坐進退、左右動旋，皆須聽從號令進行，講求整齊劃一。

單兵訓練是軍隊素質優劣的基礎，而隊列的訓練是戰爭決勝的關鍵因素。隊列訓練包括車兵隊列及步兵隊列的訓練。步兵隊列的訓練，表面上以進退和左右周旋為主，但要求什伍步調一致，行動默契難度比單兵訓練要大得多。訓練的程序是先整齊步兵的基本單位「伍」，再編五個「伍」為一個基本作戰單位「兩」進行訓練，「兩」的隊列訓練完成後，陣形的變化訓練就建立良好的根基。車兵隊列的訓練平時不可能進行，只有舉行大蒐禮和作戰前後的治兵、振旅等儀式中，才作編練。車兵隊列又有行軍隊列、戰陣隊列之分：行軍隊列的訓練原則是恪守禮分，依照等級規定使戰車次序行進，行駛的徐疾則根據經過的地區和不同的戰事情況調整；戰陣隊列的訓練則因不同陣形而異，陣形及其變化的訓練是此時軍事訓練的重要內容。完成陣形訓練的前提是行列的訓練，行列訓練到步調一致、隨時保持整齊後，才能進行陣形的訓練。陣形訓練的基本要求也是嚴整，陣形不整是作戰大忌，其軍必敗，是故晉國揚干和趙孟都因擾亂陣形而受到嚴厲處分。〔註63〕

〔註63〕 《左傳·襄公三年》：「晉侯之弟揚干亂行于曲沃，魏絳戮其僕。」（頁502）
《國語·晉語五·趙宣子論比與黨》：「趙孟使人以其乘車干行，獻子執而戮

春秋前期，中原列國喜用魚麗之陣，以戰車為中心，配置步卒，使車步協同，組成方陣作戰。方陣是各國普遍採用的作戰進攻隊形，士卒採取立姿；由方陣演變而成的圓陣，是防禦及誘敵陣形，士卒則採坐姿。這兩種陣形是春秋戰陣的主要基本陣形，其他陣形皆由此變化而來〔註 64〕。即使到了春秋末期，魏舒「毀車以為行」，把甲士、步卒混編組成第一個獨立的步兵部隊，他採用的作戰隊形仍是方陣陣式，《左傳・昭公元年》所謂：「為五陳（陣）以相離：兩於前，伍於後，專為右角，參為左角，偏為前拒。」（頁 705），這是以五個方陣部隊互相掩護而組成的一個大方陣。最前面的方陣「拒」是為誘敵而設，所以陣形的實體實際上只有四個方陣，按前、後、左、右配置，中間是空的。大體春秋時期戰車部隊的行軍隊形就是如此，魏舒因為戰場地形險隘，戰車無法展開，所以就地改成步兵隊形。這是戰陣運用上的臨場變化，但其臨場變化的契機則奠定於平時陣形訓練嚴整的基礎。

（三）兵役制度

兵役制度是指人民參加軍隊、接受軍事訓練、承擔軍事任務的制度，是軍事制度的重要內容之一。在晉國軍事發展史上，兵役制度表現的形態主要是族兵制的式微和徵兵制的創立。

1.族兵制的式微

族兵制是人類歷史上最早出現的兵役形態。在古代中國早期國家形式初成、以宗族血緣關係為基礎的政權時代，所有部族或宗族成丁，都有承擔兵役的權利和義務。平時依地域和血緣關係從事生產和軍訓，戰時按照地域和血緣關係結成氏族的武裝組織而參戰，這種兵役形態就是「族兵制」〔註 65〕。自商代中後期至西周時期這段時間，中國是以宗族貴族族兵制為基本的集兵方式。每個宗族貴族成員同時都是武士，都要承擔服兵役的義務，他們不直接從事生產活動，除了管理產業外，平時即重在練武，以便戰時作戰。執干戈以衛社稷，也是他們擁有特權的一項標誌。《左傳・僖公二十四年》說：「扞禦侮者，莫如親親。」（頁 257）指的就是宗族貴族兵役制在封建諸侯上的體現。總體而言，西周時期，不論中央王室或地方方國，宗族貴族武士都是武

之。」（頁 142）
〔註 64〕藍永蔚：《春秋時期的步兵》，台北：木鐸出版社，1987 年，頁 237～238。
〔註 65〕王曉衛：《中國軍事制度史・兵役制度卷》，鄭州：大象出版社，1997 年，頁 2～3。

裝軍隊的主力。

此外，鄉中「國人」在軍隊也佔有較大的比重〔註66〕。他們在某種程度上同樣以血緣關係作基礎聚族而居，具有國家公民的性質，也有參與政治、教育、選拔的權力，以及服兵役、勞役的義務，平時從事勞動生產，戰時則按需要編入宗族貴族部隊，擔任步卒，充當作戰的輔助力量。

進入春秋以後，晉國社會發生較大的變化，其中對兵役制度產生的影響有二：一是人口增加，流動率增高，因此以血緣關係為紐帶基礎的國野界限逐漸被打破，國人、野人的區別不再明顯，原來只有國人才能當兵的權力逐漸難以維持；其次是列國戰事頻繁，不斷地擴軍增兵成為必然趨勢，為了擴編軍隊，執政者不得不擴大兵源範圍而向下往其他社會階層或其他地區補充兵力，這也會使原來以血緣或地域關係為條件而連結的族兵制自然衰退。在春秋中期，晉國雖然還有族兵制尚存的明證，如「中軍公族」部隊，可是另一方面，公族勢力衰微，卿大夫日盛，也是不爭的事實，卿大夫擁有的私屬軍隊越來越龐大。士兵之間、士兵與卿大夫之間不一定保有血緣關係，尤其晉卿吞併之風甚烈，也打亂了卿大夫佔有土地上附屬人民的結構，造成宗人與非宗人雜揉、國人與野人混居的情形，血緣關係根本不足以維繫。如此一來，卿大夫的私屬部隊自然也不成其為族兵的結構，只能說是家族私兵。晉惠公時，晉國實施了新的兵役制度——州兵制，更使得西周以來架構晉國軍隊主力的「族兵制」，進一步瓦解，終被徵兵制取代。

2. 徵兵制的創立：作州兵

春秋中期，隨著族兵制的維繫基礎——血緣關係的破壞，晉國的兵役制度無法再保持單純族兵的結構；同時為了軍備戰力的擴增需求，兵役制度必須有所改革。在這樣的歷史背景及適當時機下，晉國於西元前 645 年正式進行一次軍事改革，創立了部份區域普遍徵兵的制度，即「作州兵」。據《左傳·僖公十五年》載：

> 壬戌，戰于韓原。……秦獲晉侯以歸。晉大夫反首拔舍從之。……
> 晉於是乎作爰田。呂甥曰：「君亡之不恤，而群臣是憂，惠之至也。
> 將若君何？」眾曰：「何為而可？」對曰：「征繕以輔孺子，諸侯聞
> 之：喪君有君，群臣輯睦，甲兵益多。好我者勸，惡我者懼，庶有
> 益乎？」眾說。晉於是乎作州兵。（頁232）

〔註66〕有關「國人」的定義及國、野界限的區分，詳見下章「鄉遂制度」的說明。

此事發生於晉惠公六年，晉、秦發生韓原之戰，晉國大敗，惠公被擄，呂甥矯傳君命作爰田，又實施新的兵制「作州兵」。十餘年後，晉國成為中原霸主。

　　何謂「作州兵」？「作」字有創立之意，表示「州兵」是一種新的兵制。「州」字最初只是一個地域概念，西周、春秋時，一般指在野的地區，而且多用於被征服者的聚居地，如晉國有瓜州之戎、九州之戎所居住的瓜州、九州，楚國有夏州，衛國有戎州、外州等地〔註67〕，可見「州」字泛指野，是被征服部族的聚居地，住在「州」的居民身份應是野人。「兵」字並非指兵器，由上下文意來看，該是軍隊之意。所以，「作州兵」其實就是打破國人為兵的限制，把征召兵役的範圍擴大到州野，把徵兵的對象擴大到野人，使晉國在地方普遍建立常備軍的兵役制度。〔註68〕

　　晉國「作州兵」是東周史上打破國野界限，開始讓野人承擔兵役義務的最早記錄，是開闢族兵之外新兵源的重要創舉。其後文公在位，所以能快速躍為中原第一強國，州兵制的實施必定產生重大作用。另一方面，作州兵之前，晉國軍隊的主要成份是國人，軍權由公室掌握，作州兵之後，由於徵兵、徵賦的範圍擴大到州野，而貴族的采邑又多集中在這些區域，所以隨著貴族占有采地的迅速擴大，他們控制的軍力也越來越多；加上晉國諸卿世襲執掌軍權，久而久之，自然逐漸瓜分公室軍隊，因此加速公室的滅亡。

3. 其他兵源

　　春秋時期，除了國人當兵、野人逐漸從戎之外，晉國還有一部分兵源是臨時徵召而來的，特別是戎狄部隊。晉國南鄙居住姜氏諸戎，自晉文公以來，如秦、晉殽之戰中，姜氏諸戎都協同晉軍作戰。其首領戎子駒支曾說：「晉之百役，與我諸戎，相繼于時，以從執政，猶殽志也，豈敢離逷？」（《左傳·襄公十四年》，頁558）又如西元前589年，晉、齊鞌之戰，齊侯在晉軍部隊中曾遭遇過狄族部隊，所以《左傳》說：「入于狄卒，狄卒皆抽戈楯冒之。」（成公二年，頁425）可見戎狄部隊是晉國軍力長期以來重要的補充兵源之一。除了晉國，楚、齊、秦、吳、魯、衛等國，在兼併了諸戎或蠻夷的部落後，也都曾以這些異族部隊協同作戰。

〔註67〕瓜州、九州、夏州、戎州、外州記載，順見《左傳》：襄公十四年（頁557）、昭公二十二年（頁874）、宣公十一年（頁384）、哀公十七年（頁1046）及哀公二十六年（頁1051）。
〔註68〕張玉勤：〈晉作州兵探析〉，《山西師大學報》（社科版）1985年第一期。

戎狄的異族部隊之外，春秋晚期，晉國奴隸也開始成爲軍隊戰力之一。《左傳・哀公二年》（西元前 493 年）載趙鞅誓師之言曰：「克敵者上大夫受縣，下大夫受郡，士田十萬，庶人、工、商遂，人臣、隸、圉免。」（頁 994）其中人臣、隸、圉都是奴隸身份。趙鞅允諾他們可因軍功而免除奴隸身份，說明此時他們已是軍隊中從事作戰的成員，不單只是雜役役夫而已。

（四）後勤制度

《孫子兵法・軍爭》曰：「軍無輜重則亡，無糧食則亡，無委積則亡。」〔註 69〕顯示軍事後勤工作的重要性。軍事後勤制度是通過籌劃和運用人力、物力、財力，爲軍事力量建設和作戰提供財務、物資、技術、交通、運輸、衛生等勤務保障的制度，是軍事後勤工作和組織賴以建立決策、執行和運作的一套體制〔註70〕。其工作內容大體可包括管理部門、軍賦制度、武器裝備、通訊聯絡部門等四部份。不過晉國的管理部門尚未專門化，其相關管理工作主要由司空一職擔負，說明已見上一節官制；通訊連絡工作方面，各國主要以驛傳進行，另外還搭配擊鼓報警、烽燧傳警等方式。

1. 軍賦制度的成型與變化

軍賦制度是指國家命令人民按照某種比例，向國家交納財物以供軍需〔註 71〕。西周和春秋前期，嚴格意義的軍賦制度尚未形成，國家向人民征收糧秣以及製造戰車的原料等，往往視戰事需要而臨時征收，沒有戰事可能就不征收，軍賦尚未成爲固定按期征收的項目。大約從春秋前期到中期之交開始，軍賦制度悄悄成熟了。《左傳》、《國語》記載此時的「賦」，經常有一種較嚴格的制度氣息，主要的關鍵在於春秋以前所謂的「賦」，除了具臨時性外，還和「貢納」時常混淆不清。軍賦和貢納的區別在於，前者征收的具體對象是居民單位，並且和土地關係密切，後者征收的單位是各國諸侯、卿大夫宗族和其他服順部族；前者基本用於軍事，後者只是部分用於軍事。春秋中期，首先創設定制，明確規定，野中居民以「丘」爲基本單位，按期上繳軍賦的國家是魯國。魯國在宣公十五年（西元前 594 年）首先實行「初稅畝」，打破國野、鄉遂的界限，按畝抽稅；四年之後，即魯成公元年，西元前

〔註69〕 趙盧丹：《趙注孫子十三篇》，台北：新文豐出版社，1982 年初版，頁 81。以下見引，皆據此本。
〔註70〕 童超：《中國軍事制度史・後勤制度卷》，鄭州：大象出版社，1997 年，頁 1。
〔註71〕 同前註，頁 29。

590 年，爲對付齊國的軍事威脅，又在初稅畝的基礎上「作丘甲」。到了西元前 538 年，鄭國子產「作丘賦」，顯然是學習魯國的作法，以丘爲基本單位，確定了土田人口數和征派賦役的比例，但比例如何已不可考〔註 72〕。魯、鄭的做法，後來漸被列國所接受，但各國施行的軍賦制度詳細情況如何，現皆難以考察。

《司馬法》中保留下兩套軍賦制度，第一種：劃土地爲井田，每三家以擁有土地一井計算，以十井爲一通，十通爲一成，即三百家出軍賦革車一乘、甲士一人、徒二十人；還有「終、同」兩級居民與土地相結合的單位，軍賦均按十進制遞進〔註 73〕。第二種：也以每三家擁有土地一井計算，但居民單位和十進制不同。四井爲邑，以上有丘、甸兩級居民與土地相結合的單位，但按四進制遞進，由六十四井組成的「甸」出長轂一乘、馬四匹、牛十二頭、甲士三人、步卒七十二人，和相應的戈盾等兵器〔註 74〕。這兩種不同的制度應該是十進制出現較早，四進制較晚。因爲丘、甸都是鄙野的居民單位，四進制單位計賦可能是針對野人設計的軍賦制，所以此制約是魯國「作丘甲」之後才成型的。至於晉國究竟採用何種計算方式，軍賦制度實際推行的狀況如何，由於文獻不足，根本無從論定。不過，1972 年山東臨沂銀雀山西漢墓出土《吳問》殘簡九枚，內容記載了吳王闔閭與將軍孫武的一段對答，從這番對答看來：春秋末年，晉國諸卿也紛紛取消井田制，實施新的田畝丈量制度，對人民按田畝征收賦稅〔註 75〕。說明當時晉國的軍賦制度，已經從以居民單位爲征收對象轉變爲按人民佔有土地數量的多寡來征收，即以土地單位爲對象。而且殘簡中皆以「稅」來稱「賦」，顯示計畝征賦制的推行，使得軍賦與稅制發生混合，這也是春秋末年各國普遍存在的賦稅現象。

2. 武器裝備

（1）戰車

西周至春秋，中原地區的戰爭方式以車戰爲主，因此戰車佔軍事裝備的首要地位。戰車的分類，歷來名稱紛雜，解說歧異，容易引起混亂。《周禮》將戰車分爲戎路、輕車、闕車、苹車、廣車五種，據藍永蔚先生考釋：戎路

〔註 72〕初稅畝、作丘甲、作丘賦事，順見《左傳》宣公十五年（頁 410）、成公元年（頁 420）、昭公四年（頁 732）。

〔註 73〕《周禮·地官·小司徒》鄭玄注引。（頁 170）

〔註 74〕《左傳·成公元年》注。（頁 419）

〔註 75〕田昌五：〈談臨沂銀雀山竹書中的田制問題〉，《文物》1986 年第二期。

又稱旆車,如晉有「旆車之族」(《左傳‧宣公二年》,頁 366)。戎路,廣義的說是國君的禁衛軍部隊,專稱則指軍隊的指揮車,它的結構和戰術性能與一般輕車並無兩樣,其實沒有必要列爲戰車的一類。輕車又稱革車、長轂、軘車等,據《考工記》所載,輕車輪高輿短,不巾不蓋,駕四馬,乘三人,最宜馳騁攻擊,所以它是一種攻擊型的戰車,《左傳》中經常出現的作戰車輛,就是這種往來馳驟的輕車。「闕」是空缺之意,春秋戰車要求隊形嚴整,作戰時,方陣中因戰車缺損而出現的空缺,便由闕車來補足,此即《國語‧晉語一‧獻公作二軍以伐霍》所言:「古之爲軍也,軍有左右,闕從補之。」(頁 271)故闕車實際上就是機動的輕車。苹車是防禦用車,苹猶如屏;當時部隊行軍,宿營地四周要構築防禦土牆,所築土牆稱「壘」,如果限於時間和環境條件無法築壘,就用車輛相次聯結組成臨時的防禦工事,這些用來組成「壘」的車輛就是苹車。出現在《左傳》之中的「軘車」〔註76〕,可能即是《周禮》的苹車。廣車,《韓非子‧喻老》云:「知伯將襲仇由,遺之以廣車。」(頁 394)〈說林下〉又說:「知伯將伐仇由而道難不通,乃鑄大鐘遺仇由。」(頁 470)知伯爲伐仇由,先鑄大鐘,並遺廣車以載。能載大鐘,可知廣車必爲大車;又:《左傳‧襄公二十四年》載,晉國兩名甲士欲辱鄭國御者射犬,故「使御廣車而行,己皆乘乘車。」(頁 611)乘車爲輕車,御廣車既爲一種羞辱,廣車地位必定低於輕車,它也是守備用車。綜合而言,戎車、輕車、闕車,其實是一種車;廣車、苹車雖駕挽方式有別,實皆爲防禦用車,《周禮》的五種分類,失之繁瑣。若依戰車的戰術性質概略地分類,春秋戰車實可分爲攻車、守車或馳車、革車〔註77〕,若以速度分類,則稱輕車、重車,分類即明。

(2)兵器

武器裝備以兵器爲主。西周到春秋時期,青銅兵器基本上已經取代了原始的骨、石、蚌質兵器,成爲戰鬥主力。由於青銅冶鑄業的進步,青銅兵器的質量也不斷提高,青銅兵器的形制也一直改進,大大增加了殺傷力與防護力。山西侯馬發現的晚期晉都新田遺址中有鑄銅遺址,出土了三萬多塊陶範,其中有工具、禮器、兵器等各類器具,證實此時晉國銅礦的開採、礦石的冶

〔註76〕《左傳‧宣公十二年》:晉、楚邲之戰,晉軍以「軘車」禦敵(頁 395)。
〔註77〕革車的定義較混亂,上文提及輕車又稱革車,但革車又有軘車、重車的意義,在此即指後者的意義。見藍永蔚:《春秋時期的步兵》,頁 96~97。

煉和青銅器的生產，都達到空前的規模。

　　由於春秋戰事大體以車戰為主，戰車的結構決定了敵對雙方只有在戰車相交錯時，車上甲士才能夠交手格鬥，而格鬥時車與車之間尚隔有一定距離，故較長的兵器佔有優勢，因而此時流行的兵器普遍是長兵器，例如戈、矛、戟等。春秋晚期以後，步戰逐漸受重視，為因應步兵戰鬥的需要，劍類短兵也在此時有了突出的發展，劍身加長，成為成熟的格鬥兵器。至於遠射兵器弓箭，則早在原始社會就已使用，適用於守禦作戰和伏擊戰。防護裝備如甲冑、馬甲、馬冑等，有青銅製品，也有皮革製作的，都是這時必要的戰鬥裝備。

3. 通訊聯絡方式

　　設立驛站，以傳車傳送軍事情報、緊急軍令，或運載小宗物資，是各國普遍使用的通訊方式。除此之外，擊鼓報警與烽燧傳警，也是此時可能採用的通訊聯絡方式。《史記‧周本紀》曰：「幽王為烽燧大鼓，有寇至則舉烽火。」（頁148）發現敵人進犯，就點燃煙火，緊急鳴鼓，使附近諸侯的部隊可以見訊或聞訊後迅速集結，共同禦敵，這種制度可能在幽王之前就已存在。《周禮‧地官‧鼓人》又云：「凡軍旅，夜鼓鼜。」（頁190）則大鼓不僅用於傳遞警報，還用於警夜。晉國軍隊傳訊以這三種聯絡方式為主，應該也不例外。

二、趙、魏、韓軍制

　　趙、魏、韓分晉後，多數體制沿襲於舊制，小異而大同，被歸屬為同一系統之文化，軍制亦然。不過，因應於三國不同地理位置所衍生的政治情勢，在軍事制度上也產生不同的變革。例如趙國長期為戎狄部族所侵擾，為了適應與戎狄作戰，趙武靈王吸收戎狄部族的戰鬥優點，改革軍制，胡服騎射，創立了騎兵部隊，一時成為中原強國。其次，相較於春秋時期的軍隊規模，戰國時期的兼併戰爭愈形激烈，戰爭規模急速擴大，各國軍力皆大幅增兵，龐大的兵源需求已非舊有的兵役制度所能負荷。由於春秋末期晉國的郡縣制產生，兼之「作州兵」政策成功，兩項新措施結合後遂產生了「郡縣徵兵制」。這個新兵制能徵召足夠的軍力，很快就成為戰國時期各國常備軍建立的基礎。再者，龐大的軍力需要分工更精細的軍事組織來管理，原來軍政兼權的官制已無法應付新的軍力形式，所以專職的軍官應運而生，文武分職。

第三，戰士人數增多，軍事教育訓練因而複雜；而且精良武器不斷發展生產，使得戰事傷亡人數相當驚人。整體而言，戰國時期趙、魏、韓三國的軍制，已在晉國軍制的基礎上產生更大的變化，不過文獻資料瑣碎而不完備，有關韓國的記載又少，因此部分內容我們必須參酌他國情況，或某些兵書的記載作爲補充，以求描述時能具備概略的雛形。有的資料實在無從考察，也只有暫時闕如。

（一）軍事組織編制

1. 建軍規模

春秋末年開始至戰國期間，由於物力與兵源的充足，幾個大諸侯國的建軍規模越來越龐大。各國爲了兼併他國、統一天下而發動戰爭，往往是毀滅性的，輕則殲敵重兵，重則拔城滅國，一次戰爭「能具數十萬之兵，曠日持久，數歲。」（《戰國策·趙三·趙惠文王三十年》，頁 678）。因此擴大常備軍的規模和員額，是「戰國七雄」的基本方略。據《戰國策》所載七強軍隊的人數，可以大致反映出趙、魏、韓與其他大國的軍隊規模：

> 趙國：「帶甲數十萬，車千乘，騎萬匹。」（趙二：蘇秦從燕之趙始合從，頁 638）
>
> 魏國：「武力二十萬，蒼頭二十萬，奮擊二十萬，廝徒十萬，車六百乘，騎五千疋。」（魏一：蘇子爲趙合從說魏王，頁 790）
>
> 韓國：兵卒三十萬，除戍守邊塞者外，「見卒不過二十萬」。（韓一：張儀爲秦連橫說韓王，頁 934）
>
> 秦國：「秦帶甲百餘萬，車千乘，騎萬匹。」（韓一：張儀爲秦連橫說韓王，頁 504）
>
> 齊國：「齊地方二千里，帶甲數十萬，粟如丘山。齊車之良，五家之兵，疾如錐矢。」（齊一：蘇秦爲趙合從說齊宣王，頁 337）
>
> 楚國：「帶甲百萬，車千乘，騎萬匹。」（楚一：蘇秦爲趙合從說楚威王，頁 500）
>
> 燕國：「帶甲數十萬，車七百乘，騎六千匹。」（燕一：蘇秦將爲從北說燕文侯，頁 1039）

「帶甲」即甲士，是戰國時期對步兵的通稱；「虎賁」、「武力」、「蒼頭」、「奮擊」、「兵卒」等，都是步兵士卒的稱謂；「廝徒」是指雜役人員。由上列資料

看來，即使兵力較弱的韓國也有二、三十萬的兵員，這還不包括出征時的雜役人員，可以想見，此時各國實際建軍規模都相當龐大驚人。

再由各國喪軍、傷亡人數及動用軍士數量的多寡來看，戰國中期以後，每次戰爭，各國投入戰爭的兵士人數大大增加，動輒數十萬人。如西元前341 年，齊、魏馬陵之戰，魏國「覆十萬之軍」（《戰國策・魏二・齊魏戰於馬陵》，頁 835）；周赧王十七年（西元前 298 年），趙武靈王「以二十萬之眾攻中山，五年乃歸。」（《戰國策・趙三・趙惠文王三十年》，頁 678）；周赧王二十二年，秦將白起大破韓、魏聯軍於伊闕，斬首二十四萬（《史記・秦本紀》，頁 212）；赧王四十二年（西元前 273 年），白起又敗魏軍於華陽，斬首十五萬（《史記・魏世家》，頁 1853）；赧王五十五年（西元前 260 年），長平之戰中，秦俘趙軍四十餘萬，全部坑殺（《史記・白起王翦列傳》，頁 2335）；同年，燕國「遽起六十萬以攻趙，令栗腹以四十萬攻鄗，使慶秦以二十萬攻代。」（《戰國策・燕三・燕王喜使栗腹以百金爲趙成王壽》，頁 1121）；秦王政二十二年（西元前 225 年），秦王遣李信以二十萬人攻楚，失敗而逃，隔年又令王翦率六十萬大軍再攻楚，大敗楚軍（《史記・白起王翦列傳》，頁 2337）。這些事例，都凸顯出戰國時期大國常備軍規模之巨大。

2. 兵種與編制

趙、魏、韓三國常備軍的兵種，主要包括步兵、車兵和騎兵。這一個時期軍隊發展的重大變化是步兵的巨增、騎兵的興起，使得車兵的地位相對下降。

（1）步兵

春秋中期以前，步兵只是車兵的附屬，車徒合編，隨車作戰。春秋中期以後，步兵逐漸脫離車兵成爲獨立兵種。魏絳「毀車以爲行」，標誌著車戰走向下坡的開始。到了戰國，步兵取代車兵，躍上主力軍的地位。步兵成爲軍隊主力的原因，一是由於郡縣徵兵制的普遍推行，爲步兵發展提供充足的兵源；二是由於這時的戰爭異常激烈殘酷，爭城奪地曠日持久，戰場及於山澤林藪，靈便機動的步兵較車兵佔優勢，故能迅速發展；三是生產力大增，帶來進攻與防禦性武器裝備的改良和軍事技術的進步，爲步兵供給致勝裝備的前提。

不過，各國步兵的稱謂和編制不盡相同。魏國的步兵包括武力、蒼頭、奮擊、廝徒等。武力等於武卒，《荀子・議兵》曰：「魏氏之武卒，以度取之。

衣三甲之屬，操十二石之弩……。」（頁 180）魏國「武卒」，是要經過選拔、通過嚴格測驗才遴選出來，是魏國步兵部隊中的精良勇士；「蒼頭」者，《戰國策・魏一・蘇子爲趙合從說魏王》鮑彪注曰：「蓋以青帕首」（頁 790）；「奮擊」，大約是選擇軍中勇士敢奮力擊敵者組成；「廝徒」者，據《呂氏春秋・決勝》云：「雖廝輿與白徒，方數百里，皆來會戰。」（頁 452）則爲廝輿與白徒之省。廝輿是供雜役者，白徒意謂不練之卒、無武藝者。〔註78〕

魏國步兵實行六級編制：五人爲伍，設伍長；十人爲什，設什長；五十人爲屬，設卒長；一百人爲閭，設伯長；一千人設一兵尉，萬人以上設裨將、左右將、大將等。大體說來，爲伍──什──屬──閭──尉──將六級編制。各部隊士卒編組嚴密，標誌明顯，表明魏國步兵編制已相當成熟。〔註79〕

趙、韓的步兵皆統稱「帶甲」。《戰國策・韓一・蘇秦爲楚合從說韓王》言韓曰：「地方千里，帶甲數十萬。……以韓卒之勇，被堅甲、蹠勁弩、帶利劍，一人當百，不足言也。」（頁 930）則韓兵配備有堅甲、勁弩、利劍，可以以一擋百。兩國步兵編制體制可能與魏國相似，但實際情況不詳。

（2）騎兵

騎兵在中國北方、西北方游牧民族中早已存在，中原各國則到戰國才正式出現。最早創立騎兵部隊進行作戰的是趙國。《韓非子・十過》記載，春秋戰國之交，趙襄子曾派延陵生率車兵和騎兵到晉陽去設防，迎擊智伯（頁178）。到了西元前 307 年，趙武靈王更下令借鑑於胡人騎射的經驗，進行軍事改革，實行「胡服騎射」，向北方游牧民族學習著短裝、束腰帶、用帶鉤、穿皮靴，訓練騎馬、射箭技藝，然後「破原陽以爲騎邑」（《戰國策・趙二・王破原陽》，頁 672），率先建立獨立編組的騎兵部隊。從此，騎兵成爲獨立兵種，正式登上中原地區的戰爭舞台。趙國建立騎兵不久，很快就抗擊了邊敵的侵犯，而且「率騎入胡」，一舉殲滅中山國，成爲戰國後期一時的強國。騎兵具有車兵與步兵所不及的衝鋒陷陣的威力，因此在趙國出現後，很快就普及中原各國，成爲僅次於步兵部隊的第二大兵種。

騎兵的編制，據《六韜・犬韜・均兵》云，平時爲「五騎一長，十騎一吏，百騎一率，二百騎一將。」〔註80〕戰時另行編組，又有平地、險地之分，

〔註78〕 繆文遠：《戰國制度史》，頁 262。
〔註79〕 劉昭祥：《中國軍事制度史・軍事組織體制編制卷》，頁 93。
〔註80〕 《景印文淵閣四庫全書》子部三十二冊，頁 39。

平地以「五騎爲列」，險地以「三十騎爲一屯，六十騎爲一輩。」（《六韜》，頁 39）可供參考。

（3）車兵

隨著步兵的劇增、騎兵的興起，特別是作戰地域的擴大和作戰方式的改變，車兵退居次要地位，成爲協同步兵與騎兵作戰的部隊，重要性大幅降低。但車兵仍是存在的一種兵種，而且它的數量也不會少於春秋時期。七雄各國多擁有千乘以上的車兵，少的也有六、七百乘。例如趙將李牧攻打匈奴時，就出動戰車一千三百乘〔註81〕；《戰國策·魏一·蘇子爲趙合從說魏王》言魏有「車六百乘」（頁 790），可見戰國時期的車兵規模仍然龐大。

這時的車兵編制趨於簡便。《六韜·犬韜·均兵》載，其平時編制爲：「五車一長，十車一吏，五十車一率，百車一將。」（頁 39）由於獨立步兵的發展，隨車作戰的徒兵人數比春秋後期明顯減少。參考秦始皇陵兵馬俑二號坑車兵兵陣的編制，有一車八人、二十八人、三十二人三種編制，其中以一車八人居多〔註82〕，這應當是戰國末期至秦朝時，車乘編制的常態。

（4）其他

戰國軍隊兵種除了傳統車兵，新興步兵、騎兵外，趙國還有招用胡兵的記錄。《史記·趙世家》曰：「代相趙固主胡，致其兵。」（頁 1811）又云：「（武靈王二十一年）牛翦將車騎，趙希并將胡、代，趙與之陘，合軍曲陽。」（頁 1811）證明趙武靈王時，趙有胡兵部隊。另外，趙國是否有水師部隊則較難證實。據《戰國策·趙二·武靈王平晝閒居》載武靈王之語曰：「今吾國東有河、薄洛之水，與齊、中山同之，而無舟檝之用。……故寡人且聚舟檝之用，求水居之民，以守河、薄洛之水。」（頁 657）武靈王時，趙國似建有舟師部隊。

魏國軍種，文獻所載僅見車、步、騎。1935 年後，河南汲縣山彪鎮 M1 墓出土一對銅鑑，上鑄刻有水陸攻戰圖案。圖案內容有徒卒戰、舟師戰、短兵長戟、飛梯滾石、兩軍對峙等具體圖像。每個銅鑑上、中、下層圖紋合有二百八十六人，兩鑑共五百七十二人。全部的戰士都是短裝佩劍，或著幘巾；射擊者支左屈右，張弓搭矢；持戟者前握後運，兩足穩扎；仰攻者昂首挺胸，

〔註81〕 《史記·廉頗藺相如列傳》附《李牧傳》：「乃具選車得千三百乘」（頁 2450）。
〔註82〕 詳參袁仲一：《秦始皇兵馬俑》，見《秦始皇陵兵馬俑》，台北：駱駝出版社，1988 年，頁 19。

勇往直前；蕩槳者前屈後翹，傾力搖蕩；駕梯者雙手擎舉，大步跑進；上方奮力相搏，下方首級落地。戰船皆為兩層構造，上層載戰鬥兵數人，手持長短和射擊兵器，並有揮旗擊鼓者指揮；下層載划槳手數名，各佩隨身短劍。古代戰爭的各種畫面和慘烈景象，無不躍然圖上（圖 5-1）。此對銅鑑出自戰國魏墓〔註 83〕，鑑上有交戰雙方的船隊，很可能就是一次魏國與其他擁有舟師部隊國家發生的戰況實錄。自春秋後期楚國建立舟師部隊開始（《左傳·襄公二十四年》，西元前 549 年），吳、越相繼成立戰船部隊，其他國家為適應對其作戰，成立舟師水兵是必要措施。如秦國舟師即擁有大小戰船萬艘以上，大型戰船的規模是：「一舫載五十人，與三月之糧，下水而浮，一日行三百餘里。」（《戰國策·楚一·張儀為秦破從連橫》，頁 506）所以與秦、楚交界，並且交戰頻繁的魏國，成立舟師部隊的可能性自然很高。我們再根據汲縣水路攻戰圖銅鑑佐證，推測魏國當有水師兵種存在。

（二）軍事教育訓練

戰國時期，戰爭規模不斷擴大，戰爭的艱巨性、複雜性與日俱增，作戰目標日愈集中到堅城險地，步兵成為作戰的主力，騎兵也越來越盛行，水師在部份地區顯示空前的威力。這些變化促使此時的軍事教育訓練制度不斷發展，訓練形式越來越多樣，開始進入專門化的階段，軍中思想教育大興，不但訓練模式有新風貌，選練銳卒在各國也蔚然成風。

1. 軍事教育訓練的多樣化

此時軍事訓練的形式和春秋時期相比明顯增多。借助田獵形式演兵的風氣已經式微，對士兵進行日常專門化的軍事訓練，成為各國一貫採行的基本形式。除了通過日常訓練、定期考核、戰前戰後閱兵等手段來提高戰鬥技能外，還有下列四項新的特點：

（1）軍中思想教育以激勵士氣為主

西周和春秋前期的軍隊骨幹是貴族武士，故當時的軍事思想教育主要重在軍官教育，內容重在禮的方面。春秋後期以來，庶人與鄙野居民在軍隊的比例越來越大，軍事思想教育的重心開始向徒卒轉移，因此教育的主軸也轉變成以激勵士氣為主。西元前 493 年，趙鞅攻圍范氏、中行氏，在戰前發表政策性演說：「克敵者，上大夫受縣，下大夫受郡，士田十萬，庶人、工、商

〔註83〕楊育彬、袁廣闊：《二十世紀河南考古發現與研究》，鄭州：中州古籍出版社，1997 年，頁 462。

圖 5-1：河南汲縣山彪鎮 M1 墓出土銅鑑之水陸攻戰圖紋

上層圖案

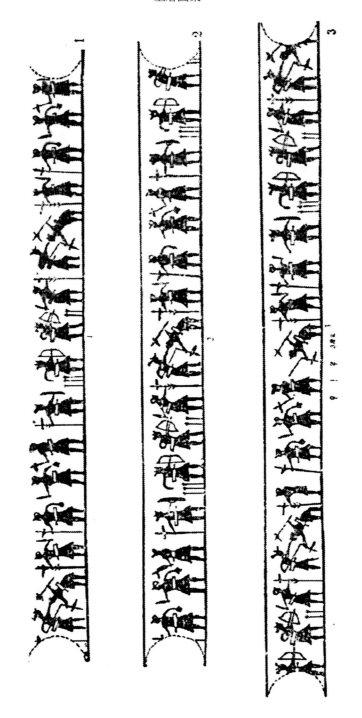

中層圖案

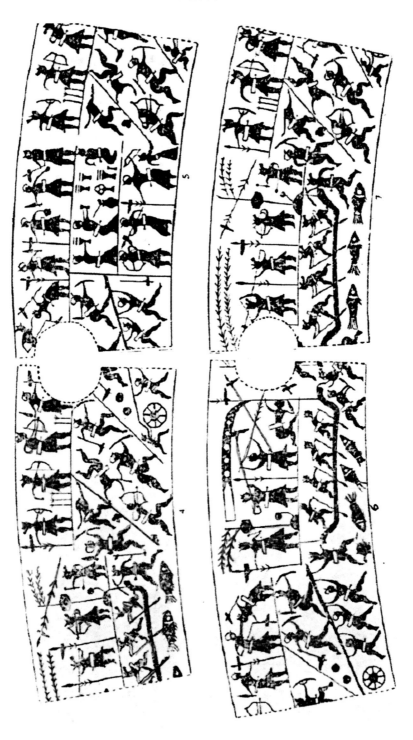

下層圖案

（取自《二十世紀河南考古與研究》，頁 459～461）

遂，人臣、隸、圉免。」（《左傳‧哀公二年》，頁 994）目的就是藉戰功封賞以激勵士氣，這是軍中思想教育的初步轉變。趙國平原君出征時，「皆令妻妾補縫於行伍之間。」（《戰國策‧中山‧昭王既息民繕兵》，頁 1189），《史記‧孫子吳起列傳》說：「起之為將，與士卒最下者同衣食，臥不設席，行不騎乘，親裹贏糧，與士卒分勞苦。」（頁 2166）皆是表明與士卒同甘共苦、憂戚與共之意，同樣可激勵作戰士氣。《吳子‧勵士》說，吳起在魏國選練武卒時，要求將領與士卒同甘共苦，以激勵士氣為尚，才能：「發號施令而人樂聞，興師動眾而人樂戰，交兵接刃而人樂死。」〔註84〕所以說，加強對士卒的士氣培養，激勵其作戰勇氣，是這時軍中思想教育的主要重心。

（2）以上教下、戰士互教結合的新型訓練模式

戰國戰爭規模的擴大和時間的持久，使越來越多的人投身軍伍。對他們進行個人武技、單兵和行列的訓練，單靠將領和各級武吏已不能滿足需要。因應這樣的新情勢，於是發展出以上教下、戰士互教相結合的軍事訓練模式。

以上教下是原有的訓練形式，不過在此時發展成明確的教戰模式。戰國時期的名將都曾親自教練士卒。吳起鎮守西河期間，親自考選和教練武卒。李牧長期防守趙國北境，堅持嚴格訓練步、騎、車兵和弓弩手〔註85〕。主持教練的武吏，除了專門的職官外，各級基層軍官如伍長、什長、卒長、伯長等，都須負責士兵的訓練。

除了以上教下的訓練模式更加嚴明外，還有一項革新的教戰模式出現，即戰士互教的形式。《吳子‧治兵》曰：

> 故用兵之法，教戒為先。一人學戰，教成十人；十人學戰，教成百
> 人；百人學戰，教成千人；千人學戰，教成萬人；萬人學戰，教成
> 三軍。（頁 60）

此法以一教十，由少而多，省時省力，效率顯著，能很快地達到作戰的需求，因此成為戰國軍事訓練制度的新形式之一。〔註86〕

〔註84〕 東周‧吳起：《吳子》，《影印文淵閣四庫全書》七二六冊，台北：台灣商務印書館，1983 年，頁 63。

〔註85〕 《史記‧廉頗藺相如列傳》附《李牧傳》：「乃具選車得千三百乘，選騎得萬三千匹，百金之士五萬人，彀者十萬人，悉勒習戰。」（頁 2450）百金之士指勇士，彀者是能張弓引滿的人，即善射之士。

〔註86〕 郝治清：《中國軍事制度史‧軍事教育訓練制度卷》，頁 41～42。

（3）戰陣訓練複雜化

戰國時期的戰陣比春秋時期更靈活多變，訓練的方法更多樣。《孫臏兵法・十陣》中論述了戰國的主要戰陣有十種：方陣、圓陣、疏陣、數（密）陣、錐行之陣（可以衝堅的陣法）、雁行之陣（人字形陣）、鉤行之陣（分出散兵與主力互相句連之陣）、玄襄之陣（玄妙莫測之陣）、火陣、水陣〔註87〕。戰陣既多，士卒要嫻熟於陣法的變化，訓練也就更複雜。不過這些陣法的名稱雖多，其實也都是由方陣、圓陣的基本形態變化而來，其演練仍包括單兵和隊列的操練。單兵的操練不外是防守的坐姿和攻擊的立姿連續不斷、反覆不停的變換；由坐兵組成坐的行列、立兵組成立的行列相參進止，就是陣的演練。《吳子・治兵》清楚地說明，演練陣形的變化，主要是遵循相互對應的變化規律：「圓而方之，坐而起之，行而止之，左而右之，前而後之，分而合之，結而解之。每變皆習，乃授其兵。」（頁60）戰陣的變化演練，強調方與圓、起與坐、行與止、左與右、前與後、分與合、結與解的轉變要迅速自然。戰國戰陣雖多，基本上和春秋戰法相同，往往不是孤立運用，也是以方陣為基礎，根據作戰需要再行變換。《史記・李牧傳》曰：「李牧多為奇陳（陣），張左右翼擊之，大破殺匈奴十餘萬騎。」（頁2450）臨敵作戰，將帥要能靈活運用陣法，才可出奇致勝。

（4）號令教育愈加豐富

戰陣陣法日愈複雜，作戰形式變化愈多，日戰夜戰、野戰城戰、山戰澤戰、火戰水戰等形式各異，配合複雜的作戰模式，促使軍隊號令也日益豐富。旗幟金鼓，應是戰國時期戰鬥部隊傳達號令的主要媒介。《管子・兵法》言治兵有「五教」之制，第一條就是「教其目以形色之旗。」（頁95）依旗色分軍佈署，或以旌旄指揮軍士進退急緩，是此時基本的戰鬥模式，故教以旗色識別軍隊行止的意義，是各軍戰前必經的訓練。不過，若遇夜戰，旗旄號令自然無法遵行，所以《吳子・應變》言吳起用兵：「夜以金鼓笳笛為節，麾左而左，麾右而右；鼓之則進，金之則止；一吹而行，再吹而聚。」（頁62）除了以旗幟為號令外，金（即鉦）、鼓、笳、笛等樂器，也可為號令之器。《尉繚子・兵教》亦云：「伍長教其四人，以板為鼓，以瓦為金，以竿為旗，擊鼓而進，低旗則趨，擊金而退，麾而左之，麾而右之，金鼓俱去而坐。」

〔註87〕張震澤：《孫臏兵法校理》，台北：明文書局，1985年初版，頁242～246。以下見引，皆據此本。

〔註 88〕這是因陋就簡的訓練方式,但可見出號令教育的普及和重要。今從先秦文獻無法得知三晉國家的號令教育制度,僅能自汲縣水陸攻戰銅鑑圖中兩軍交戰的揮旗擊鼓之景,間接佐證魏軍在行軍作戰之前必定事先進行過號令教育,否則無法在實際戰爭中施行號令,指揮士卒作戰。

2. 選練銳卒的訓練

選練銳卒,建成精銳之師,以爲攻堅破陣的主力,也是戰國軍制的特點之一。《荀子·議兵》記載魏國選練武卒的方式及標準是:

> 衣三屬之甲,操十二石之弩,負服矢五十個,置戈其上,冠軸帶劍,贏三日之糧,日中而趨百里,中試則復其戶,利其田宅,是數年而衰而未可奪也,改造則不易周也,是故地雖大,其稅必寡,是危國之兵也。(頁 180～181)

魏國選練武卒,要求士卒從頭到腳穿著鎧甲,拿著十二石的強弩,背裝有五十支箭的箭袋,扛戈佩劍,帶三日的口糧,半天之內快步行軍百里。明顯地將體力和速度放在第一位。通過選拔考驗者,能免除賦稅、給予田宅的優惠,所以武卒能奮勇殺敵,數年從軍。趙國大將李牧選兵特別遴選「百金之士」與「彀者」,看重勇猛與善射之士,這是針對敵對對象乃驍勇善騎的匈奴而設的標準;齊國選兵則較側重攻擊的技巧訓練,《荀子·議兵》所謂:「齊人隆技擊,其技也,得一首者,則賜贖錙金。」(頁 180)即是。大抵戰國時期,各國軍隊都有一套自行選練銳卒的標準,以爲軍隊攻堅的主力。

(三)兵役制度:郡縣徵兵制

晉國的兵役制度在春秋中後期出現「作州兵」的變革,到了戰國,新的地方政治制度——郡縣制普及,國野界限打破,郡縣由中央直接管理,中央更能有效地徵發地方兵員,所以郡縣徵兵制便成爲各國最基本的兵役制度,各國的兵源都因此擴大到全國。《戰國策·魏三·秦敗魏於華走芒卯而圍大梁》說:「魏氏悉其百縣勝兵……不下三十萬。」(頁 857)顯然是按郡縣普遍徵兵。趙國與秦爭地,「悉其士民,軍於長平之下。」(《戰國策·秦一·張儀說秦王》,頁 105)也是普遍徵兵。韓國「宜陽城方八里,材士十萬。」(《戰國策·東周·秦攻宜陽》,頁 5)一城守兵多至十萬,當是郡縣普遍徵兵的結

〔註88〕戰國·尉繚:《尉繚子及其他二種》,台北:臺灣商務印書館,1968 年初版,頁 450。以下見引,皆據此本。

果。可以說，郡縣制是各國普遍徵兵的前提。

　　然而，要保證確實的兵源人數以實施郡縣徵兵，事先建立起完整的戶籍資料以供按籍徵兵，便成爲必要措施。春秋時期的晉國應該已有戶籍制度，《國語・晉語九・趙簡子以晉陽爲保障》載：「趙簡子使尹鐸爲晉陽，……尹鐸損其戶數。」（頁 491）如果卿大夫的家臣可以任意爲卿大夫向國家隱瞞戶數，可見此時的戶籍管理並未完備。戰國以後，爲徵兵制的需求，各國官府多能掌握戶籍。如趙國「國有固籍，兵有常經。」因爲戶籍由官府直接掌握，所以稱爲「官府之籍」（《戰國策・趙二・王破原陽》，頁 674）。《商君書・徠民》說三晉之民：「上無通名，下無田宅。」（頁 171）意謂趙、魏、韓三國地少人多，所以人民多無戶籍、田宅。這也說明三國都有由官府掌握的戶籍。至於三晉之民爲什麼會有無戶籍的狀況出現，原因在於最先國家普遍把小塊田地頒發給具有戶籍的平民，以保證國家有充足的耕戰之士，但地少人多的結果，到了戰國末期，國家自然就無田可授了。於是只好針對部分人士加以限制，不給戶籍、田宅。出土於睡虎地秦墓的竹簡中有引《魏戶律》規定：「叚門、逆旅、贅婿、後父，勿令爲戶，勿鼠（予）田宇。」叚（賈也）門、逆旅和贅婿、後父既無戶籍，官府就無法按籍徵兵，所以見於《魏奔命律》中又另有規定：「叚門、逆旅、贅婿、後父……今遣從軍。」〔註89〕強制規定這些人都得從軍，以避免兵源流失，這也是魏國實施普遍徵兵的另一項證據。

（四）後勤制度

　　戰國時期的後勤職官和管理部門皆走向專門化，顯示此時中國後勤系統已臻成熟。它的表現，首先在於軍賦制度和土地稅制的合流。由於新興的商業、手工業等稅收漸占較大的比例，因此租稅收入實際成爲軍需資財的主要來源，稅賦合流是必然趨勢。其次，戰士自備糧食衣物或奪取敵方存糧畜積，是解決戰爭糧秣需求的主要手段。同時，戰鬥裝備產生重大變化，弩機大量出現，鐵兵器明顯增加，兵器進入制式化時代，攻城器械發展迅速；趙、魏、秦、燕、楚等國築起長城、關塞以爲屛障，設「亭」傳警，烽燧制度更完善；以及調兵遣將須要使用虎符等，都是戰國後勤制度發展的新形態。

〔註89〕《魏戶律》、《魏奔命律》引文，見《睡虎地秦墓竹簡》釋文第七冊，北京：
　　　　文物出版社，1977 年第一版，頁 176～177。

1. 軍賦制度與軍需來源

春秋後期以後，各國軍賦制度有新的變革，即通過徵收原則而來，賦稅逐漸合流，租稅制度成為保證各國財政收入的基本制度，租稅收入變成各國軍費的主要來源。土地、關口、各類商品都必須徵稅，人民負擔龐大的稅賦，國家才能支付連年征戰、數十萬大軍花費的軍需。

不過，各國普遍徵兵，戰爭規模大，戰線長，戰時久，投入戰場的兵員動輒數十萬，國家財力根本無法負擔如此龐大的衣糧費用，所以除了徵兵中選拔出來的精銳武卒可享有較優厚的待遇、不必自備衣糧之外，一般臨時應徵作戰的士兵，都要自備衣物費用和部分糧食。或者藉由奪取敵人存糧、補充自己之需，也是戰士普遍採用的辦法。《孫子兵法‧作戰》說：「取用於國，因糧於敵。」（頁26）或者「掠鄉分眾」（〈軍爭〉，頁84）、「掠於饒野三軍足食」（〈九地〉，頁126）的方式，都是補充軍需的辦法。還有一個軍需來源，在攻城、守城的過程中，經常發生持久作戰的情況，在這種時候，守城所需的糧草器械，單靠軍隊和官府的儲積可能不足，故凡城內、城外各家可用之用，皆須繳交，集中待用〔註90〕。因此人民不僅通過租稅和自備衣糧費用來為國家積聚軍需，一旦有需要，個人所有的身家財產一律充公，用於軍備，這是戰國末年，各國人民生活上最大的一項負擔。

2. 武器裝備

這時的武器裝備重要的特點有四：

一是「弩」普遍用於戰爭。「弩」是由弓發展而來的遠射兵器，由弓、木質弩臂和銅弩機三部分組成（圖5-2）。弓橫裝在弩臂前端，弩機安裝在弩臂後部；弩臂用以承弓、撐弦，並供使用者托持；弩機用於扣弦、發射。它有射程遠、穿透力強的優勢，在春秋戰國之交成熟，戰國大量運用，是戰國時代軍事戰鬥裝備精進的重要標誌。《戰國策‧韓一‧蘇秦為楚合從說韓王》說：「天下之強弓、勁弩，皆自韓出。」（頁930）可見當時韓國弓、弩製作精良，聞名國際。

第二是鐵兵器明顯增加。冶鐵技術在戰國得到發展，鑄造鐵兵器的條件成熟，因此鐵製兵器的運用明顯增加。例如新鄭鄭韓故城東城內西南部，發現戰國鑄鐵遺址，面積達四萬平方公尺，出土的陶範器形有刀、劍、戟、箭

〔註90〕《商君書‧兵守》，頁435。

圖 5-2：弩機復原圖及結構原理示意圖

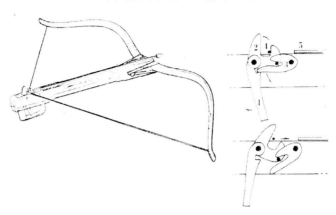

1.懸刀　2.望山　3.牛　4.牙　5.矢

（採自《中國文明史先秦時期上冊》，頁 165）

杆等兵器形制〔註 91〕；《史記‧蘇秦列傳》說：「韓卒之劍戟皆出于冥山、棠谿、墨陽、合賻、鄧師、宛馮、龍淵、太阿，皆陸斷牛馬，水截鵠雁，當敵則斬堅甲鐵幕。」（頁 2251）可知戰國時期，韓國應該是重要的鋼鐵生產國，如冥山、棠谿等地，還是聞名的兵器製造產地，所造劍、戟能「陸斷牛馬，水截鵠雁。」能「斬堅甲鐵幕」，其煉鐵技術當是非常進步。不過整體來說，青銅器仍佔多數。從鄭韓故城兵器坑出土的銅戈、銅矛、銅劍等兵器多達一百八十餘件，說明此時軍隊戰鬥裝備，大多數的士兵還是以裝備青銅兵器為主。

　　第三是兵器形制的進步，大大增強了兵器的穩固性和殺傷力。例如：此時的戈普遍在胡上有三穿或四穿，內上有一穿；穿多呈長方形，易於契合；刃面增多，援上刃與內上刃聯成弧形；胡刃上往往還有子刺（圖 5-3）。矛的骹部多呈圓形直筒狀，有的還有一穿，有助於矛身固定；脊部與刃部多起凸棱，形成矛身的血槽，殺傷力大增（圖 5-4）。劍的長度也明顯增加，劍身或起脊作柱狀，兩側有血槽，或長脊如線，直抵鋒端。戟是由戈、矛結合的格鬥兵器，它的刺日益變短，但在刺葉刃側又鑄出子刺，戟鋒尖銳，援刃弧度加大（圖 5-5），增加了鉤殺能力。這些形制的特點，在春秋以前的兵器上是看不見的。其他攻防兵器如雲梯、大型衝車等，則是因應戰事需要出現的新裝備。

〔註91〕河南省博物館新鄭工作站：〈河南新鄭鄭韓故城的鑽探和試掘〉，《文物資料叢刊》第三期，頁 63。

圖 5-3：戈

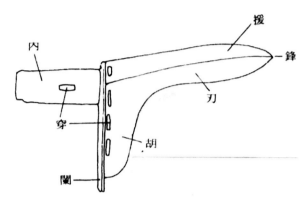

（採自《中國文明史先秦時期上冊》，頁 156）

圖 5-4：矛   圖 5-5：戟

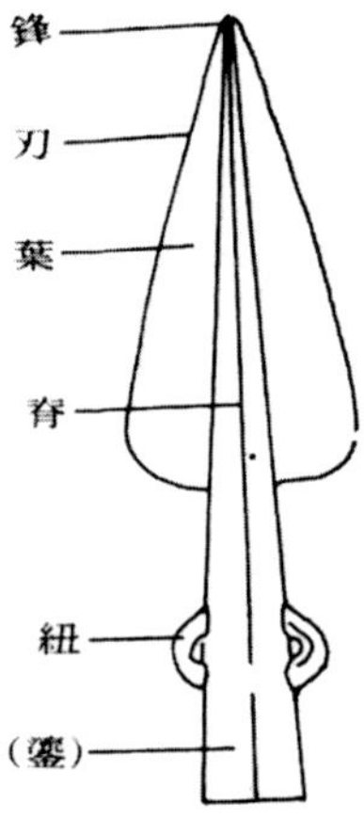

（採自《中國文明史先秦時期上冊》，頁 157）（採自《中國文明史先秦時期上冊》，頁 158）

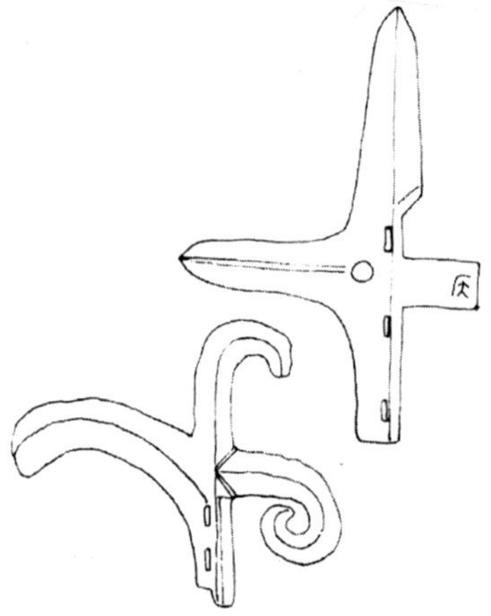

　　第四是武器集中製造和管理。春秋時期，各諸侯國都有鑄造兵器的作坊，強大卿族也有鑄造兵器、戰車的能力。戰國時期，各國中央和地方作坊都已國家化，國家不僅規定各作坊兵器製造的規模，還指定官員監造驗收。如上節文字所述，三晉國家的兵器製造是採三級監造制度，不論中央或地方郡縣的府、庫，都是兵器專屬的製造及管理所，對武器裝備的管理也相當嚴格。由鄭韓故城兵器集中出土的情形可以證明，在管理上，兵器和大型裝備（戰車）一般都是集中收藏，等到演習和作戰前才發給戰士，戰畢就收回入庫，如此才能控制與保證國家武器裝備的充足。

3. 通訊聯絡手段

（1）驛傳

戰國時期，驛傳手段更豐富。由於騎兵的普遍發展，驛傳多數使用馬車，可更迅疾便捷，有利於緊急文書的傳遞。

（2）烽燧

由於長城及關塞防禦體系的形成，烽燧制度在此時有了新的發展。自春秋始，一些國家開始在邊境和交通要道上，利用險要地形建築關塞，屯駐軍隊防守；至戰國時期，各國已普遍在邊境的戰略要地建關塞、屯重兵，如當時的名關大塞有魏的大汾，趙的井陘、句注，楚的冥阨、方城，秦的函谷關、武關等〔註92〕。與關塞配合，各國還會在邊境上修築大量的「亭」（即烽火台），駐紮小股部隊進行守望，並設置報警的烽燧設備。據《墨子》記載，這些「亭」的建築，高三丈以上；其上設置大鼓，遇警則燃火擂鼓，各亭依例傳火報警，直到國都。白晝以烽報警，夜晚則以火報警。舉烽火之數有明確規定，如望寇舉一烽，敵入境舉二烽，依次增至三烽、四烽、五烽，烽數越多，情況越緊急；並在舉烽的同時，擊鼓傳遞更詳細的消息〔註93〕。可見此時已形成一套比較完善的烽燧制度。今存建築遺址中，尚可見位於陝西省韓城縣南馬凌莊附近遺留的一座魏國長城附建之烽火台，是戰國烽燧制度施行的實證。

（3）陰符、陰書

戰國時期可能還有利用陰符、陰書秘密傳遞軍中信息的制度。《六韜·龍韜》有〈陰符〉、〈陰書〉兩篇文字，具體地記載這兩種方式。陰符是通過軍符長短的不同來暗通信息，如長一尺的陰符暗示大勝克敵，長五寸的暗示請糧益兵等。陰符的意義只有國君與統軍將領能掌握。陰書則是把軍事文書分為三個部份，派三人分送，只有得到全部才能合讀，否則敵人只截取其中一分也無法讀通。但是目前有關這方面的資料太少，三晉國家是否採行，亦未能確知。

最後，補充說明一點。在戰國時期，軍事制度上有一項新的制度產生，即虎符的使用。根據現今傳世的三件秦國虎符：杜虎符、新郪虎符、陽陵虎

〔註92〕《呂氏春秋·有始覽》：「何謂九塞？大汾、冥阨、荊阮、方城、殽、井陘、令疵、句注、居庸。」（頁658）
〔註93〕順見《墨子·號令》（頁546）與〈雜守〉（頁574～575）諸篇。

符的銘文內容來看，秦國規定，軍隊調動權操在國君手上，凡調兵五十人以上，都須經由國君批准，調軍的憑證就是銅虎符。虎符作伏虎形，上有銘文，分爲兩半，底有合樺（圖 5-6）；右半存於國君，左半發給將領，軍隊的調發必須有國君處的半個虎符會合，作爲憑信，否則不得調發。《史記・魏公子列傳》記載：「侯生（侯嬴）乃屏人閒語曰：『嬴聞晉鄙之兵符常在王臥內，而如姬最幸，出入王臥內，力能竊之。……公子誠一開口請如姬，如姬必許諾，則得虎符奪晉鄙軍，北救趙而西卻秦，此五霸之伐也。』」（頁 2380）信陵君想要以將軍晉鄙的軍隊前往救趙，非得先竊取在魏王處半個虎符不可，才能調派其軍，可見魏國也有虎符制度。這也是戰國軍制的新發展之一。

圖 5-6：秦新郪虎符

（採自《戰國史》，頁 219）

第三節　法律制度

一、晉國的法律制度

（一）「禮刑結合」期

　　法律是文明發展的產物，同時又是文明進步的標誌。中國法律的誕生，經歷了漫長的歷史過程，從它產生之日開始，就不是以單一形式存在，而是多種形式、不同效力的律法並存，各自規範不同領域的發展，調節社會各部門的和諧。從原始社會時期藉以約束、調整各氏族成員行爲的不成文習慣法，進展到國家形式確定的夏、商王朝時期，逐漸形成一套可以維繫宗法等級關

係的規章制度、行為規範，和與之相應的禮節儀式，即所謂的「夏禮」、「殷禮」，「禮」於是具有絕對的法律效力，「禮」就是「法」，此後，中國早期的法律即以「禮法合一」的面貌開展。另一方面，最初因應於戰爭需求，為確保戰爭勝利而衍生的軍紀、軍法等法則，成為中國刑法中的主軸，所謂刑源於兵、兵刑同制，也是中國早期法律的重要內涵之一。

　　西周初年，周公將夏、商以來沿用的「禮制」與「刑制」加以整理、改造，創造了「禮刑結合」的立法模式。所謂「周公制周禮」，後世又稱為「周公之典」，制禮就是制法、立法。「周禮」其實是以禮的形式，對國家典章制度和宗法等級制度加以規範，所謂「別貴賤，序尊卑」。從法律上講，「周禮」首先具有根本法的意義，同時又包含有刑法、民法、行政法、訴訟法等各類法的內容。可以說，「周禮」就是西周時期的法規大全，與後世各代王朝所編纂的會典相類似，都屬於法規彙集的性質。不過，「禮」偏重於對典章制度與倫理道德方面的正面規定，強調的是教化功能，著眼於預防，算是第一層規範。如果有人真的違禮，為了維護禮的秩序，就必須有第二層規範來保證它的施行，這第二層規範就是刑罰制度。《左傳‧昭公六年》曰：「周有亂政，而作九刑。」（頁 750）相傳西周初期立有「九刑」之法，但其制早已亡佚。違禮必須受刑，故能維護「禮」的權威性；先禮後刑，教化不成，然後用刑；禮刑相表、禮刑互用的原則，是西周法律比夏、商法律更進步的表現。

　　還有一點值得留意，就是禮與刑的適用原則有所不同。所謂「禮不下庶人，刑不上大夫。」（《禮記‧曲禮上》，頁 55），說明「禮」是貴族階級的特權之一，在祭祀、朝覲、車乘、服飾、宴饗等各方面，不同等級的貴族必須遵守不同層次的禮規，而庶人沒有資格涉及；唯在親親、尊尊方面的約束力，普遍適用，庶人仍得遵守，一旦違禮，更須用刑導正。「刑不上大夫」也是相對的，是說各級貴族犯罪不受一般庶民刑罰的制裁，而是依其身份的不同，給予不同的優待，同罪不同罰是宗法制度在法律上的體現。總言之，禮與刑兩者互為表裏，密不可分，都是西周法律的組成部份，形式雖有所不同，都具有法律效力。禮刑合一的特點，正是中國法律制度最初萌芽的狀態。

　　至於晉國的立法情況，在建國之初，唐叔虞原有一套法典傳給晉國子孫。據《左傳‧昭公二十九年》載，孔子曾說：「夫晉國將守唐叔之所受法度，以經緯其民，卿大夫以序守之，民是以能尊其貴，貴是以能守其業。貴賤不愆，所謂度也。」（頁 926）從孔子之言可知，唐叔以一套「法度」施國治民，晉

國公族繼承其法並傳於後世，它的中心思想是遵守貴賤尊卑之序，顯然這套「法度」也被包容在周禮的規範之中，換言之，「周禮」就是「晉法」的基礎淵源，是維繫晉國社會秩序的根本，違禮就是違法，就須受刑。只不過西周時期晉國刑法的詳細情況，今已無可考。

（二）法典修改期

春秋初期，晉國基本上還沿用西周的禮法制度，禮刑合一。到了中葉以後，社會急速變革，周禮棄地，舊法不足以規範新社會，促使法典內容必須因時變化，差不多每隔二、三十年，晉國就會根據新的政治、經濟發展情勢重新修改法典，其修訂法典之快速，他國不及。根據《左傳》、《國語》，從西元前 633～573 年短短的六十年間，晉國至少有四次修改法典的記錄，這段時間可說是晉國的「法典修改」期。這四次法典的修改記錄分別是：

1. 第一次：晉文公四年（西元前 633 年）

此年晉文公建三軍，蒐於被廬，「爲被廬之法」（《左傳·昭公二十九年》，頁 926 孔子語）。作被廬之法的目的是因爲「民未知禮」，所以「大蒐以示之禮」，並且「作執秩以正其官」、「民聽不惑而後用之。」（《左傳·僖公二十七年》，頁 268）。顯然此次新法典的內容，「禮」的成份依然濃厚；而它透過軍事大典「蒐」來公布的背景，也說明它無疑具有軍事法的本質。

2. 第二次：晉襄公七年（西元前 621 年）

趙盾接掌晉國新的執政大卿，遂進行一連串的政治改革，包括「制事典，正法罪，辟刑獄，董逋逃，由質要，治舊洿，本秩禮，續常職，出滯淹。」（《左傳·文公六年》，頁 313）即制定法律刑責、清理積案、追補逃犯、規定使用商業卷契、解決舊弊、正名份、廣開納賢之路等，內容涉及行政法、經濟法、刑法等規範，可稱之爲「趙宣子之法」。在完成中央的改革後，趙盾還「以授大傅陽子與大師賈佗，使行諸晉國，以爲常法。」（《左傳·文公五年》，頁 313）「常法」是習慣法，雖未必成文，但在此明顯是公開頒佈、推行全國的法律無疑。

3. 第三次：晉景公七年（西元前 593 年）

景公使士會（亦稱隨會、范武子）聘周，周定王享以餚蒸（置於俎上切開的牲體），還解說了宴饗之禮。士會回國後，按照周禮的精神，「講聚三代之典禮，於是乎修執秩以爲晉法。」（《國語·周語·定王論不用全蒸之故》）可謂「范武子之法」（頁 66）。同樣的記載也見於《左傳·宣公十六年》（頁 411）。

4.第四次：晉厲公去世、悼公初即位（西元前 573 年）

悼公即位後，馬上公布新的人事方案，實施諸多政策改革，其中有「使士渥濁爲大傅，使脩范武子之法；右行辛爲司空，使脩士蔿之法。」（《左傳·成公十八年》，頁 486）「范武子之法」是士會在景公七年所修，可見晉景公、厲公之時，此法確曾施行。士蔿是士會之祖，晉獻公時任晉之大司空；所謂「士蔿之法」，當是晉國手工業法或建築法規，故悼公任命右行辛爲司空，並修其職掌相關之法。

由上述四條晉國修定法典的記載來看，這些法典的內容龐雜，禮法不分，基本上仍是西周禮法合一體系的延續。但是，不斷修定法典的事實也證明，晉國舊禮制衰微、破壞的速度增快，最終，晉國法制不得不跟隨鄭國的腳步，做出公布成文法的重大改革。

（三）成文法公布期

晉平公八年，西元前 550 年，晉國再次進行法典修定〔註94〕。范宣子（士匄）在以往晉國法典的基礎上制定了一部刑書，即「范宣子刑書」，它是晉國法制史上第一部從國家總法中分離出來的刑事法規，其具體內容已難以考察。這部刑書問世後，最初被藏於秘府，爲貴族所壟斷。直到三十七年後，即西元前 513 年、晉頃公十三年，晉卿趙鞅、荀寅將它的內容鑄在鐵鼎上予以公布，成爲繼鄭國之後，最早公布成文法的國家〔註95〕。成文法的公布對舊禮法制度造成嚴重破壞，將「禮」原有的階級性意識沖淡，所以引發孔子：「晉其亡乎？失其度矣！」的驚呼，認爲法令公開後，貴族將面臨「民在鼎矣，何以尊貴？貴何業之守？貴賤無序，何以爲國？」的局面；晉國史官蔡墨也預測說：「范氏、中行氏其亡乎？中行寅爲下卿，而干上令，擅作刑器，以爲國法，是法姦也。」（《左傳·昭公二十九年》，頁 926）公布成文法，打破了「刑不可知，威不可測，則民畏上也。」（《左傳·昭公六年》正義，頁 750 下欄）的情況，使法律由隨意性、神秘性，走向規範化、公開化，法律不再由少數貴族認知與掌控，這可說是中國法律文明走進一個新階

〔註94〕《左傳·文公六年》杜預注，頁 313。
〔註95〕西元前 536 年，鄭國子產執政，鑒於社會關係和舊禮法制度的喪失，遂作刑書，把當時所行用的法令鑄在銅鼎上，以爲國之常法，這是中國法制史上最早正式公布的成文法。事見《左傳·昭公六年》，頁 749；《左傳·昭公二十九年》，頁 926。

段的標誌。

（四）晉國刑法舉隅

晉國的法典沒有任何一部流傳至今，現僅能掇拾文獻材料，由當時判罪的條例略窺其內容：〔註96〕

1. 殺君弒親

《國語・晉語五・趙宣子請師伐宋》載，西元前 611 年，宋人殺昭公，次年趙盾合諸侯之師問罪曰：「今宋人弒其君，罪莫大焉。」（頁 398）；《周禮・秋官・掌戮》說：「凡殺其親者，焚之。」（頁 545）殺君弒親爲不得赦免之罪，應該是各國立法的公例。不過春秋之時殺君殺父者不知幾何，並未個個治罪。

2. 爲官貪墨，假貸居賄

《國語・晉語八・叔向論憂德不憂貧》曰：「及桓子（欒黶）驕泰奢侈，貪慾無藝，略則行志，假貸居賄，宜及於難。」（頁 480）據此，爲官貪墨，假貸居賄，中飽私囊，算是「略則」（即犯法）。

3. 投 敵

晉景公三年（西元前 597 年），晉、楚邲之戰，晉大敗，先縠畏罪，逃至赤狄；次年，赤狄伐晉及清，「冬，晉人討邲之敗與清之師，歸罪於先縠而殺之，盡滅其族。」（《左傳・宣公十三年》，頁 404）投敵行爲的判罪，也要視其投敵原因及造成後果的嚴重程度來區別。如西元前 621 年，晉襄公去世，爲了立君之爭，隔年晉、秦發生令狐之戰，士會不得已奔秦（《左傳・文公七年》，頁 317）。因爲理屈在晉，晉人只囚了士會的家人，後來還設計士會歸國重用之。

4. 將不用命，失屬亡師

《左傳・宣公元年》（西元前 608 年）載，「晉人討不用命者，放胥甲父于衛，而立胥克。」（頁 361）胥甲父不遵將令，故遭流放。邲之戰時，先縠就是不聽中軍將領荀林父的節制，先帥其卒過河，導致戰敗，當時司馬韓厥就對荀林父說：「彘子（即先縠）以偏師陷，子罪大矣。子爲元帥，師不用命，誰之罪也？失屬亡師，爲罪已重，不如進也。事之不捷，惡有所分。與其專罪，六人同之，不猶愈乎？」（《左傳・宣公十二年》，頁 392）可知不聽將命，

〔註96〕參見《晉國史綱要》，頁 238～240。

將命不能行，都構成軍法重罪。

5. 結黨叛亂，賊殺大臣

西元前 621 年，晉國選拔新的統帥，晉襄公欲以士穀、梁益耳爲中軍將，箕鄭父、先都爲上、下軍將，後來由於先克的提議，結果選了趙盾、狐射姑爲中軍將，士穀等人遂怨先克，「故箕鄭父、先都、士穀、梁益耳、蒯得作亂」（《左傳・文公八年》，頁 320）。晉靈公三年（西元前 618 年），諸人「使賊殺先克」，既結黨叛亂，又賊殺大臣，晉人於是先後殺先都、梁益耳、箕鄭父、士穀等人（《左傳・文公九年》，頁 321）。

6. 薦舉失人，行軍違律

晉國職官允許元老重臣推薦有才能的貴族青年擔任重要職務，但所舉者若不稱職或嚴重犯罪，薦舉人也會牽連受罰。如西元前 615 年，晉、秦戰於河曲，行軍途中，趙盾故意使人以其車干行，司馬韓厥依律將御者斬首。因爲韓厥出任司馬是經由趙盾薦舉，其執法嚴格，不負所望，故趙盾事後說：「二三子可以賀我矣，吾舉厥也而中，吾乃今知免於罪矣。」（《國語・晉語五・趙宣子論比與黨》，頁 396）可知薦舉非人亦有罪。

7. 不祀、嗜酒

晉景公六年（西元前 594 年），赤狄潞氏之相酆舒戕傷其君潞子嬰兒之眼，並虐待潞子嬰兒夫人，即景公之姊。景公聞訊憤慨，欲伐之，諸大夫反對，唯伯宗曰：「必伐之，狄有五罪，儁才雖多，何補焉？不祀，一也；嗜酒，二也；棄仲章（潞氏賢人）而奪黎氏地，三也；虐我伯姬，四也；傷其君目，五也。」（《左傳・宣公十五年》，頁 408）在崇尚宗法血緣制度的周民族來說，不祭祀、不敬祖，即是不孝之罪；嗜酒則是周初吸取商人嗜酒以至腐敗亡國的教訓而制定的罪，周公曾明令受封的康叔說：「群飲，汝勿佚，盡執拘以歸于周，予其殺。」（《尚書・酒誥》，頁 211）晉國也繼承這樣的法度思想，用爲討伐潞氏的罪名。

8. 爭田、鬻獄

晉國後期，卿大夫之間相互攻伐、奪地兼併的事經常發生，晉大夫閻嘉與周甘人爭閻田、范宣子與和大夫爭田、先克奪蒯得之田……等爭端，都是經過法庭議判來解決。若如晉昭公四年（西元前 528 年），雍子與邢侯爭鄐田，議請法庭判決，代理法官叔魚因爲收了雍子的賄賂，偏袒雍子，引發邢侯不滿，殺叔魚和雍子於公堂之上；韓宣子問罪於叔向，叔向曰：「三人同

罪，施生戮死可也。雍子自知其罪而賂以買直，鮒也鬻獄、邢侯專殺，其罪一也；己惡而掠美為昏，貪以敗官為墨，殺人不忌為賊，夏書曰：『昏、墨、賊，殺。』皋陶之刑也，請從之。」晉國遂殺邢侯，並陳雍子、叔魚之屍於市（《左傳‧昭公十四年》，頁820、821）。這是對爭田、鬻獄、貪墨、專殺諸罪的總懲罰。

從許多案例來看，晉國的罰罪方式有滅族、陳屍、大辟（殺頭）、監禁、流放、宮刑、械梏、鞭笞等。另外對大臣還有賜死的方式，如晉獻公欲殺里克，先派使者告訴里克說：「子殺二君與一大夫，為子君者，不亦難乎？」里克回答：「不有廢也，君何以興？欲加之罪，其無辭乎？臣聞命矣！」里克被問以弑君、殺大夫之罪，然後無可奈何的「聞命」、「伏劍而死」（《左傳‧僖公十年》，頁 221），這並非公開施刑，等於是國君賜死。1989 年，山西聞喜縣上郭村出土一件西周晚期的「刖人守囿」銅車，車體作方箱式，箱體四周有虎、熊、鳥等十四種動物浮雕，可活動之機關部位達十五處，最重要的是車箱前面左門扉上，嵌著一個鋸了左足的裸體「刖人」作守門狀（圖 5-7），這是《周禮》所記「刖人使守囿」的具體形象〔註97〕；此器在晉國古曲沃地域出現，是不可多得的珍品，也充份證實刖刑的存在。

圖 5-7：刖人守囿挽車

（《山西文物館藏珍品》，頁 58）

〔註97〕張希舜主編：《山西文物館藏珍品‧青銅器》編號 88，山西人民出版社，1996年，頁 3、129。

二、趙、魏、韓的法律制度

春秋之時，晉國的法律多稱爲法或刑，如「被廬之法」、「夷之法」、「刑鼎」、「刑書」等；到了戰國，繼續春秋以來公布成文法的潮流，各國相繼改革變法，制定新的法律條文，形式上最大的變化是改法爲律、改刑爲法；透過變法改革，制定新法的推行，魏國首先出現中國法律史上第一部成文法典——《法經》，而趙、韓法制資料則因史載闕如，僅能略談。

（一）變法運動

自春秋起，宗法等級、貴賤尊卑之別已漸消泯，趙鞅戰前誓師「庶人遂、人臣免」之言、范宣子刑書鑄鼎公布、晉商「金玉其車，文錯其服，能行諸侯之賄。」（《國語・晉語八・叔向均秦楚二公子之祿》，頁 476）等事件，說明晉國階級制度的大破壞。至戰國時，諸侯之間鬥爭激烈，圖強之君爲網羅天下俊才，不得不廢除世卿世祿，進行更徹底的變法改革。自魏文侯以李悝爲相，進行政治上、經濟上、法律上一連串的改革，其他各國紛紛跟進，終於促使戰國社會達到空前嶄新的發展。這一波的改革潮流，史家即稱作「變法運動」。

1. 魏文侯的變法

戰國諸國中最早進行變法、取得卓越成效的是魏國的文侯。魏文侯於西元前 445 年即位後，禮賢田子方、段干木，尊子夏爲師，以季成子、翟璜、李悝爲相，使西門豹治鄴縣，吳起守西河，樂羊攻中山，白圭理財；其中最重要的是李悝爲相、主持變法時，還編撰了中國第一部比較系統的成文法典——《法經》，此書不但奠定了戰國法家學派理論的基礎，成爲各國變法時實行法治的重要來源依據，也是中國法律制度史上具有開創性意義的著作。其內容主旨，見下個單元詳盡說明。

2. 趙國變法

趙國國史上較大成效的政治改革有兩次：第一次是在西元前 403 年，即趙烈侯正式封侯之年，趙相公仲連促使烈侯進行了政治改革。據《史記・趙世家》記載，烈侯好樂，欲封歌者；公仲連於是推薦牛畜、荀欣、徐越三人面見烈王，後經三人對烈侯講述一番道理而作罷。由荀欣、徐越二人主張的內容來看，所謂「選練舉賢，任官使能」、「節財儉用，察度功德」，其實就是以法治國的法家思想；再搭配牛畜「侍以仁義，約以王道」的儒家治國思想，

趙國前期變法的內涵和魏文侯重法尊儒的變法路線大體相同。

趙國第二次變法圖強的改革是在第六代國君趙武靈王時，成功實踐了「胡服騎射」政策。西元前 307 年，武靈王即位第十九年，趙國環境險惡，列強環伺，秦兵東進，齊國西上，中山、林胡、樓煩胡騎侵擾，趙武靈王悟出「以夷之長技以制夷」的道理，於是強力進行深刻影響趙國政治、軍事、社會、文化的重大變革──「易胡服」、「習騎射」。在變革之前，首先遭遇到國內眾多大臣的強烈反對，武靈王只好一一與之辯駁，進行辛苦的說服工作。由他與大臣對談的內容中，清晰呈現出他主張棄舊禮、制新法的觀念。《戰國策・趙二・武靈王平晝閒居》載武靈王曾對趙文、趙造言：

> 古今不同俗，何古之法？帝王不相襲，何禮之循？宓戲、神農教而不誅，黃帝、堯、舜誅而不怒。及至三王，觀時而制法，因事而制禮，法度制令，各順其宜；衣服器械，各便其用。故禮世不必一其道，便國不必法古。聖人之興也，不相襲而王。夏、殷之衰也，不易禮而滅。然則反古未可非，而循禮未足多也。……故聖與俗流，賢與變俱。諺曰：「以書爲御者，不盡於馬之情；以古制今者，不達於事之變。」故循法之功，不足以高世；法古之學，不足以制今。（頁663）

趙武靈王針對守舊派的「法古」、「循禮」嚴正反詰，並指出古代聖王都是「觀時而制法，因事而制禮，法度制令，各順其宜。」所謂法令、禮制，都必須根據時代的變化來制定，沒有什麼永恆不變的法或禮，因事、因時變「法」，才是治國本綱。這明顯是受法家思想薰陶的言論。同時相應於胡服騎射的軍制變化，趙國後期軍事法令的內容自然有所改變。

3. 韓國申不害的改革

戰國初期，跟隨變法改革的浪潮，韓國也曾進行過政治改革。但是由於改革不徹底，反而在法令上造成朝令夕改的混亂，如《韓非子・定法》所說：「晉之故法未息，而韓之新法又生；先君之令未收，而後君之令又下。」（頁906）大抵韓國最初的法制是沿襲晉國舊法，但即位新君又會根據不同的社會狀況公布新法，結果新舊法交雜牴觸，以致人民無所適從。

西元前 355 年，第六代韓君昭侯起用鄭人申不害爲相，實行新的變法改革，使得韓國「內修政教，外應諸侯」，收到「國治兵彊，無侵韓者」的局面（《史記・老子韓非列傳》，頁 2146）。申不害是以「重術」聞名的法家人物，

其治國政策偏重於撥權弄術，但也並非完全不講「勢治」和「法治」。今觀其著作《申子》一書所存部份佚文曰：

> 君必有明法正義，若懸權衡以稱輕重，所以一群臣也。
>
> 堯之治也，蓋明法審令而已。聖君任法而不任智，任數而不任說。
>
> 黃帝之治天下，置法而不變，使民安樂其法也。
>
> 君之所以尊者──令，令不行，是無君也，故明君愼令。

意思是說，「法」為國家治理的準則，國君要憑藉法度才能善治，所以賢君十分審愼對待法令的制定。可見「法治」思想仍是其改革內容之一。不過，申不害因為過於偏重「術治」，對於統一法令、嚴格法制等方面的措施較為忽略，因而產生一些負面效應。韓非子說：「申不害不擅其法，不一其令，故奸多。故利在故法前令，則道之；利在新法後令，則道之；故新相反，前後相悖。故申不害雖十使昭侯用術，而奸臣猶有所諛其辭矣。故托萬乘之勁韓，十七年而不至霸王者，雖用術於上，法不勤飾於官之患也。」(《韓非子‧定法》，頁 906～907）沒有統一法令，專一推行新法，致使舊法、新法前後相悖；沒有在官吏中經常整頓法令等，都是申不害變法政策的弊端。

　　趙、魏、韓之外，其他各國也進行雷厲風行的變法，如楚悼王用兵家兼法家的吳起為令尹，實施變法；齊威王重用鄒忌進行改革，一時與魏並立強國；秦孝公重用商鞅（衛鞅）兩次進行變法，集變法之大成，取得顯著成效，使秦國奠定富強的基礎。這些變法運動促成中國文明的重大進步，可說是戰國歷史風貌的主要內容。而中國法律制度形成獨立的系統，也在這些變法運動中醞釀完成。

（二）魏國法制

1. 第一部成文法典──《法經》

　　《法經》是李悝總結之前各國法律成果編纂而成，所謂「悝撰次諸國法，著《法經》。」（《晉書‧刑法志》）〔註98〕。李悝著《法經》的重大意義，在於他將魏國的法治實踐進一步建立為法治理論，也把魏國的法治文化推向新的高峰；對當時其他國家相繼施行變法、推行法治起了先導作用，提供制定律令的重要依據；同時，《法經》改「刑」為「法」，先列罪名，後定刑制，這對中國法典體系的創制，具有開創性的時代意義。

〔註98〕二十五史刊行委員會輯：《二十五史》第二冊，台北：開明書局，1975年二版，頁 1168。以下見引，皆據此本。

　　《法經》一書已經失傳，僅能從歷史文獻記載中窺見其大略。《晉書·刑法志》比較全面地概括了李悝編撰《法經》的立法宗旨及其內容結構：

> 悝撰次諸國法，著《法經》。以爲王者之政，莫急于盜、賊，故其律始于《盜》、《賊》；盜、賊須劾捕，故著《網》（《唐律疏議·名例律序》作《囚》）、《捕》二篇；其輕狡、越城、博戲、假借、不廉、淫侈、踰制，以爲《雜律》一篇；又以《具律》具其加減。是故所著六篇而已，然皆罪名之制也。（頁1168）

根據這段記載，《法經》的內容分爲六篇，即《盜法》、《囚法》、《賊法》、《捕法》、《雜法》與《具法》。前四篇爲正律，以懲治盜、賊爲中心。《說文》曰：「盜，私利物也。」「賊，敗也。」（順見頁419、636）段玉裁注：「竊賄爲盜」、「毀則爲賊」（頁419、636）。《荀子·修身》也說：「竊貨曰盜」、「害良曰賊」（頁14）。可見，當時所謂「盜」，是指經濟上對他人進行侵犯的行爲；所謂「賊」，則指傷害人身的行爲，其定義與今日不同。對於侵犯他人財產、危害人身安全、擾亂社會秩序的行爲，是專政者統治上的第一要務，犯者都將予以重刑嚴懲。《法經》的第五篇是《雜法》，主要是懲治盜、賊之外其他的違法行爲，例如輕狂的犯法行爲（輕狡）、偷越城牆（越城）、賭博（博戲）、假借的詐騙行爲（假借）、貪污賄賂（不廉）、荒淫奢侈（淫侈）、應用器物超越其相對身份（踰制）等規定。第六篇《具法》是「具其加減」的律法，應當是根據犯罪情節或犯罪者條件的差異，予以適當的加刑或減刑。

　　董說《七國考》曾引一段桓譚《新書》中，描述《法經》內容的文字如下：[註99]

> 《正律》略曰：「殺人者誅，籍其家，及其妻氏。殺二人及其母氏。大盜戍爲守卒，重則誅。窺宮者臏。拾遺者刖。曰：爲盜心焉。」

> 《雜律》略曰：「夫有一妻二妾其刑馘。夫有二妻則誅。妻有外夫則宮。曰：『淫禁』。盜符者誅，籍其家。盜璽者誅。議國法令者誅，籍其家，及其妻氏。曰『狡禁』。越城一人則誅。自十人以上夷其鄉及族。曰『城禁』。博戲罰金三市。太子博戲則笞，不止則特笞，不止則更立。曰『嬉禁』。群相居一日以上則問。三日四日五日則誅。曰『徒禁』。丞相受金，左右伏誅。犀首以下受金則誅。金自鎰以下罰不誅也。曰『金禁』。大夫之家有侯物，自一以上者族。」

〔註99〕《七國考》，頁366～367。

《減律》（即《具律》）略曰：「罪人年十五以下，罪高三減，罪卑一
　　減。年六十以上，小罪情減，大罪理減。」

董說所引內容，學者多以爲乃出於僞託，不過仍可作爲理解的參考。按其
法律條文，禁止男女重婚，太子博戲要處以笞刑，大臣貪污要繩之以法，
顯然否定了「刑不上大夫」的特權；輕刑重罰，有連坐之罪，使民畏不敢
犯；有酌量減行的條款，制定刑事責任年齡的規範，對後世立法具有指導性
原則。

　　《法經》作爲中國第一部較爲完整、系統的成文法典，所確立的法制基
本原則和體系，對後世法制的發展，影響巨大。魏惠王時代，商鞅從魏國出
走，投奔秦孝公，就帶去了李悝的《法經》，並以它爲藍本，結合秦國的法
治，制定《秦律》。到了漢代，宰相蕭何也以《法經》爲基礎制定漢律；漢代
以後，魏因循漢律，晉又「增損漢魏律」，因此魏、晉律令都與《法經》一脈
相承〔註100〕。所以，李悝被後世尊爲中國法律學之祖，《法經》被視爲中國第
一部法典。

　2. 其他法令

　　除了李悝《法經》規定的「六法」律令外，見之於文獻的魏國法令還有
下列數條：

　（1）大府之憲

　　《戰國策・魏四・魏攻管而不下》載安陵君曰：「吾先君成侯，受詔襄王
以守此地也。手受《大府之憲》，憲之上篇曰：『子弒父，臣弒君，有常不赦。
國雖大赦，降臣亡子不得與焉。』」（頁 915）「大府」爲魏國藏圖籍之府，「憲」
即法。魏襄公封其弟於安陵，爲安陵君。「大府之憲」是安陵君受封時，君王
授與的「不赦」之法令。

　（2）國法

　　《淮南子・道應訓》曰：「惠子爲惠王爲國法，已成而示之諸先生，先生

〔註100〕《晉書・刑法志》曰：「是時（指魏）承用秦、漢舊律，其文起自魏文侯師李
　　　　悝。悝撰次諸國法，著《法經》。……商君受之以相秦。漢承秦制，蕭何定律，
　　　　除參夷連坐之罪，增部主見知之條，益事律《興》、《廄》、《戶》三篇。……
　　　　世有增損，率皆集類爲篇，結事爲章。」（頁 1168）《唐律疏議・法例律序》
　　　　又曰：「魏因漢律爲一十八篇，改漢《具律》爲《刑名》第一。晉命賈充等增
　　　　損漢魏律爲二十篇，于魏《刑名律》中分爲《法例律》。」《景印文淵閣四庫
　　　　全書》，四三〇冊，頁 26。以下見引，皆據此本。

皆善之，奏之惠王，惠王甚說之。以示翟璜，曰：『善！』『可行乎？』翟璜曰：『不可。』惠王曰：『善而不可行，何也？』翟璜對曰：『今夫舉大木者，前呼邪許，後必應之，此舉重勸力之歌也。豈無鄭衛激楚之音哉？然而不用者，不若是其宜也。』」（卷十二，頁2）事又見《呂氏春秋‧淫辭》（頁1185～1187）。惠子所設定的「國法」，翟璜以爲雖然完善，但不適合魏國施行，所以反對魏惠王採用。究竟惠子是否眞作「國法」尚且存疑，何況魏國根本未曾推行，故僅聊備一說，不能確證。

（3）禁技巧、奪淫民

《說苑‧反質》載：「魏文侯問李克曰：『刑法之源安生？』李克曰：『生於奸邪淫佚之行。凡奸邪之心，饑寒而起。淫佚者，久饑之詭也；雕文刻鏤，害農事者也；錦繡纂組，傷女工者也。農事害，則饑之本也；女工傷，則寒之源也。饑寒併至而能不爲奸邪者，未之有也。男女飾美以相矜，而能無淫佚者，未嘗有也。故上不禁技巧則國貧民侈。國貧窮者爲奸邪，而富足者爲淫佚，則驅民而爲邪也。已以爲邪，因以法隨誅之，不赦其罪，則是爲民設陷也。刑罰之起有原，人主不塞其本而（督）其末，傷國之道乎！』文侯曰：『善！』以爲法服也。」（卷二十，頁5）所謂「禁技巧」，就是以儉僕爲尚，禁止太過奢華淫逸的風氣。

同樣的觀念也見於《說苑‧政理》中。李克論爲國之道曰：「爲國之道，食有勞而祿有功，使有能而賞必行，罰必當。」賞罰以其功業、才能爲準，務必適當，世代相襲的世卿世祿已非常法，故李克又說：「奪淫民之祿以來四方之士。其父有功而祿，其子無功而食之，出則乘車馬、衣美裘，以爲榮華；入則修竽瑟鐘石之聲，而安其子女之樂，以亂鄉曲之教，如此者，奪其祿以來四方之士，此之謂奪淫民也。」基本精神即是限制淫逸奢華之風，並藉以招覽四方之才。

（4）限制叚門、逆旅、贅婿、後父

湖北雲夢睡虎地秦簡引《魏戶律》曰：「自今以來，叚門、逆旅、贅婿、後父，勿令爲戶，勿予田宇。三世之後，欲仕仕之，乃署其籍曰：『故其慮（閭）贅婿某叟之仍孫（曾孫）』」，又引《魏奔命律》曰：「告將軍：叚門、逆旅、贅婿、後父，或率民不作，不治室屋，寡人弗欲。且殺之，不忍其宗族昆弟。今遣從軍，將軍勿恤視。烹牛食士，賜之參飯而勿予肴（帶骨熟肉）。攻城用

其不足，將軍以煙壕。」﹝註101﹞叚門即賈門，指商賈之家；逆旅，客店；贅婿，入贅之婿；後父，指入贅於有子寡婦的男子，仍是贅婿的一種。魏國法律對叚門、逆旅、贅婿、後父四種身份的男子特別歧視，規定他們不得設籍、受田宅，必須從軍，但軍中待遇又較差。可能的原因有二：一是魏國法家思想盛行，重農抑商，所以叚門、逆旅必須打壓；二是魏國父權思想較興盛，故歧視入贅女方的男子。

（5）刑罰：滅族、烹、臏、黥

《戰國策・魏四・魏王與龍陽君共船而釣》：「魏王與龍陽君共船而釣，龍陽君得十餘魚而涕下。……（魏王）於是布令於四境之內曰：『有敢言美人者，族。』」（頁917）「族」即滅族也。

《說苑・君道》載：「魏文侯時，師經鼓琴。魏文侯起舞，賦曰：『使我言而無見違。』師經援琴而撞文侯，不中，中旒潰之。文侯謂左右曰：『為人臣而撞其君，其罪如何？』左右曰：『當烹。』」則有烹殺之刑。

《史記・孫子吳起列傳》云：「臏至，龐涓恐其賢於己，疾之，則以法刑斷其兩足而黥之，欲隱勿見。」（頁2162）所謂斷其兩足就是「臏」；黥是墨刑，在犯人臉上刻字並塗黑之刑。

（三）趙國法制

僅餘寥寥數條記載。

1. 國律

晉朝張裴《律序》曰：「鄭鑄刑書，晉作執秩，趙制國律，楚造僕區，並述法律之名，申、韓之徒，各自立制。」﹝註102﹞則趙制有「國律」之法，但內容已不可考。

2. 刑罰：沉、夷、刖

《呂氏春秋・驕恣》云：「趙簡子沈鸞徼於河，曰：『吾嘗好聲色矣，而鸞徼致之。吾嘗好宮室台榭矣，而鸞徼為之。吾嘗好良馬善御矣，而鸞徼求之。今吾好士六年矣，而鸞徼未嘗進一人也，是長吾過而絀善也。』」（頁1405～1406）沉於河，為死刑。

﹝註101﹞見《睡虎地秦墓竹簡》釋文第七冊，北京：文物出版社，1977年，頁176～177。

﹝註102﹞董治安編，《唐代四大類書》第二冊，《藝文類聚》卷五十四，北京：清華大學出版社，2003年初版，頁1130。以下見引，皆據此本。

《史記・趙世家》載武靈王長子公子章和王子何爭位：「公子章之敗，往走主父，主父開之。成、兌因圍主父宮。公子章死，公子成、李兌謀曰：『以章故圍主父，即解兵，吾屬夷矣。』乃遂圍主父，令宮中人『後出者夷』。」（頁1815）夷爲誅殺之意。

《韓非子・外儲說左下》：「梁車新爲鄴令，其姊往看之，暮而後門，因逾郭而入，車遂刖其足。趙成侯以爲不慈，奪之璽而免之令。」（頁709）刖刑，斬足之刑。

3. 隨 坐

《史記・廉頗藺相如列傳》記載趙孝成王以趙括爲將，「括母因曰：『王終遣之，即有如不稱，妾得無隨坐乎？』王許諾……括軍敗，數十萬之眾遂降秦，秦悉阬之。趙前後所亡凡四十五萬……趙王亦以括母先言，竟不誅也。」（頁2447）隨坐，就是相隨而坐罪之意。可知敗軍之將，罪及於其家人。《列女傳》卷六云：「趙之法，以城叛者，身死家收。」〔註103〕守城之將若降敵叛國，罪情重大，不僅自身死刑，連其家族一併判刑，並取消戶籍，沒收田產。

4. 大 赦

《史記・趙世家》載：「（惠文王）三年，滅中山，遷其王於膚施。起靈壽，北地方從，代道大通。還歸，行賞，大赦，置酒酺五日。」（頁1813）國有喜慶嘉事，舉行大赦，赦免罪罰。

（四）韓國法制

韓國法制及法令見載最少，幾不可考。

1. 三 符

《淮南子・泰族篇》曰：「申子之三符。」許愼注：「申不害治韓，有三符驗之術。」（卷二十，頁16）又〈俶眞〉篇高誘注云：「申不害，韓昭侯相，著《三符之命》而尚刻削。」（卷二，頁6）傳說申不害著有《三符之命》的法令。

2. 刑罰：從坐、暴屍、菹醢、囚

《史記・刺客列傳》載聶政爲嚴仲子刺殺韓相俠累，「政姊榮聞人有刺殺韓相者，賊不得，國不知其名姓，暴其尸而縣之千金，乃於邑曰：『其是吾弟

〔註103〕王照圓：《列女傳補注》，台北：臺灣商務印書館，1968年初版，頁109。

與？嗟乎，嚴仲子知吾弟！』立起，如韓，之市，而死者果政也，伏尸哭極哀，曰：『是軹深井里所謂聶政者也。』市行者諸眾人皆曰：『此人暴虐吾國相，王縣購其名姓千金，夫人不聞與？何敢來識之也？』榮應之曰：『聞之。然政所以蒙污辱自棄於市販之間者，爲老母幸無恙，妾未嫁也。親既以天年下世，妾已嫁夫，嚴仲子乃察舉吾弟困污之中而交之，澤厚矣，可奈何！士固爲知己者死，今乃以妾尚在之故，重自刑以絕從，妾其奈何畏歿身之誅，終滅賢弟之名！』」（頁 2525）聶政刺殺韓相俠累不成反被殺，但因無人識其姓名，故韓王暴其屍於市，也有警告意味。

《戰國策・韓二・韓傀相韓》云：「聶政之所以名施於後世者，其姊不避葅醢之誅，以揚其名也。」（頁 1000）葅醢原意指肉醬，此指死後還要剁屍爲醬的酷刑，後世泛指處死。

《呂氏春秋・開春論》曰：「韓氏城新城，期十五日而成。段喬爲司空，有一縣後二日，段喬執其吏而囚之。」（頁 1426）築城工程進度落後，不能如期完成，負責的官吏須受監禁之刑。

趙、魏、韓三國的政治體制出自於晉，其制度沿襲於晉國的風貌自然濃厚，不論職官的設置、軍隊的編制、律法的內容，我們可以找到許多繼承的證據。不過，在晉國文化奠基的基礎下，分家後的三晉並非一成不變。隨著社會時局的發展、變法運動的改革，分土封侯與世卿世祿的逐漸消失，趙、魏、韓的官制由「世官制」進展爲「官僚制度」，政治組織演變成嚴密的官僚機構；同時，地方郡縣制的普遍推行、軍事規模的擴大、外交活動的頻繁，促使職官不得不文武分設，政權、軍權分治，因此政務、軍事的分職更加精密；而且，自春秋以來條文律法以成文方式公佈，到魏國李悝著《法經》，宣告中國法律建立起初步的制度，顯示中國法律由「禮法合一」進入到「法律制度」萌芽的階段，自此法律成爲獨立、公開的一種新制度，也是君王掌控臣下人民、維持社會秩序的新準則。所有這些政治發展的新現象，帶來新的政治形態與結果，就是君權日益高漲。君權的日益高漲，終於使得中央集權的政治風貌產生，最終帶來結束戰國紛亂、天下一統的第一個中央集權王朝——秦朝。